中国传媒大学教材建设中心
2021年本科教材建设专项经费资助

沟通的科学与艺术

刘艳春◎著

The Science and Art of COMMUNICATION

中国传媒大学出版社
·北京·

图书在版编目(CIP)数据

沟通的科学与艺术 / 刘艳春著. -- 北京：中国传媒大学出版社,2023.4
ISBN 978-7-5657-3338-3

Ⅰ. ①沟… Ⅱ. ①刘… Ⅲ. ①人际关系—通俗读物 Ⅳ. ①C912.11-49

中国版本图书馆 CIP 数据核字(2022)第 214717 号

沟通的科学与艺术

GOUTONG DE KEXUE YU YISHU

著　　者	刘艳春		
特约编辑	郑　鸣		
责任编辑	于水莲		
责任印制	阳金洲		
封面设计	拓美设计		
出版发行	中国传媒大学出版社		
社　　址	北京市朝阳区定福庄东街 1 号	**邮　　编**	100024
电　　话	86-10-65450528　65450532	**传　　真**	65779405
网　　址	http://cucp.cuc.edu.cn		
经　　销	全国新华书店		
印　　刷	唐山玺诚印务有限公司		
开　　本	787mm×1092mm　1/16		
印　　张	15.5		
字　　数	287 千字		
版　　次	2023 年 4 月第 1 版		
印　　次	2023 年 4 月第 1 次印刷		
书　　号	ISBN 978-7-5657-3338-3/C·3338	**定　　价**	59.80 元

本社法律顾问：北京嘉润律师事务所　郭建平

前　言

伴随社会的发展和进步，沟通素养在个体发展中的作用越来越突出，成为21世纪人才必备的核心素养之一。康翠萍等人认为："沟通素养是一个包含了语言能力、思维能力和社会情感能力的复合型素养，包含深度理解、有效表达和同理心三个要素。其中，深度理解和有效表达是沟通的两个重要过程，需要语言能力、思维能力和社会能力的共同参与，而同理心则是促进有效沟通最为重要的一种社会情感能力。"①

有学生描述说自己家里经常出现这样的情景：一家人本来好好地围坐在餐桌前吃饭，聊着一天来发生在各自身上的事情，但是没说几句就开始吵起来，最终都会以某位家庭成员摔碗离去而结束谈话。每次争吵，看起来都是芝麻绿豆大的事，根本不值得争吵，但仔细想想就会发现，不管是因为什么，吵架都在所难免，因为大家都不会好好说话，做不到有效表达。不正确的沟通方式让说出来的话变了味，自己郁闷的同时也伤害了他人。不久前，我爸和我弟就大吵了一架，事情是这样的：

因为疫情，很多学校都无法正常开学，我爸说闲着也是闲着，让我带着我弟去报名学车。那天晚上吃饭的时候——

我爸问我："学车学得咋样了？"

我："已经报名了，刷完教学视频就可以准备报考科目一了。"

我爸："那视频刷得咋样了？"

---

① 康翠萍，徐冠兴，魏锐，等.沟通素养：21世纪核心素养5C模型之四[J].华东师范大学学报（教育科学版），2020，38(2)：71-82.

我:“我已经刷完了。”

我爸转头问我弟:“那你呢?”

我弟:“刚刷了第一节,剩下的还没刷。”

我爸一听就生气了,带着责备的口吻:“这都几天啦,你还没刷完?整天就知道睡觉玩手机,你说说你还能干点啥?”

我弟一听也生气了:“我哪有整天睡觉玩手机?在你眼里我就是这样的吗?”

我爸一听这话更生气了,提高了嗓门对我弟一顿数落:“那你为什么没把视频刷完?还敢跟我顶嘴!你看看你这些年都干成啥事了?课不好好上,天天就想着去网吧打游戏,学习成绩一塌糊涂,你这样将来怎么在社会立足,你还指望我养你到老吗?做事情总是这样懒懒散散,我一看你,就气不打一处来。”

听了我爸的话,我弟赌气地说:“行,反正从小到大在你眼里我就是个没用的人,那我也没啥好说的。”然后把碗筷重重地往桌上一摔,回自己房间去了。

我爸看我弟这种态度,火气更大了,放下碗筷愤怒地拍了一下桌子,指着我弟房间的方向吼道:“你这是什么态度啊小兔崽子,你倒还委屈了,我说错了吗!还有胆子给我摆脸色?爱吃就吃,不吃拉倒,饿死你算了!”

这又是一个食之无味的晚餐。

我爸本来是想让我弟快点把视频刷完,但他却没有清楚地表达自己的心声,也没有问清事情的原委,一上来就带着责备的语气数落我弟,还翻起了“旧账”。我弟比较内向,除了成绩不太好之外,真的没什么缺点。事后我了解到,他之所以没把视频刷完,是因为那几天恰好要期中考试,他觉得考驾照可以缓一缓,应该先集中精力复习期中考试。他之所以没有解释,很大程度上是因为我爸一开始的态度就让他觉得没有解释的必要了。我爸只是担心我弟再这样下去,没有一技之长,在社会上会很难立足,但是他却把这种担忧和关爱用责备厌弃的方式表达出来。我弟明明希望父亲可以多给他一些鼓励和肯定,却始终也没有跟父亲表达过,他习惯了用沉默的方式进行无声的对抗。

类似的沟通在很多家庭上演，导致亲密关系变得疏离，和谐氛围变得压抑，大家都觉得是对方不理解自己，满心委屈、互生埋怨。其实这样的事情并非不可避免，只要换一种方式，学会正确沟通、有效表达，便是另一番情景。

1888 年达尔文在《生活信件》中指出："科学就是整理事实，以便从中得出普遍的规律或结论"①。达尔文的定义指出了科学的内涵，即事实与规律。《沟通的科学与艺术》一书中，"科学"的部分，就是通过对沟通事实的整理和相关知识、理论、方法、技巧（即沟通规律）的介绍，传授给大家正确的沟通方法，更好地完成"初阶"沟通。"艺术"的部分，则是在"科学"基础上升级一个层次，在彼此清晰传递信息和情感的基础上，通过相关因素的把握和运用，达成更好的沟通效果，让沟通进入"高阶"的审美层次。因为同一个事实、同一个意思可以有多种表达，懂得沟通艺术的人说出来的话不仅能正确传达信息，还能让人心情愉悦。据说曾有一个国王梦见自己的牙齿全掉光了，就找人解梦。第一个解梦者说"这是一个坏兆头，您的家人将一个个先于您死去"，国王勃然大怒，将他投进了监狱；第二个解梦者则说"这是个好兆头，您将比您家里所有的人活得都长"，国王心花怒放，奖赏了他一大笔钱。

生活中不起眼的小事，也常能折射出沟通的艺术。比如，老家小区旁边有两家早餐馆，同样都是卖早点，客流量也差不多，第一家总能卖出很多茶蛋，第二家卖出去的茶蛋则很少。关键就在于店主的"问话"艺术。第一家店主在回应客人点餐时总是加上一句："您来一个茶蛋还是两个茶蛋？"第二家加的则是："您要不要来个茶蛋？"通常来说，是否多吃一个茶蛋就在瞬息闪念间，所以"问话的引导性"将发挥很大作用。对于第一家，问话中已经预设了你一定得吃个茶蛋，选择仅在于"吃一个还是两个"，所以客人不知不觉被带入必然要买个茶蛋的设定，当他不太想吃时，往往回答"那就来一个吧"；而第二家则不存在这种预设，"要不要来个茶蛋"是在"吃与不吃"之间选择，所以当他不太想吃时，往往回答"不来了"。第一家店主的沟通艺术就在于"问话预设"，从而在不知不觉中推动了茶蛋的销量。

沟通作用于社会生活的方方面面，大到解决国际争端，小到日常待人接

---

① 施春宏. 语言事实和语言学事实［J］. 汉语学报，2010（4）：2-17+95.

物，都离不开沟通。国际争端，一场智斗能免除刀兵之祸；商贸会谈，一段利辞可赢亿万财富；战场动员，几句演讲可使群情激奋；思想工作，一席恳谈可促浪子回头。日常工作和生活中的待人接物、排解纠纷、信息传递、情感分享，好的沟通能让人如沐春风，领略世间的诸多美好；差的沟通则搅得人心烦意乱，生活工作一地鸡毛。

《沟通的科学与艺术》旨在通过对沟通事实的整理和相关规律的介绍，让我们了解以往沟通中可能存在的问题，学会正确、清楚、有效地完成沟通任务；而要实现沟通的艺术，则需要在"正确、清楚、有效"的基础上，通过"巧妙"的语言运用和其他因素的调控，将沟通提升到"审美"层次，实现沟通双方在身心愉悦中完成更"高阶"的信息共享、情感共鸣和思想共振。

刘艳春

2022年7月28日

目 录

第一章 初识沟通 / 1

第一节 什么是沟通 / 1

第二节 沟通的层级 / 7

第三节 沟通中的表达 / 9

第四节 为什么学习沟通 / 19

相关资源与习题自测 / 22

第二章 男女沟通障碍与意识守则 / 25

第一节 沟通中的男女：苦闷与抱怨 / 25

第二节 性别差异与沟通特征(一) / 28

第三节 性别差异与沟通特征(二) / 32

第四节 男女沟通差异的原因 / 36

第五节 男女沟通应有的相关意识 / 41

相关资源与习题自测 / 47

第三章 在不同关系下的沟通 / 49

第一节 角色关系与话语生成、话语理解 / 49

第二节 权势和距离决定沟通的礼貌体系 / 56

第三节 沟通中的话语策略与关系协同 / 63

第四节 有趣的礼貌体系错位沟通实验 / 74

相关资源与习题自测 / 77

第四章　跨文化沟通　/ 79
第一节　跨文化沟通中的文化震荡　/ 79
第二节　跨文化沟通的适应与改善　/ 87
相关资源与习题自测　/ 96

第五章　沟通中的思维　/ 97
第一节　沟通中的思维方式与思维活动　/ 97
第二节　沟通中的思维训练与表达训练　/ 103
相关资源与习题自测　/ 108

第六章　沟通中的心理　/ 110
第一节　沟通需要良好的心理素质　/ 110
第二节　沟通中的心理问题与克服方法　/ 115
相关资源与习题自测　/ 128

第七章　沟通中的时空场合　/ 130
第一节　时空场合对沟通的作用与影响　/ 130
第二节　沟通对时空场合的利用与创设　/ 134
相关资源与习题自测　/ 139

第八章　沟通的基本原则　/ 141
第一节　合作原则　/ 141
第二节　礼貌与尊重原则　/ 147
第三节　得体与真诚原则　/ 154
相关资源与习题自测　/ 161

第九章 提高沟通能力:基础篇 / 163
第一节 文化素质与心理素质 / 163
第二节 观察能力与思维能力 / 165
第三节 思想深度与表达修养 / 166
相关资源与习题自测 / 169

第十章 提高沟通能力:实践篇(一) / 172
第一节 提高倾听能力 / 172
第二节 学会适当袒露内心 / 177
第三节 实践有效表达 / 185
相关资源与习题自测 / 195

第十一章 提高沟通能力:实践篇(二) / 198
第一节 劝说的艺术 / 198
第二节 有效的赞美 / 204
第三节 高难度沟通 / 210
相关资源与习题自测 / 217

第十二章 提高沟通能力:实践篇(三) / 219
第一节 沟通禁忌一 / 219
第二节 沟通禁忌二 / 225
相关资源与习题自测 / 231

参考文献 / 233

后 记 / 236

第一章 初识沟通

《说文解字》对“沟”和“通”的解释是:“沟,水渎,广四尺、深四尺,从水冓声。古侯切”,“通,达也,从辵甬声。他红切”①,所以最初“沟通”有“挖沟使两水相通”或“疏通沟渠”之义。比如《左传·哀公九年》:“秋,吴城邗,沟通江、淮。”②杜预注:“于邗江筑城穿沟,东北通射阳湖,西北至末口入淮,通粮道也。”③;再如《史记·太史公自序》:“维禹浚川,九州攸宁;爰及宣防,决渎通沟。”④

后来“沟通”引申出“使彼此通连”和“相通”之义。比如徐特立《国文教授之研究》第一章:“扬雄《方言》,服虔《通俗文》,刘熙《释名》,钱竹汀《恒言录》等,皆为沟通事物之名称而作。”胡采《〈在和平的日子里〉序》:“在我们这个时代,人们和英雄人物的思想心灵之间,总是比较容易沟通。”因此,《现代汉语词典》(第7版)对“沟通”的解释是“使两方能通连:~思想|~中西文化|~南北的长江大桥。”⑤

用于沟通思想、人际沟通等方面的“沟通”,与“交流”“交际”意义相近。当然,三者也存在细微差别,笔者指出:交流的重点在于相互理解,交际的重点则在于行为和行动。“沟通”与“交际”基本相当,不同的是交际的重点在于行为和行动,沟通似乎更强调结果或效果。本书在涉及上述三个概念时,不进行细致区分。

第一节 什么是沟通

一、沟通与一般行为的区别

在课堂上,我们常问学生这样一个问题:什么是沟通?沟通作为人的一种行为,它

---

① 许慎.说文解字[M].长沙:岳麓书社,2006:40,232.另“渎”解释为“沟渠”。商务印书馆辞书研究中心修订.古代汉语词典(第2版)[M].北京:商务印书馆,2014:303.

② 左传(下)[M].郭丹,程小青,李彬源,译注.北京:中华书局,2016:2289.

③ 汉语大字典编辑委员会.汉语大字典(7)[M].成都:四川辞书出版社,武汉:崇文书局,2010:4001.

④ 汇评精注史记(第四册)[M].北京:北京联合出版公司,2018:1404.

⑤ 中国社会科学院语言研究所词典编辑室.现代汉语词典(第7版)[M].北京:商务印书馆,2016:460.

和一般行为有什么不同？并给出如下四个场景：

场景 1

场景 2

场景 1：小红排队时发现站在前面的男同学非常帅气，正是她喜欢的类型，于是想认识这位男生。为引起他的注意，小红故意摔跤并随之尖叫。男同学回身扶起小红，两人简单对话后，互相留了微信。

场景 2：与场景 1 前面的情况都相同。不巧的是，男同学正戴着耳机听着很嗨的音乐，没注意到后边发生的情况，于是小红尴尬起身，当什么也没发生，继续排队打饭。

场景 3

场景 4

场景 3：小红排队时没注意前面是谁，意外踩上一块香蕉皮，突然滑倒并发出尖叫。男同学回身扶起小红，两人简单对话后，互相留了微信。

场景4：与场景3前面的情况都相同。不同的是，男同学正戴着耳机听着很嗨的音乐，没注意到后边发生的情况，于是小红尴尬起身，当什么也没发生，继续排队打饭。

上述四种场景，哪个是沟通？哪个不是沟通？进一步思考的问题是：沟通作为一种行为，它与一般行为到底有什么不同？

学生的回答五花八门。根源在于，大多数学生不清楚沟通行为与一般行为区别在哪里。事实上，沟通行为之所以不同于一般行为，是因为沟通行为承载了沟通意识；换句话说，只有具备了沟通意识的行为才是沟通行为，否则就是一般行为。

我们回到上述四个场景。上述四个场景中，小红四次摔倒，但性质不同。场景3和场景4，小红属于意外的“真摔”，不小心摔倒或磕伤，是生活中很常见的一般行为。场景1和场景2，则是小红故意制造的“假摔”，已经脱离一般行为，因为在假摔背后，承载了小红的沟通意识——引起前面男生的注意。因此这样的摔倒就不是一般行为的摔倒，而是带有明确沟通目的（吸引男生注意）的摔倒，所以这个假摔就是一个明显的沟通行为。（注意：沟通行为不一定非要说话，不说话的动作、表情，也是沟通的方式）

另外，我们发现场景1和场景2的结果不同。场景1最终实现了沟通目的，小红和前面的男生产生了语言互动，并互留了微信，为日后的进一步联系奠定了基础；场景2则没有实现小红“假摔”的预期目的，因为她的“假摔”并没有引起男生注意。那么这样的情况是否属于沟通呢？

当然属于。首先我们需要清楚的是：并非我们做的每一件事，都能实现最初的愿望或目的，但不能因为没有实现预期目的而否定你做出的行为。实施行为属于沟通中的“沟”，结果是不是实现了“通”，那可不一定。所以沟通会有“沟而能通”和“沟而不通”的情况。场景2是“沟而不通”，即实施了沟通行为，但是没有达到预期效果，是失败的沟通。不能因为没有实现预期目的和效果，而否定了沟通行为，因此场景2依然属于沟通。

因此，我们可以得出这样的结论：只要承载沟通意识的行为就是沟通行为。沟通不一定是对方必须感知的行为，对方没有感知或者感知错误，都属于失败的沟通。

失败的沟通，对于信息发出者而言，仍然是沟通；对于信息接收者而言，如果他一开始就没有感知到任何信息，因此也没有产生任何反馈行为，那他就根本没有参与沟通,他也就没有沟通;如果他一开始感知到了对方的信息,但是理解错了,因此做了一个错误的或不符合对方预期的反馈行为,那他就参与了沟通。但是这个沟通对于双方而言,都是失败的。

场景 3 和场景 4,情况要分两个阶段。在小红摔倒过程中,她没有任何沟通意识,因此她的摔倒行为仅是一个一般行为(这是第一阶段,因此从第一阶段来看,场景 3 和场景 4 都不属于沟通)。但是摔倒之后,场景 3 和场景 4 出现了不同局面(进入第二阶段):场景 3 中的摔倒和尖叫引起男生注意,因此他转身扶起对方;小红被扶起,四目相对之时,突然发现梦想中的男生出现,于是产生了进一步交往的想法,从这一刻起,小红的回应、感谢和索取微信号等行为,不仅是单纯的感谢,也有打算进一步交往的目的,带有明确的沟通目的,因此从这一刻起,小红的行为已属于典型的沟通行为①。而男生的回应(表示不客气、同意加微信等行为)无疑也是沟通行为,因此从第二阶段开始,场景 3 已进入沟通。场景 4 中的摔倒和尖叫都没有引起前面男生的注意,所以也就没有了后续故事,小红赶紧起来,继续打饭。场景 4 中的整个过程对于小红来说就是一个意外(一般行为)。对于前面的男生而言,也像外界什么都没发生,自己听着音乐完成了打饭这一平日里最常规的一般行为。

最后,总结场景 1 至场景 4 中哪个是沟通,哪个不是沟通,就一目了然了。

场景 1,是典型的沟通行为。对于小红而言,其沟通行为是刻意的;对于男生而言,从他回身扶起小红那一刻起,也被自然而然地带进了沟通。

场景 2,小红的行为是沟通,男生的行为不是沟通。对于小红而言,其刻意的沟通行为没有成功,沟通失败;对于男生而言,他只完成了一个常规的打饭行为(一般行为),外界的信息他没有感知到,因此没有发生沟通。

场景 3,第一阶段里,小红和男生都是一般行为;第二阶段里,小红和男生的行为都属于沟通。对于小红而言,她第一阶段中的摔倒和伴随的尖叫,纯属意外和行为本能,没有承载任何沟通意识,因此不属于沟通。男生更是如此,只是在重复往日的一般行为——排队打饭。第二个阶段里,从男生转身扶起小红②之后,双方开始进入沟通。小红承载着感谢和希望进一步交往的沟通意识;男生的沟通包括客气回应和礼貌接受(是否也有进一步交往的沟通意识不得而知,但至少不反感小红,否则就会找个理由

---

① 即使是单纯的感谢,也已经是沟通行为了。

② “扶起小红”的行为本身是一个一般行为,男生做这件事时并没有承载什么沟通意识,是其善良本性促使他本能地助人为乐。

不加微信)。

场景4,小红和男生都是一般行为,没有产生任何沟通。对于小红而言,比较倒霉,打饭期间意外摔倒;对于男生而言,与平时没什么两样,一边听音乐一边完成了打饭。

二、沟通的构成要件

(一)沟通三要件

沟通者、沟通目的(意图)和沟通行为,是构成沟通的三要件。

1. 沟通者

沟通者也就是进行沟通的人,从信息角度看,包括信息发出者和接收者。沟通是一个双向或多向互动的过程,信息发出者与接收者身份不断转换,因此可将其统称为沟通参与者,简称沟通者。沟通是一种人际行为,既然涉及"人际",就必须得有对象,没有对象,就谈不上人际。所以,如果你喉咙痒了咳嗽一下,你的咳嗽没有任何针对性,也没有特定对象,这就是一个一般行为,不属于沟通的范畴。

2. 沟通目的

(1)任何沟通都有目的。沟通目的,也称为沟通意图,没有沟通意图的行为不属于沟通行为。换句话说,任何沟通行为都有目的。有人说,不对,我去食堂打饭,看见一个同学迎面走来,我向她打个招呼,我就没有什么目的。其实你有目的,只不过这种目的于你而言可能处于潜意识状态,你从来没有认真琢磨过。试想,校园午饭高峰期,你去食堂的路上,迎面走来的同学不止一个,认识的也不止一个,你是看到每一个认识的人都打招呼吗?一定不是。那么,你为什么选择和这个人打招呼,对那个人却视而不见呢?这是有原因的,其中就包含你的沟通目的。

(2)"求成"与"求和"。沟通目的,可分为两大类,即"求成"与"求和"。所谓"求成"目的,就是通过沟通完成一个比较明确的目的。比如,向某人请教一个问题、求某人帮忙抬个桌子、想把某人气走等,如果对方答应了你的请求或真的被你气走①,你的

① 影视剧中经常有这样的桥段,男主人公或女主人公得了绝症,为了不拖累所爱的人,故意用语言或行为把对方气走。

"求成"目的就实现了;如果对方拒绝了你的请求或识破了你的目的而没有被气走,你的"求成"目的就失败了。"求和"不是达成某一具体目标,而是通过沟通,加强自己与对方的关联或亲密性。人与人之间的关联,越加强就越亲密,越淡化就越疏远。熟人之间如此,朋友之间如此,亲戚之间亦如此。对方迎面走来,你是否打招呼,主要受你内心深处沟通目的驱使。你觉得这个人很好,希望和她成为朋友,这种内心驱动,促使你选择和她打招呼,多打一次招呼,就多一次关联,久而久之,你们就可能成为朋友;相反,你不喜欢这个人,不希望和她产生瓜葛,这种内心驱动会促使你选择视而不见。所以,很多时候你和别人之间看似没有目的的沟通,实际上都带有相应目的。这种目的,有时出于特定原因,有时带有一定功利性,有时则单纯出于个人喜好。

3. 沟通行为

沟通行为,是沟通者以语言、文字、表情、动作、体态、体距等为工具,发出承载自己沟通目的的信息。比如,你在午休时和几位同事正大谈你的女领导,此时她从背后向你走来,于是你的同事赶紧咳嗽几声来提示你不要再说了。此时,同事的咳嗽就是一种沟通行为,他的沟通对象是你,沟通目的是让你别再说了(一个"求成"目的),而他的沟通能否成功,全在于你是否注意并领会到他的含义。如果你比较警觉,察觉到同事咳嗽的异样,并停下来观察周围动向,你就会发现女领导正在走来并停止议论;如果你正陶醉于自我演说中,没有察觉到同事的提示,继续夸夸其谈,同事与你的沟通就失败了。

(二)沟通不一定非要"说话"

如果你在公园,看到一个三人座的长椅,你什么都没想就直接坐到中间,这就是一个一般行为。如果你准备坐的前几秒,瞥见也有人朝这边走来,你不希望这个人坐到该长椅上,所以你选择坐在中央,这就是一个沟通行为。

尽管你没有和这个人产生任何对话或直接接触,但你的行为向他发出了不希望他坐到此处的信息,这就属于沟通了。因为在这一行为里,你有明确的沟通目的——不希望他也坐到这里;你有特定的沟通对象——正在朝这边走过来的那个人;你也发出了沟通行为——坐到了椅子中央。所以于你而言,尽管一句话没说,但是你的动作行为表明了一切。

面对你的行为,对面的人可能看到并感受到了你的用意,于是他走向另一个长椅,你的沟通就成功了。如果这个人没有注意到你的行为,也没有发现其他长椅,就直接坐了过来，那么你刚才的沟通就失败了。前面说过，失败的沟通也是沟通，没有人能保证自己的沟通都是成功的。

当然，即使他坐了过来，你上一轮的沟通失败了，你还可以发起下一轮沟通。比如，你可以直接对他说："您好，我想在这单独坐一会儿，您能坐到那边的椅子上吗？"此时，你有明确的沟通目的——让他离开；你有特定的沟通对象——你对他说话的这个人；你也有具体的沟通行为——对他说话。

第二节　沟通的层级

根据效果，笔者曾指出，沟通可以分为沟而不通、沟而能通和不沟而通三个层级。

一、沟而不通

"沟"指实施了沟通行为，"不通"是没有达到预期的沟通效果（或目的、愿望），这是失败的沟通。主要存在以下几种情况。

（一）信息没有被接收

信息没有被接收分两种情况：一种是客观上没接收到，另一种是主观上拒绝接收。比如你说的话、发出的声音、写的字、发的微信等，对方客观上没听见、没看见，或者主观上故意不听或不看，都会导致信息没有被接收。"第一节"中"沟通与一般行为的区别"里的"场景2"，就是因为男生客观上没听见，而导致小红沟通失败。

（二）信息被接收但不被理解

沟通双方无法达成信息共振，也会造成沟而不通。笔者的书中有这样一个例子：有一天父母都出去了，只有一个十一二岁的小孩儿在家。有陌生人来访，他一进门就问："令尊令堂在家吗？"孩子听不懂"令尊令堂"，于是挠着脑袋想了一会儿，说："我吃过很多糖，可没有吃过令堂（糖）。"这就是信息被接收但不被理解导致的沟而不通。

（三）信息被接收但被理解错了

周末男孩儿发了手机，男孩儿在陪了女孩儿一会儿后对她说："我好久没打游戏了,可不可以打一会儿游戏?”女孩儿想他确实挺不容易的,就说:“可以呀,但是你别玩太久,记得留出一点时间来陪我。”他答应得很干脆,可是等打完游戏来找女孩儿时,已经是他们要收手机的时候了。女孩儿很生气,对他说:“你可真行啊! 打了俩小时游戏没理我。”他回答:“我之前不陪你了吗,别生气了嘛,我好不容易玩一次游戏你别这样。”女孩儿很生气,但只是说:“我干嘛生气,我生气什么用都没有,时间又不能弥补回来。”此时男孩儿误以为女孩儿不生气了,还回答说:“没生气就好,我交手机了啊!”女孩儿当时气得要死。之后那个星期女孩儿向他各种找茬,他很不理解:“你不是说不生气吗,那你现在又是在干嘛!”女孩儿已经懒得向男孩儿解释,于是他们冷战了半个多月。

(四)信息被接收也被理解正确,但不予认同

又是一年情人节。男孩儿问女孩儿:“情人节咱们怎么过?”女孩儿回答:“你说呢?”男孩儿说:“咱们去烤鸭店吃一顿?”女孩儿回答:“随便。”男孩儿又问:“那就这么定了?”女孩儿沉默。男孩儿有点急:“你听见了吗?”女孩儿愤怒地说:“听见了! 你都定了还问我干什么?”男孩儿又是一脸蒙。很显然,女孩儿不想去烤鸭店,但她没有直接说出自己的意见和需求,男孩儿也不知道女孩儿为什么生气。

二、沟而能通

沟而能通是指实施了沟通行为,也达到了预期效果。生活中绝大多数沟通都属于沟而能通,否则人与人之间就难以合作,社会也难以发展。有时候,沟而不通或沟而难通的事情,只要调整一下沟通策略,就可以实现沟而能通。

比如有一位朋友说,他哥哥是某个建筑工地的安全监理员。他的职责之一就是监督在工地上的民工戴上安全帽。一开始,他一看见没戴安全帽的民工,就严厉地要求他们必须按公司规定戴上安全帽。民工们虽然也接受他的提醒,却满肚子不高兴。常常是他前脚离开,后脚工人们就又把安全帽摘下来。

后来在一些人的建议下,他改变了沟通方式。再发现有人不戴安全帽时,他就问:“是不是安全帽戴起来不舒服啊? 还是有什么地方不方便哪?”然后以关切的口吻提醒他们:“戴安全帽是为了保护你们不受伤害,你们为了自己的安全和家人的幸福,一定要戴好安全帽。”他做了这样的改变之后,戴安全帽的人越来越多了,从而实现了沟

而能通。

要实现沟而能通，除了在内容上能让对方理解之外，还特别要注意沟通的方式方法，很多沟而不通，问题都出在沟通的方式方法上。

三、不沟而通

不沟而通，是指没有实施具体的沟通行为，却达到了沟通效果。也就是说，沟通者怀有某种意图，但在没有做出任何沟通行为之前，对方就捕捉到了这种意图，并及时满足了他的需求和愿望。

从前有一个电视节目，两对夫妻进行厨艺比赛。其中一对小夫妻结婚不久，另一对年长夫妻结婚多年。在比赛过程中，年轻夫妻互相商量着根据材料做出了一道菜，过程中有欢笑也有争执。年长夫妻则没有太多言语，男的去切菜，女的就去掌勺；男的去看火，女的就准备下菜。两人安安静静地做出了一道菜，基本没什么沟通，却高度默契。

沟通的最高境界就是不沟而通，无须任何语言甚至动作，对视一下就知道对方心里想的是什么，需要的是什么，自己应该如何去配合。这种不沟而通，有的是长期磨合达到的结果，有的是心意相通实现的默契。

心意相通实现的默契，可遇而不可求，类似于一种心灵感应。关于心灵感应，有很多报道和研究成果，比如《心灵感应之脑电波解析与启迪》①《孪生子真有"心灵感应"吗》②，据说心灵感应在双胞胎之间比较常见，而亲人之间、朋友之间、伴侣之间，如果感情达到了至深的程度，也能产生心灵感应，从而实现不沟而通的效果。

第三节 沟通中的表达

沟通是双方的互动行为。信息发出方的行为叫表达，人们可以通过有声语言或文字符号进行表达，也可以通过动作、表情等体态语或咳嗽、叹惜等类语言进行表达。

生活中，很多人有这样的沟通困惑：明明是好心，对方却不领情；明明是关心对方，

① 秦海阳，廖东升. 心灵感应之脑电波解析与启迪[J]. 国防科技，2013(2)：33-40.

② 方钧. 孪生子真有"心灵感应"吗[J]. 民防苑，2006(4)：34-35.

他却觉得你在抱怨和指责;明明是在频频暗示内心的渴望,对方却一直不领会……人生不如意十之八九,其中很大一部分不如意是源于我们不会表达。言过其实吗?我们看看生活中的真实案例。

一、生活案例

会话一 这是发生在校园里的男女朋友之间的对话:

女生:你明天还去看球吗?

男生:怎么啦?还不让我看球了!

女生:你凶啥凶啊!

女生愤然离去,剩下男生一脸蒙,继而也无奈又愤怒地离开。

会话二 这是2020年疫情期间,发生在家里的父子之间对话:

爸爸:你怎么又吃泡面了!

儿子:什么叫"又"吃泡面了?我这两天都没吃,就今晚吃了一顿。

爸爸:泡面这种东西你还想天天吃、顿顿吃啊?楼下餐馆那么多,你偏要吃泡面。这东西对身体不好,你就不能少吃点吗!

儿子甩手离开,面也不吃了,直接摔门回卧室,扯过被子,把脸一蒙,生闷气。他不明白:爸爸为什么一下班就和自己过不去?在家上了一天网课,很累了,打算凑合吃一口赶紧写作业,爸爸为什么就不能理解理解,而是进门就指责?他到底做错了什么?

爸爸也一肚子气,上了一天班,筋疲力尽赶回家,却见儿子一边看手机一边在吃泡面。他不明白,儿子一天在家,为什么不好好打扫卫生,好好做点饭菜?他没指望儿子能想到爸爸上班的辛苦,给爸爸做点什么,但至少自己在家要生活得积极健康吧?他想,儿子是不是已经看了一整天手机了?即便不是一整天,即便他一天中多数时间在学习,但也不能吃泡面啊,这东西是应急食品,总吃对身体不好,去楼下餐馆点个菜也行啊。自己累死累活,不就是希望家人能生活得好一点吗?自己一片苦心,儿子却不领情,还摔门甩脸子,他真是越想越生气,越想越伤心。

上述两个会话都是生活中的真实场景。结果是前者二人愤然离去、不欢而散;后者二人互生闷气、一夜无言。问题出在哪里呢?问题在于,他们都使用了"混杂表达"。

“混杂表达”是引爆“战争”的导火索，也是人们在沟通中最容易犯的错误。而要理解什么是混杂表达，如何避免混杂表达，首先还要从“表达的四种类型”说起。

二、四类表达

人类的表达，按内容的性质可分为四种类型：表达观察、表达判断、表达感受和表达需求。

（一）表达观察

表达观察，即说出感观告诉我们的东西，陈述客观事实或个人经历。比如：

听说他身高有 2 米 15。（所闻）

他正在陈述自己的想法。（所见）

我在中国传媒大学读的博士。（个人经历）

这些陈述都紧紧围绕当事人所见所闻或者个人经历来展开，是纯粹的事实，不含任何思考、判断或结论。

（二）表达判断

表达判断，就是表达意见、看法或结论，也包括持有的信念以及事物的好坏、是非等价值判断。比如：

他个子太高了。（结论）

我赞成他的想法。（意见）

中国传媒大学是一所有温度的好学校。（价值判断）

凡是可以表述为“我认为……”的句子，都属于表达判断。

（三）表达感受

表达感受，就是表达开心、快乐、担心、忧虑、伤感、苦恼、钦佩、叹服等心理状态和情绪。比如：

他的身高让我很惊讶。

他的想法让我叹服。

提到母校，我的心里总是暖洋洋的。

凡是可以表述为“我感到……”的句子,都属于表达感受。

(四)表达需求

表达需求,就是在表达中言明自己需要什么。比如:

你能坐下说话吗？你太高了,我仰着头和你说话脖子都酸了。

我希望你也能支持他的想法。

这次母校校庆,我想回去参加。

需求无所谓好坏、对错,也不涉及褒贬。它只是一个简单的陈述,表明什么对我们有帮助或使我们快乐。

三、完整表达

完整表达是包含上述四类表达的表达,即说出我们的所见、所思、所感和所需,它是实现“清楚表达”的基础,也是亲密关系得以维持和发展的关键。如果我们不与他人分享我们的体验,我们的同事、朋友和家人就不会知道真实的我们。这要求我们表达时要尽量清楚、完整、不遮掩。我们要对观察做出准确的反应,清楚地表明自己的看法和结论,说出事情带给我们的感受或体验,如果我们需要什么或者有什么诉求,就清晰地提出我们的需求和想法。

如果我们在表达中遗漏了某些该表达却没有表达的信息,就是不完整表达。当然,并不是在所有的关系和情况下都需要完整表达。比如,对一个陌生的修理工,我们只需表达观察、判断和需求(类似于:灯不亮了,请帮忙查看是什么问题,然后帮我们修一下)即可,没必要对他感慨万千,诉说自己的内心感受。即使是和亲密的人,大多情况下的沟通,也只是就某些方面进行交谈。但是我们强调,不能忽略重要信息,因为遗漏或模糊了某些重要信息的不完整表达,可能会造成混乱或误解,从而会破坏双方关系。

四、混杂表达

混杂表达是把四类表达杂糅在一起,类似于病句中的“句式杂糅”。句式杂糅是病句,同样混杂表达也是不正确的表达。那么,这种混杂表达通常是怎么混杂的？是把什么杂糅在了什么里？要了解这个问题,还要从大多数人的表达心理和表达习惯说起。

(一)多数人的表达习惯和表达心理

在所有类型的表达中,人们最难的就是表达感受和需求。人们常常可以毫不犹豫地说出自己的所见、所想,但却很少表达所感和所需。人们常常本能地认为,别人不想听我们的感受,所以在沟通中有意无意隐藏了自己的很多情感。

与此同时,对于表达需求,人们也常常怀有强烈的抗拒心理,因为我们总是期待自己的朋友和家人能足够敏感,了解我们需要什么。我们通常的设想是:“如果你爱我、足够关心我,就应该知道我需要什么。”然而事实证明,除了我们自己,别人很少真正了解我们内心深处的情感和需求。甚至很多时候,我们自己都不知道自己的情感和需求是什么,那为什么要奢求他人了解我们呢?

(二)把感受和需求混杂在观察和判断里

正是因为人们在表达中不愿意直接表达自己的感受和需求,所以常常把感受和需求以隐晦的方式混杂在观察和判断里,并通过特殊的语气语调或抱怨指责的方式呈现出来。

比如,前文“会话一”中的男女朋友对话:

女生:你明天还去看球吗?

男生:怎么啦?还不让我看球了!(双手叉腰)

女生:你凶啥凶啊!(女生愤然离去,剩下男生一脸蒙,继而无奈又愤怒地离开)

我们发现,导致会话走向不欢而散的关键,是男生说的“怎么啦?还不让我看球了!”这是典型的“混杂表达”。在这句话里,男生把感受和需求杂糅进了判断里。我们分析一下这句话,说话人通过“怎么啦?”并双手叉腰,展开对抗架势。这一动作和表达结合起来,既有防御又有挑衅,“怎么啦?”等于“为什么不?”这种反问行为本身就释放出不合作的信号。拉开架势之后,马上跟一句“还不让我看球了!”(等于潜台词“你不让我看球绝对不行,你是阻止不了我的,你管得太宽了,连看球你都干涉,太霸道了吧,我这次绝对不会听你”),由戒备进入挑战,听上去非常刺耳,导致女友扔下一句“你凶啥凶啊!”对其态度进行指责,并愤然离去。

很多时候,人们越是热切盼望某件事,就越害怕实现不了,言语就越容易过激。就像你越是想看球,就越怕对方不同意,对方但凡有一丝质疑,就会火冒三丈;父母越是希望孩子成绩好，就越怕他学习不努力，孩子稍有一点懈怠，父母就会大发雷霆。如果没有期待和需求，就不会有担心和焦虑，也就不容易言语过激。这就是为什么人们往往对越亲的人越苛刻，言语伤害越深。正所谓——爱之深，盼之切；盼之切，则可能伤之深。但是，如果我们学会完整表达，就可以很大程度上避免这种伤害。

（三）如何将混杂表达转换为完整表达

如果我们按照完整表达的思路，拆解一下“会话一”中男生的内心活动，应该是这样的：

观察：他很爱看球，过去因为看球太多，影响了对女友的陪伴，女友为此抱怨过。（过往经历）女友问他明天是不是还去看球。（今日所见）

判断：基于以往经验，他认为女友今天可能要阻止他看球。

感受：他很担心女友会出言阻止。

需求：他不能失去明天这次看球机会，不管谁来阻止，他都要去看。

如果男生按照“完整表达”的方式，说出自己的内心活动，应该是这样的：

我爱看球，这个你知道；也正是因为这样，减少了对你的陪伴，你也抱怨过。（观察）我确实也觉得挺抱歉的。（感受）明天的球赛你是不是不想让我去？（判断）

事实上，女生是想和他一起去看球。女生觉得，既然改变不了对方，就试着培养和对方一致的爱好。正常的话，如果男生的表达进行到这里，女生一定会接上去说：“不是，我是想明天和你一起去，我也想知道球赛真那么好看吗？”哦，原来不是阻止自己，男生听到这里一定会很高兴。那么两个人的沟通结局必定是皆大欢喜。如果女生在这里没有接上去搭话，那么男生可以继续表达自己的感受和需求——其实，我一直很担心，就怕你明天不让我去看。（感受）这场球赛对我太重要了，我希望你能同意我去。（需求）

上面的表达中，男生完整地说出了自己的观察、判断、感受和需求，这样的表达既真诚又心平气和，通常不会引起对方的激烈反应，沟通的效果也必然会向好的方向发展。

而原来的表达中，男生的话之所以激起女生的愤怒，恰恰是因为他没有采用完整表达说出自己的感受和需求，而是通过反诘语气和挑衅的体态（双手叉腰），把需求和感受隐藏在判断里。所以，听上去非常刺耳，女友才愤然离去。

再比如前文“会话二”中的父子对话。这是学生在作业中讲述的一个真实事件。2020年疫情期间，他在家上了一天网课，晚上有点累了，便拿出平时储备的泡面，准备吃完去写作业。正巧这时爸爸下班回家，看见他在吃泡面，便指责他：“怎么又吃泡面了！”他不得不辩解说：“我这两天都没吃，就今晚吃了一顿。”然后爸爸又说：“泡面这种东西你还想天天吃、顿顿吃啊？……这东西对身体不好，你就不能少吃点吗！”

叙述完这个事件，该生分析说：“学完四类表达、完整表达和混杂表达，我理解了，这是爸爸把感受和需求以指责的方式表达了出来。冷静下来，我能体会他对我的关心，可是他那样指责我，我还是难以接受，忍不住去辩驳。我现在理解了，爸爸实际的意思是——看见我吃泡面（观察）、认为经常吃泡面对身体不好（判断）、他对我的健康表示担心（感受）、希望我以后少吃泡面（需求）。”最后这个学生说：“如果爸爸能换成这样的方式来表达，我的内心该有多温暖啊！”

（四）生活中要善于运用完整表达

如果说混杂表达是“导火索”，那么完整表达就是“灭火器”。生活中的很多家庭对话，常常是“开口就吵，一说就呛”，然后就是各自生气。根源都在于混杂表达。所以，如果你的生活中出现过因混杂表达而引起的误解或家庭矛盾，那么首先要学会完整表达，即在表达之前条分缕析一下你想要表达什么，你是否正确运用了你的表达，是否有效避免了混杂表达。这尽管属于“初阶表达”①，但是非常奏效。比如男朋友对女朋友说：“你就不能不去学校吗？家里一大堆活儿等着你呢！”其实，他的真实想法是：你去学校我就看不见你了（观察）；你不在，我感到很孤独（感受）；其实学校也不是非去不可（判断）；你可不可以不去学校，咱俩在家多待一会呢（需求）？如果你是女生，面对前后两种表达，你是怎样的感受？

“混杂表达”不同于“不完整表达”。不完整表达遗漏了某些重要信息；混杂表达却没有遗漏任何信息，没有遗漏任何愤怒、结论或需求，但它们却以伪装的方式表现出来。

再如，母亲用尖酸的口气说：“你每年探亲都带一个不同的男孩回来。我不明白你怎么能像走马灯似的换男朋友！”这也是一个混杂表达。换成完整表达应该是：你

① “初阶表达”相对于“高阶表达”而言，初阶表达主要是信息或情感传递要清楚，不要因为模糊不清而导致互相误解或关系恶化；高阶表达是在灵活娴熟地把握四类表达基础上的再度融合，将清晰性表达上升为艺术性表达。在“劝说的艺术”一节会讨论到高阶表达。

每年都带一个不同的男孩回来(观察);换得那么频繁,时间长了会形成习惯(判断);我很担心,为你的婚姻焦虑(感受);希望你能认真谈个恋爱,早点找到终身伴侣(需求)。

像上面这样,把这句混杂表达的话语拆解开,整个意思就明朗很多,表达效果也不一样。之前的混杂表达,给人的感觉是母亲在指责,所以她会本能地辩解。而后者,拆解开的完整表达,饱含母亲的担忧和关爱,孩子很难会产生逆反心理或辩解欲望。

因此,不要把感受以指责的方式表达出来,否则引来的只能是对方的辩解。生活中的表达,尤其是家人之间、爱人之间、朋友之间,最重要的两项原则就是情感"坦诚"和信息"清楚"。在表达中要避免欲言又止、隐瞒真实情感;更要避免带有抱怨指责性质的混杂表达。

"清楚表达"是表达的初级阶段,属于初阶表达。初阶表达,最重要的是清楚地说出自己的观察、判断、感受和需求,让对方清楚地了解你的心声。这要求我们避免批评、归咎和责怪,取而代之的是说出我们的感受和需求。如果你的家人或孩子晚上回来特别晚,你应该说:"你那么晚才回来,我很担心。以后早点回来,别让妈妈担心。"而不是说:"怎么又那么晚?你就不能早点回家吗!"前面一种表达,让听者感受到的是家庭的温暖和家人的关心;后面一种表达,让听者感受到的则只有指责和批评。二者的效果差异可想而知。

(五)帮助朋友改掉混杂表达之后

这是一个真实案例,是一个持续了三天的聊天记录。描述的是周同学(即下文中的"我")运用沟通知识,帮助朋友正确沟通、清楚表达的故事。

背景:

我有一个朋友叫小 Y,刚满 18 岁。家里有个上小学的弟弟,成绩特别不好。小 Y 爸爸三十多岁时患了心脏病,今年年初又突然犯病住院一个多月,如今赋闲在家;妈妈做生意刚刚起步,每天都很忙。小 Y 从初三开始一边上学一边打工,家里拮据时,他要把打工挣来的钱拿出来补贴家用。这天早上我给小 Y 发了一条消息,他没回;下午小 Y 很抱歉地说他一直在忙,这个时间刚结束工作。他年底有一场很重要的考试,最近压力很大,非常忙,但是家里气氛却不太好,于是我们便开始聊了起来……

第一天：

小Y：我真不想回家，我爸妈在家里一直说个不停，烦死了。（我以为他觉得爸妈唠叨很烦人，此前他没有跟我聊过他家里的事。）

我：唠叨就听听吧，他们也是想关心你。

小Y：不，即使这样也永远改变不了他们那种思想，已经根深蒂固了。（小Y说话总是很突兀，没有前后衔接性，所以这里他说的“思想”我并不知道是什么，也没有深究。）

我：那你一边想要享受家庭的福泽，一边想要摆脱父母的束缚，世上哪里有那么好的事情呀？你是怎样想的呢？

小Y：好，我先跟你说清楚，我爸住院的时候我出了快一万，我妈每个月又向我要钱做生意，我每个月还要给他们发生活费。

我：那你爸妈都没有出去工作吗？

小Y：对，我爸现在还在家里休息，他本来心脏就不好，还天天在家里发脾气，大喊大叫，骂我弟。（这句话透露出他的一些意思，但还是没表达清楚，没有明确表达自己的需求，属于不完整表达。）

我：那你爸是待在家里没别的事情做，想给自己找点存在感吧，你就体谅体谅他。

小Y：但是他现在需要静养。（这时他才表达清楚他的真正意思。）

我：我觉得你应该表达清楚你的观察、判断和感受，别人才能明白你是怎么想的，才能做出相应的反馈。

小Y：我每次都说，说完第二天还是那样。

我：你是怎么跟你爸说的啊？

小Y：大概就是，你现在不要操心那么多，这种东西不用一直说，两分钟说五遍，什么都要管，烦死人了。（这是典型的混杂表达，听起来就是在指责和抱怨，我们提到过不要把感受以抱怨和指责的方式表达出来，因为接收抱怨和指责的人会接收到我们的愤怒和不满，但是却不知道我们其他的感受是什么。）

我：可是你刚才说的那段话，连我都误解了你的意思，我觉得你爸也很难“get”到你真正想表达的东西。

小Y：那你说，怎么办？

我：要不你试试这么说，“老爸，你刚做了手术，身体还没有全好（观察），每天生气为我们操心，不利于你身体恢复（判断），我很担心（感受），你说的我们都有听，也在改,希望老爸你好好休息、养好身体(需求),我们会好好加油的。

(他一开始还不接受)

小Y:就是感觉,我一个大男人说出这种话显得矫情。(他这种想法再次印证了"人们在表达中不愿意直接表达感受和需求,常常把感受和需求以隐晦的方式混杂在观察和判断里,并通过特殊的语气语调或抱怨指责的方式呈现出来"的结论。)

我:你觉得矫情,只是因为你从来没有那么说过,但是如果你不把你的意思说完整、说清楚,别人怎么能理解你的意思呢? 这不是矫情,这是清楚表达的一种方法。

小Y:好吧,我考虑一下。其实我经常想说一些话,但是说着说着就变成其他意思了。看到我爸这样我真的很难受,今晚我试一下。

第二天:

我:小Y! 你昨晚有没有跟你爸说呀?

小Y:说了个大概,他听完我说之后就默不作声了,过了一会儿就催我们吃饭了。

我:那具体说的什么呢?

小Y:就把最想说的说了一下……呃,语气比平时缓和了一些,也说了我很担心他,但是最后没说出因为担心他的身体所以想让他安安静静的。(他已经真实地表达了自己的感受,但是没有把需求清楚地说出来。)

小Y:我算是吸取教训了,跟他发脾气一点用没有。(他已明白一个成功的表达绝不是通过情绪宣泄和指责抱怨可以实现的。)

我:那你今晚再尝试沟通一下吧。

第三天:

我:小Y,怎么样了?

小Y:昨天我跟他说完之后,他点了点头,然后就直接去睡觉了哈哈哈。

我:你是怎么说的呢?

小Y:我按照你的说法,先跟他说了最近他在家里总是大声喊叫这件事情(观察),然后说如果总是动怒生气大喊大叫的话,对他的身体不好,他刚做完手术身体差,需要静养(判断),我很担心他的身体(感受),希望他以后能多多注意休息,不要总是生气发脾气,也不要用太大力气在家里大声喊叫了(需求)。

小Y:我跟他说完之后他还愣了一下,然后点了点头就去房间里睡觉了。今天回家的时候看见他好好坐在沙发上看电视,也没有一直骂我弟了。

我:针不戳(真不错)。

总结:从小Y和他爸爸这个案例里面,我们可以了解完整准确表达的重要意义。一次失败的沟通很多时候是由于人们的不完整表达和混杂表达,如果我们在平时的生活里能够注意清楚地表达我们的"观察""判断""感受"和"需求",不以抱怨和指责的"外衣"伪装我们的真实情感,相信我们都能拥有更加良好和谐的人际关系。

第四节　为什么学习沟通

为什么学习沟通?有太多理由,这里仅列举主要几项。

一、沟通是人的基本需求之一

美国心理学家马斯洛,把人的需要归为五个类别,分别是:生理需要、安全需要、归属与爱的需要、尊重需要和自我实现的需要。其中"归属与爱的需要"是指与他人建立、维持和发展良好关系的需要,实际上就是沟通需要。

美国学者摩根在普林斯顿大学做过这样一个实验:他请一些学生单独住进悄无声息的封闭小屋,里边放着各种美味佳肴,可以自由吃喝,但是没有任何东西可以阅读欣赏。这等于切断了他们与外界进行沟通的所有途径。那么,实验结果怎么样呢?结果是,这些学生在小屋中待了几天就拼命敲打墙壁,要求出来。据说后来他们被放出来以后,所有人都变得目光呆滞、神情麻木,连动作也不协调了。经过很长一段时间才得以恢复。这说明,沟通作为人的基本需要,如果受到限制,就会对身心健康造成严重影响。

二、沟通能力居于核心能力之首

当今社会特别强调一个人的综合素质,而构成人的综合素质的各种能力可分为三个层次和类别,它们分别是职业特定能力、专业通用能力和核心能力。

如果用同心圆表示三种能力的关系,那么,核心能力处在最中心;如果用三角形表示三种能力的关系,那么,核心能力处在最底层。核心能力存在于一切职业中。作为人最基础的能力,它是其他能力的基础和依托,对于一个人的终身发展和终身成就发

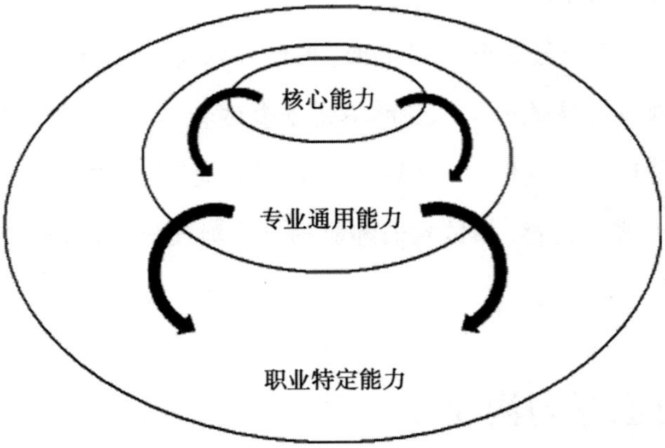

挥的作用最大，影响也最深远。1998 年，我国劳动和社会保障部在《国家技能振兴战略》中把职业核心能力分为："与人交流""数字应用""创新革新""自我学习""与人合作""解决问题""信息处理"和"外语应用"。其中第一项"与人交流"就是指沟通。

作为一个人最重要的核心能力，好的沟通，往往能促进一个人事业成功、婚姻美满、关系和谐、生活幸福。以事业为例，20 世纪初美国就有人提出：一个人在事业上的成功，只有 15%仰仗的是业务技术，85%要靠的是人际关系和处事技巧。而人际关系和处事技巧与一个人的沟通能力密不可分。

杨澜曾陈述过她在参与中央电视台节目主持人选拔时的一件事。她说，在考试中主考官突然问："你敢不敢穿三点式泳装？"这在 20 世纪 80 年代是一个非常敏感的问题，无论回答"敢"还是"不敢"效果都不好。杨澜机敏地避开正面回答，她说："服装和社会生活有着密切的关系。如果到海滨浴场，穿三点式未尝不可；但如果在乡间小路、旅店客栈穿三点式，就不免显得对人不尊重。这不是敢不敢的问题，而是合适不合适的问题。"正是这次出众的回答，为她后来成功当选中央电视台节目主持人奠定了基础。像杨澜这样沟通成功的案例虽然有很多，但是，沟通失败的案例也不少，大人物也不例外。

比如，在一次宴会上，胡适遇到比他大十多岁的齐如山先生，寒暄时，他见齐先生身体不错，为了让他高兴，就恭维了一句："齐先生，我看你活到九十岁绝对没有问题。"不料，齐先生愣了一下，然后说："有一位矍铄老叟，人家恭维他可以活到一百岁，他却忿然作色曰：'我又不吃你的饭，你为什么限制我的寿数？'"胡适一听，急忙道歉："对不起，对不起，齐先生，我说错话了。"

那么，胡适错在哪儿了呢？在沟通中，我们要切记：恭维人的寿命不要设定年龄上限。胡适正是触犯了这个禁忌，才惹得齐如山如此愤怒。尽管后来齐先生在台湾去世时，并没有活到九十岁。

三、沟通能力甚至能决定人的生死

古希腊寓言家伊索当奴隶的时候，主人曾命令他置办几桌最好的菜，招待客人。开宴时，宾客们看到桌上全是各种动物的舌头，主人大吃一惊，忙问是怎么回事。伊索回答："舌头是引领各门学问的关键，不是最好的菜吗？"于是，主人吩咐伊索再办一次宴会，这次菜要最坏的。上菜时，伊索端上来的仍然是各种动物的舌头，这使主人暴跳如雷。伊索解释道："难道一切坏事，不是从口里出来的吗？舌头是这个世界上最好的东西，同时也是最坏的东西。"

伊索说得没错，舌头是这个世界上最好的东西，同时也是最坏的东西。因为一个人只要一开口，就会有一定的效果，有的人可能因此升官发财，有的人却可能因此命丧黄泉。

传说朱元璋做了皇帝以后，有一天，他小时候的一个朋友来了，见面就说："我主万岁！当年微臣随驾扫荡芦州府，打破罐州城，汤元帅在逃，拿住豆将军，红孩子当关，多亏菜将军。"朱元璋听了非常高兴，于是封他做了御林军总管。

这事被当时一起玩的另一个朋友听说了，他心想，都是小时候的玩伴，他去了能做官，我也去试试呗。见到朱元璋，他也把当年的事儿说了一遍。他说："我主万岁！还记得吗？从前我们都替人家看牛。有一天，在芦花荡里，把偷来的豆子放在瓦罐里煮，还没煮熟，大家就抢着吃。把罐子都打破了，撒了一地的豆子，汤都泼在泥地里。你只顾从地上满把地抓豆子吃，却不小心连红草叶子也送进了嘴里，哽在喉咙。还是我出个主意，叫你用青菜叶子一口吞下去，才把红草叶子咽了下去。"朱元璋听他那么一说，连忙喊道："哪来的疯子，推出去斩了！"

上面说的是同一件事，但是从一个人嘴里说出来，就做了官；而从另一个人嘴里说出来，却丧了命。可见，会沟通对一个人来说有多么重要。

四、"知其所以然"才能更好地提升沟通能力

从古至今，沟通一直都占据着重要地位。但是，人们掌握语言、进行沟通，大多都是自发形成的，因此不了解沟通的相关原理、规律、禁忌和策略。有些人沟通能力比较

强，也是知其然而不知其所以然；有些人沟通能力比较弱，就更需要学习沟通了。

为什么女性总是抱怨自己不被理解？而男性也总是苦闷，猜不到女人到底在想什么？男女的沟通到底有什么不同？脑科学又得出哪些结论？学完第二章“男女沟通障碍与意识守则”，你将不会再为这些问题感到苦恼和困惑，与异性之间的沟通也会变得轻松而愉快。

为什么同一种表达方式好朋友之间可以通行，陌生人之间却不可以使用？权势和距离在沟通中到底起着什么作用？话语策略和关系协同又到底是什么关系？学完第三章“在不同关系下的沟通”，你会从中找到答案。

此外，跨文化沟通最容易产生哪些沟通误解和文化震荡？思维形式、思维活动与沟通之间是怎样的关系？提高沟通能力，应该进行哪些思维训练和表达训练？沟通中的心理问题又该怎样去克服？时空场合对沟通有哪些影响，如何有效地去利用？沟通应该遵守哪些原则和准则？沟通能力如何去培养，需要了解哪些策略和禁忌……

《沟通的科学与艺术》主要针对上述问题，抽丝剥茧、分析探究，从而带你走进正确沟通，学会有效表达，领略沟通的艺术与魅力。认真学习、用心体会、积极实践，你会获益终生。

相关资源与习题自测

◆ 课程资源

视频：为什么要学习语言交际或沟通？（二维码）

更多与本章内容相关的课程资源（含文字内容、案例小视频、主客观试题、问题讨论等），详见：刘艳春，中国大学慕课“语言交际概论”第1单元、第8单元第3课，网址 https://www.icourse163.org/course/CUC-1454885178。

◆ 习题自测

3月6号早上，妈妈在家做家务，我还没起床。妈妈每次做家务时脾气都会变大，还没起床的我刚好成为唯一的发泄对象。妈妈走进我房间，开始故意弄出声响，还没完全睡醒的我，被吵得有点起床气。

妈：你看看这家里，从来没个人能替我干干活！你回家从来不干活，看人家××家孩子，天天在家做饭。再看看你，床上乱七八糟，让你帮我看个孩子都那么多怨言，你爸爸也是……

我：我怎么没替你干活了？我回来这几天家里的碗不都是我刷的？而且我昨天上了一天课，这刚睁开眼，哪来得及呀！××家孩子好，你要不去把他家孩子领回来！妈您就让我再睡会儿，成吗？

妈：好！“替我干活”“给我干活”，合着这家里的活就都该我干呗，你那么大在家里干点活不应该吗？一天天的就知道睡觉！

我：哎哟，不是，唉，算了，不跟你说了。（又睡着了）

等我睡醒，我意识到事情不对劲，于是主动和妈妈沟通。（我凑过去）

我：妈妈！妈妈！妈妈！

妈：别理我，我总是打扰你睡觉。

（我往妈妈身上蹭）

我：没有啦妈妈，就是我刚才没睡醒，然后你突然冲人家嚷嚷，就把我起床气激起来了……对不起嘛……

妈：你有气，我还有气呢。（语气已经缓和了）

我：妈妈，我知道你干家务很累，心情不好，希望有人能帮你分担家务，可是你下次能不能换种方式表达呢？你刚刚让我感觉不是很舒服。

妈：那我应该怎么说？

我：你可以温柔一点呀，如实地表达自己的感受和需求。就比如：“哦！我懒惰的女儿，这难搞的家务活实在是太让人头疼了，你能不能从你温暖的小床上下来帮帮我呀？哦我知道你一定会的，我亲爱的！”（开始嬉皮笑脸）

妈：哦我亲爱的女儿，我还是有点生气，你可以把厨房的碗洗了吗？

我：哦当然可以我亲爱的妈妈！（去洗碗）

请你结合“四类表达”评价上面的沟通，哪里做得好，哪里做得不好，做得不好的地方应该如何去改进？

◆ 学习资源

1. 沟通是生活中不可缺少的一部分，充分的人际沟通可以提升个人形象。良好的个人形象不仅可能增强个人信心,还可以获得他人信任,稳固人际关系。怎样提高与人交流和沟通的能力呢?李玉玲给出了几条建议。

想了解更多具体内容,详见:李玉玲.怎样提高与人交流和沟通的能力[J].求实,2013(S2):119-120.

2.社会中的每一个人都渴望成功,杨凤娟从礼仪、沟通、情商与成功之间的关系着手,论述了一个人的成功必须具备三个因素:即礼仪、沟通、情商。

想了解更多具体内容,详见:杨凤娟.论礼仪、沟通、情商与成功[J].山西财经大学学报,2012,34(S1):303-304.

第二章　男女沟通障碍与意识守则

性别差异在沟通中造成的影响最容易被忽略,因为大多数人不会认为性别还会对沟通产生影响,但事实却是由性别引起的沟通障碍和误解比比皆是。

第一节　沟通中的男女:苦闷与抱怨

这是生活中的几幅男女沟通场景。

一、"你过生日想要点什么"

男:你过生日想要点什么?

女:什么都行。

男:不,说真的,你想要什么?我想送你点儿好东西作礼物。

女:你不用给我买什么,我们现在经济上也不宽裕。

男(有点为难):那我们就一起出去吃顿饭,怎么样?

女:行,我真的不要什么。(对话结束,男生有些沮丧,女生也很失落。)

通过对话,我们可以了解到以下信息:(1)这对恋人的经济条件不太好;(2)男生确实想送给女朋友一件不同寻常的、她自己不会去买的礼物。

可是,尽管男生非常清楚、非常明确地问女友想要什么,女朋友却什么都没告诉他。男生无法判断女友到底想要什么,于是只好放弃猜测,选择出去吃饭。

而女生呢?她实际上非常想要一件代表他们深厚关系的礼物。其实她并不在乎礼物究竟是什么,对她而言,重要的是礼物背后所体现出的男友对她的用心和爱意。同时她也认为,如果男友足够爱她,就应该知道什么才是最适合的礼物。而男生直截了当的问话,让她感到男友缺乏观察力、不了解她的感受,更严重的是,她觉得男友可能根本就不是很在意和关心她。

结果,尽管男生心里怀着美好的愿望,并想通过买礼物真诚地表达自己的爱意,但他的话语所传达出的信息却恰恰相反,导致女生感觉男友根本就不关心她。

对女生来说,她之所以不直接表达自己到底想要什么,目的是给男友一个表现的机会。对女生而言,这种情况下含蓄是重要的。因此她小心地不让男友察觉出她其实非常想要的东西。她期待虽然面上说不需要礼物,但是男生还是会为她购买礼物。然而,当她发现男生仅仅理解了她的字面意思,只是又提议出去吃饭时,她感到非常失落。

男生也很沮丧,明明想给女友买一个有纪念意义的礼物,所以才问她想要什么,可她却说不用买,还进一步给出理由,说他们经济条件不太好所以不用买礼物。最后,他没有办法,只好选择请女友出去吃顿饭。

也许有同学会说:“只能怪这个女生,为什么不有话直说呢?结果搞得自己那么委屈。我就不那样,如果男友问我过生日想要什么,我会直接把链接发给他,让他把款付了。这样不就简单了吗?”仅就该案例而言,的确如此。但即使这样,生活中的男女就不存在沟通障碍了吗?事实远非如此,我们发现,男女在生活中的沟通障碍比比皆是,所以这并非“直接不直接”的问题。

二、“乔西邀请老同学”

乔西的高中同学打电话说下个月要来出差,乔西便邀请他到家里共度周末。当天晚上,乔西告诉妻子琳达两周以后的星期天家里要来个老同学。琳达很不高兴,因为她要在丈夫老同学来的前一个星期出差,而在老同学来的这一天,她正好出差回来,她不希望有人来家里打扰。这只是一个方面,另一个方面则是丈夫没和她商量一下就自作主张邀请同学来家里,事后只是简单地通知她,这也是最让她生气和介意的地方。

这件事，如果换作琳达，她会选择先和乔西商量，所以她不明白乔西为什么不能给她同样的尊重和关心。而当她为此事向乔西抱怨时，乔西却愤怒地说：“我总不能对朋友说‘我得请示太太’呀！”

对乔西来说，和妻子商量就等于向妻子请示，就意味着自己不能独立做决定，就像一个孩子或下属，没有行动的自由。而对琳达来说，同丈夫商量不等于请示。她认为，夫妻之间应该是互相协商的，因为双方是不可分割的整体。她不介意告诉别人：“我得和乔西商量商量。”相反，她会很愿意那么说。因为她希望别人知道自己和丈夫之间才是最亲的，她会第一时间征求丈夫的想法，因为她最在意的是自己丈夫的感受。这件事给琳达和乔西都带来很大的烦恼，因为触及了两个人各自最关心的地方。琳达伤心的是她感到在丈夫心里，丈夫和自己之间的关系不够亲近；而乔西苦恼的则是他感到妻子在限制他的自由。

三、“伊芙的烦恼”

伊芙做了手术，把乳房的良性肿瘤切除了。手术一结束，伊芙就告诉她姐姐，说手术缝线使乳房变了形，她感到十分苦恼。姐姐安慰她说：“没事儿，我做手术那会儿也是十分苦恼。”

接着，伊芙又把自己的苦恼告诉了好友卡伦，卡伦也安慰她说：“我明白你的苦衷，就好像自己的身体被别人侵犯了一样。”可是当伊芙把苦衷告诉她的丈夫马克时，马克却说：“你可以再去做一个整形手术。”

姐姐和卡伦的话，让伊芙很欣慰；而丈夫的话，却使她更加烦恼。她本想从丈夫那里也得到一点安慰，可是当她倾诉手术给她带来的后遗症和苦恼时，丈夫却让她再做一次手术。于是她气愤地嚷道：“不管你喜不喜欢我现在这个样子，我都不会再去做什么手术了！”

她丈夫感到很莫名其妙和委屈，不明白是怎么回事。于是分辩说:“我根本不在乎有个疤,我不会看了不舒服的。”伊芙愤怒地质问:“那你为什么还叫我去做整形手术?”马克回答:“因为是你自己说不喜欢这个样子的呀!”

伊芙很气愤,也很矛盾。在这次手术的前前后后,丈夫对她一直很关心,她怎么能因为对方的几句话就大发雷霆呢?可是丈夫的这番话确实让她感到非常伤心,她觉得他们之间好像不那么亲密了。而对于马克来说,自己的建议完全是针对伊芙的苦恼提出来的,可伊芙却认为自己是在埋怨和嫌弃她,这让马克感到既莫名其妙又烦闷不已。

马克觉得很烦,他披上外套走出房门,打电话给哥们儿乔西,找他去喝酒。伊芙则哭着打电话给好姐妹琳达,她在电话中开始抱怨:“我觉得他根本就不爱我!他每次都不听我说话……”此时,在酒吧里的马克喝了一口闷酒,问他的哥们儿乔西:“喂,我问你一个很严肃的问题。”乔西喝一口酒之后把杯子放到桌上,问:“什么问题?”马克:“女人到底都在想什么?”乔西沉默片刻后,说:“如果我知道,我就不会在这儿陪你喝闷酒了。”二人相对无言,继续喝闷酒。

上述都是现实生活中男女沟通的真实写照。那么,男女为什么对同一件事会存在分歧,对同一句话又常有不同理解?为什么都抱怨对方不理解自己?很多研究表明,男性和女性自出生那一天起,就注定了诸多差异,并形成了各自的沟通特征,从而造成相互之间的分歧和误解。那么男性和女性都存在哪些差异?在沟通中又都表现出什么样的特征呢?

第二节　性别差异与沟通特征(一)

男性和女性在沟通中都很苦恼,他们不明白为什么对方就是不理解自己。研究表明,这缘自男女双方自出生那一天起就存在的差异。

一、男女的性别差异

美国语言学家德博拉·谭楠(Deborah Tannen)在《你就是不理解我!》(*You Just Don't Understand!*)和《那不是我的本意!》(*That's Not What I Meant!*)等著作中指

出，男性和女性从牙牙学语开始，就表现出很多方面的差异。本书整合谭楠的研究成果，归纳出如下 13 个方面的不同，它们分别是：

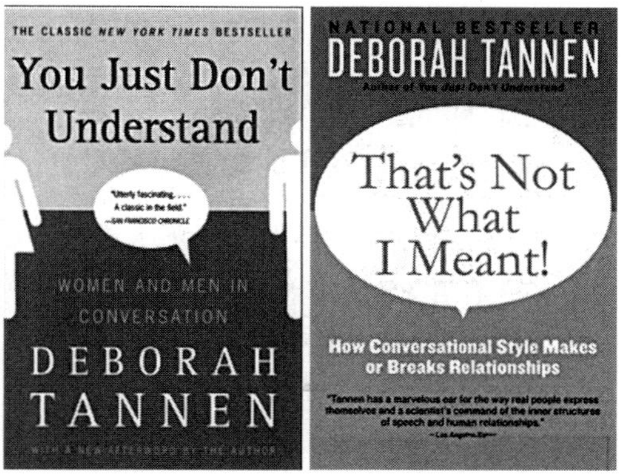

（1）女性更注重建立关系；男性更注重追求地位。

（2）女性常作为平等者，建立对称的关系；男性常作为对手，建立非对称的关系。

（3）女性更偏爱相互依赖与合作；男性更偏爱独立和自主性。

（4）女性常以一致赞同来做出决定；男性常以实力、说服或少数服从多数原则做出决定。

（5）女性更渴望亲密性；男性更渴望“空间”。

（6）女性更需要同伴的赞同；男性更需要同伴的尊重。

（7）女性多窃窃私语；男性多当众发表意见。

（8）女性更喜欢分担问题；男性更多独自面对问题。

（9）女性注重话语背后的情感细节；男性注重话语承载的信息。

（10）女性常常公事私事一块谈；男性往往将两者分开、公私分明。

（11）女性寻求帮助、忠告和指导；男性不求帮助、忠告和指导。

（12）女性更容易给他人同情和怜悯；男性更容易给他人忠告和分析。

（13）女性想了解问题；男性想解决问题。

了解了上述差异，男女容易对同一件事产生分歧就不难理解了，而男女在沟通中的各种误解和冲突，也很容易找到解释。比如第一节谈到的“乔西邀请老同学”案例。乔西在电话中邀请老同学到家里来共度周末，妻子琳达得知后非常生气。她觉得丈夫应该在邀请同学之前和她商量。可是当她为此事抱怨时，乔西却气愤地说：“我总不能对朋友说‘我得请示太太’呀！”

对乔西来说，和妻子商量就是向妻子请示，就意味着自己不独立，就好像是个孩子或下属，没有行动的自由。而对琳达来说，同丈夫商量不等于请示。她认为，夫妻之间应该互相协商，因为双方是不可分割的整体。

大多数女性觉得，凡事和丈夫商量，是一件很自然的事；而大多数男性，则不愿意什么事都和妻子商量。男女在做决定方面的不同选择,是因为女性把商量看作双方融洽的标志;而男性则觉得,连芝麻大小的事情都要商量,未免太没有自主性。他们认为,不和妻子商量就不能做决定是对自己极大的限制,所以他们本能地喜欢自己拿主意。所以,当一个女人问"你有什么意见?"时,对于女人来说,她极有可能是在和你商量;而对于男人,却十有八九把它当成女人是在让他拿主意。

二、男女沟通特征:"追求独立性"与"追求亲密性"

地位和关系,是人际交往的两个不同的出发点,男性和女性,恰恰是只关注到其中的一点,而忽略了另外一点。具体来说,女性更注重建立关系,男性更注重追求地位。在一个以"关系"为基础的世界里,亲密是核心;而在一个以"地位"为基础的世界里,自我独立是核心,确立自己地位的首要途径就是独立自主,然后是对其他人发号施令。唯命是从,则是低人一等的表现。

如果亲密的意思是"彼此不分你我";那么"独立"的意思就是"你我彼此有别"。关系的基本要素是对等;人和人之间不分上下尊卑;而地位的基本要素则是不对等,人和人之间有上下尊卑。

在人际交往中,男性看重的是地位。他们关注的是:对方是不是在贬低我?对方是不是在通过让我做这个、让我做那个,来凸显自己?女性看重的则是相互之间的关系。她们关注的是:对方是在靠近我,还是在疏远我?

为什么女性有苦恼,总喜欢向别人倾诉;而男性有苦恼,则多半不和别人说?这是因为,同情和帮助本身具有双重性。男性和女性基于地位和关系两个不同的出发点,对同情和帮助本身的意义和理解也有所不同。

同情和帮助的双重性表现为:一方面,同情和帮助具有对等性,它们是相互平等的人们之间友情的见证;另一方面,同情和帮助又具有不对等性,它们是地位在上面的一方,施予地位在下的一方以好处。所以,预示着接受同情和帮助的人处于劣势地位,而给予同情和帮助的人则处于优势地位。

对于女性而言,她们注重建立关系,把双方视为平等者,因此同情和帮助在她们眼

里，是友情的见证。她们通过诉苦的方式，感受到的是作为平等者之间的亲密关系和相互关心。而对于男性而言，他们追求地位，把双方视为非对称关系。同情和帮助，在他们眼里显示的就是不对等性。他们不想因为诉说自己的麻烦和苦恼，而让别人看不起自己或者认为自己能力不行。

为什么男员工会极力回避与上司谈论自己的升迁问题？为什么丈夫会对妻子交代的事情，总是一拖再拖？如果了解了“地位”因素在男性交往中所起的关键作用，上面这两个常让人费解的问题也就很容易找到答案。

比如，有一位男士，他很想知道老板是否能提拔自己。若没有可能，那么他会马上另找一份工作。可是他始终不愿意直接去找老板问这个问题，而是独自在家焦虑不安，睡不着觉。而他之所以一直不去问老板，是因为如果问老板自己有没有被提拔的可能，就更加突出了双方的不对等关系，暗示着自己的未来完全掌握在老板的手中。他觉得这种“低三下四”的做法让他难以忍受。当然，这样的事谁都不愿意去做，但是如果换作一位女性，可能就不会有那么大的心理负担。

另一个情况是，很多家庭中的男性，只要稍有被别人，尤其是被女人支使的感觉，他们就会马上加以抵制。这使女人常常会落得“爱唠叨”的名声。当女人向丈夫提出要求而没有得到对方的及时反馈时，她们就会再次重复自己的要求。她们相信，只要丈夫明白了自己的意图，就会按照自己说的去做。可是，男人不愿意有受人摆布的感觉，所以他们对于妻子的要求，往往总是要有意地拖上一会儿，以便自己有一种自愿去干的感觉。这样一来，女人的“唠叨”就不可避免地产生了。妻子一再重复着自己的要求，而丈夫则一再拖延着自己的行动。所以，从“地位”出发来看待男性的一些行为，很多让人费解之处则很容易找到答案。

本节主要介绍了男性和女性 13 个方面的差异，并重点阐释了由于男女在“更注重关系”和“更注重地位”方面的不同，导致了双方分别“追求亲密性”和“追求独立性”的不同的沟通特征。同时，也从男性“更注重地位”的角度出发，为男性在生活中的一些行为找到了解释。下一节将继续介绍男女差异在沟通中的其他表现。

第三节　性别差异与沟通特征(二)

对男人最大的挑战是:当女人谈论她的感情时,男人能否正确理解她的话并给她安慰。对女人最大的挑战是:当男人不说话时,女人能否正确理解他的沉默并给他支持。这是美国心理学博士、著名两性关系学专家、教育家、作家、演说家约翰·格雷(John Gray)在他的《男人来自火星,女人来自金星》(*Men are from Mars, Women are from Venus*)一书中的观点。

这位美国人际关系和情感研究专家,用7年时间,调查了25000人,写出了《男人来自火星,女人来自金星》等系列书籍15本,并迅速惊爆欧美。这些书籍畅销超过26个国家和地区,获得社会、学界认可,被翻译成40多种语言,全球累计销量超过1.4亿册,应用于恋爱、婚姻及家庭关系,改善全球数十亿男女情感关系,并在欧美最权威书评杂志销量排行榜列居前三甲长达158周。其著作也荣登美国哈佛大学教材榜。约翰·格雷以"不同星球"这个鲜活、生动的比喻,指出了男性和女性在诸多方面的差别。下面我们主要从男女的说话场合、话题的兴趣点、谈话的细节、倾听的方式和面对问题时的反应几个方面,继续介绍男性和女性的差异。

一、男女的说话场合

女性对男性的抱怨经常是:"他没话跟我说""他根本不听我说话"。有个女生把男友的沉默叫"精神上的吝啬"。她说:"我把自己想什么告诉他,他只是默默地听。我问他在想什么,他待了一会儿说:'我也不知道'。我质问他:'难道你脑子里什么都没想吗?'"

也有很多主妇抱怨,丈夫下班回来后不愿意和自己说话。她问:"今天工作怎么样?"丈夫回答:"还好"或"不怎么样",然后就一声不吭。可是,如果家里来了客人,或者有别人一起外出时，丈夫就像变了一个人。他总是最能说的那一个，总有有趣的故事讲给大家听。她就不明白，丈夫为什么平时不和她说这些事儿呢？

有人可能会说，丈夫也许是上一天班太累了，所以回家后才不想说话。可是也有许多职业女性，下班回家也很累，但她们却很愿意和家人分享单位里的事。所以这不是单纯的累不累的问题，而是性别的关系。

人们一般认为，女人总是喋喋不休。然而，很多研究却表明：在很多场合，比如开会，男女一起讨论，男性比女性话多。那么，到底是男性话多，还是女性话多呢？答案是要看具体场合。研究发现：男性喜欢在公开场合讲话，女性愿意在私下场合聊天。男性在公开场合侃侃而谈，在家里却少言寡语；女性在家里特别能说，在公众场合却很少发表意见。这又是为什么呢？如果我们从“地位”和“关系”出发，也许能找到答案。

对男性来说，交谈是维护尊严、争得地位的表现。他们希望通过公开讲话，为自己在社会上争得一席之地。所以，在公开场合他们会努力在众人面前表现自己，无论观点是否成熟，都会尽力争取说话的机会。

然而，对于女性，在公众场合她们没有强烈的追求地位的欲望，她们更在意的是别人对自己的评价。她们担心说错话或者别人对自己有不好的看法，所以在公众面前一般不会主动发言。即使有时候女性也很想发言，但需要思考半天或等着主持人叫到自己，因此她们会错过很多发言机会。

但是在私下场合，比如在家里，则是另一番景象。在女性眼里，家是一个能够自由说话的地方，她们可以在这里畅所欲言，不必担心说错话或别人对自己的看法。谈话对她们来说，是交流情感、增进关系的手段。对女性来说，在家里和一两个熟人一起交谈最能给自己安全感。她们觉得大家谈谈生活琐事，可以增强彼此的亲密性，而认真倾听他人的谈话，则是对他人的关心和支持。

在男性眼里，家是一个不用刻意表现自己的地方，他们可以在这里自由自在地清净一会儿。对男性来说，谈话是为了交流信息。所以，很多男性觉得，女性谈的那些生活琐事,既没有信息也没有意义。所以面对女性的谈话内容,他们常常心不在焉或保持沉默。

所以,通过上面的分析,我们就不难理解为什么男性在公众场合侃侃而谈,在家里却沉默不语;为什么女性在家里特别能说,而在外边却很少发表意见。

二、男女的话题兴趣点

女性担心自己对周围的生活不了解,所以她们的话题往往围绕周围的人和事以及生活中的大事小情(张家怎么样、李家怎么样,哪个同事调动了、哪位朋友升迁了,哪个同学结婚了、谁家孩子出国了……),女性也会讨论社会议题,但这类社会议题往往和自身或身边人发生的事情有很大关系时,才被牵扯出来加以议论。对大多数女性来说,聚在一起聊聊天是她们友谊的核心部分。对女性而言,有一两个能够彼此说说心里话的朋友,她们在这个世界上才不会感到孤单。

男性担心自己对世界上发生的事情一无所知,所以他们喜欢范围广的话题和有信息量的内容,这些内容不一定和自己有直接关系。他们在一起常常讨论社会议题或男性运动(国内政治、国际形势,经济动向、文化发展,地产股票、运动健身……)。有实验结果表明:当谈话人是清一色的男性时,讨论一开始,他们就争着看谁对时事、政治、书刊、旅游、电影等话题最内行。

男性把女性的谈话内容视为闲聊。多数男性都不喜欢闲聊,因为他们觉得,谈话是为了交换信息,所以交谈一定得有内容、有意义。一位男性新闻工作者说,开会时有很多问题要讨论,他觉得很自在。可是会议结束后,当他不得不和一个素不相识的人并肩走出会场时,他却感到很尴尬,好像哑巴了一样,因为他不知道应该说点什么。

三、男女在谈话中对细节的关注

女性认为，交谈更多时候是为了建立关系、交流情感。注意他人某方面的细节，是对他人关心的表现。女性注重建立和维持彼此之间的亲密关系，所以她们在交谈时喜欢谈论细节，尤其是反映情感的细节。

对于这一点，男性很不理解，他们觉得女性说话太啰嗦。而当女性每每问起男性某些细节时，他们的回答往往是“我没注意”或者“我不知道”，这也让女性很不能理解。

四、男女的倾听方式

女性和男性交谈时，即使男性在听着，女性也常常觉得他没有认真听自己说话。这是因为，女性听对方说话时，常喜欢向对方提问题，喜欢不停地点头，说“嗯”“是的”，有时还哈哈大笑或明确表示赞同，以鼓励对方继续往下讲。可是男性在听对方说话时，却很少像女性这样不停地点头，他们或者插话发表自己的意见，或者一直默默地听，一点反应也没有。

当女性说“嗯”时，可能有好几个意思，既可能表示“你说得对”“我同意你的观点”，也可能只是表示“我在听，你继续说”；而男人只有在同意对方的观点时，才说“嗯”。这种差异，也常常加深男女之间的沟通误解。比如，男性对女性说话时，女性一个劲儿地点头说“嗯”，可最后他却发现她并不赞成自己的观点。男性因此便会认为女性的反馈缺乏诚意，或者认为她根本就没有认真听自己说话。同时，如果女性对男性说话，男性一点儿反应也没有，女性也会觉得男性没有在听自己说话。

所以，男性喜欢安静型的听众，他们觉得女性听别人说话时废话太多；女性喜欢参与型的听众，她们认为男性听别人说话时一声不吭，说明他们心不在焉。这也是导致男女沟通障碍的原因之一。

五、男女面对问题时的反应

男女面对问题时的不同反应，也是导致他们沟通误解的重要原因。第一节中我们谈到伊芙向姐姐和女性朋友倾诉手术后遗症带给自己的痛苦时，姐姐说了相似的经历，女性朋友也表现出了极大的同情，这些都让伊芙很欣慰。然而，当伊芙将痛苦向丈夫倾诉时，丈夫却告诉她可以再做一个手术，这让伊芙更加烦恼。

研究表明，当女性听到一个麻烦或问题时，会说出一个自己类似的问题，从而表明她能理解对方的处境，并给予对方最大程度的同情。而男性则把对方的倾诉当作寻求帮助的信号，因此无论是否可行，他都会给出一个解决办法。

对于女性，对方提出一个问题就等于给她提供了一个表达同情的机会，因此她会提出一个类似的问题来表达她们对这件事的感同身受。对于男性，对方提出一个问题就等于给他提供了一个解决问题的机会，因此他们会努力提出解决办法。

女性觉得自己的倾诉没有被对方理解，因此她会继续强调自己的问题，这种强调使男性误以为是自己的解决办法没有被理解或认同，所以就更详细地讲解自己的方案。一旦女方意识到她越是希望通过谈论自己的问题以博得对方的同情，对方就越是滔滔不绝地讲演他的方案时，她要么大发雷霆，要么陷入沉默。因此，面对问题时的不同反应，也是造成男女沟通障碍的重要原因。

综上，本节主要基于德博拉·谭楠和约翰·格雷的研究成果，对男女在说话场合、话题兴趣点、谈话的细节、倾听的方式和面对问题时的反应几个方面进行了讲解和分析。

很多人认为，上述研究成果真实地反映了男女在生活中的场景，对男女差异的分析及男女在沟通中的表现和心理刻画，也都真实地反映了他们的心声。也有人对上述研究成果有所质疑，认为研究中对男女差异的描述过分简化了人的心理情况。

事实上，男性和女性的差异及其在沟通中的表现只是一种“概率性”差异，也就是说，研究中所阐述的男女差异只是一种大概率差异，绝非刻板地出现在男女之间。了解、正视、尊重性别差异及其沟通特征，避免跨性别沟通的误解和冲突，促进两性关系的和谐与提升才是我们的最终目的。

第四节　男女沟通差异的原因

男女性别差异及其沟通特征的不同，有人认为是社会文化的结果，也有人从大脑结构和人类演化的角度去解释和分析。

一、社会文化原因

德博拉·谭楠从社会文化的角度，解释了男女差异及其各自的沟通特征。谭楠认为，如果女性说的是以“亲密关系”为核心的语言，那么男性说的就是以“地位和独立”为核心的语言。男女双方的交谈，就好像是跨文化沟通，其各自的沟通特点，势必会给沟通带来各种各样的误解和障碍。

她提出，男性和女性从小就生活在截然不同的天地里。不管他们住得有多近，甚至是一家人，实际上，他们也都是生活在不同的语言世界里。大人对男生和女生的说话方式是不同的，也期待男生和女生以不同的方式来说话。

人类学家发现，男生喜欢说：“你把这个球踢过来”“你躲开”等带有命令式的口吻。女生却常说：“我也……”“我们一起……吧”。男生喜欢成群结队地在户外玩，他们相互之间有等级的区分。玩的游戏也多数都有输家和赢家，有复杂的规则，这些规则常常成为他们争吵的话题。

男生还喜欢吹嘘自己，喜欢争个上下高低。一群男生中间，一般都有个头儿，他可以对其他人发号施令，可以否决其他人的提议。这个男生通过发布命令并使命令得到执行来确立自己的权威和地位。

女生则通常都是三三两两地一起玩耍或聊天。在她们经常玩的游戏中，比如跳绳、跳房子，每个人的机会都是均等的。她们的绝大部分游戏也没有输家和赢家，比如过家家。虽然有些女生玩游戏比别人聪明，但她们也很少因此来炫耀自己。女生一般不会命令别人做什么，她们只是提出建议，而这些建议一般也会得到其他女生的认可。

女生很少争着当主角，所以相互之间不容易发生正面冲突。女生之间也不明目张胆地争高低，她们更关心的是别人是否喜欢

自己。她们社会生活的核心就是自己最要好的朋友。对女生来说,亲密关系是最重要的。她们之间只有亲疏之别,没有高低之分。

谭楠认为,男性和女性正是从小就生活在这样截然不同的文化圈子中,成年以后又不断得到巩固,才形成了前文所谈到的诸多差异和各自的沟通特征。

二、脑科学研究结果

脑科学研究则从大脑结构的角度为男性和女性差异去寻找答案。2016 年 11 月,《科学》杂志有一篇文章提出:大脑中由海马、穹窿、扣带回、海马回、隔区、杏仁核等构成的边缘系统,对人的情绪和记忆起到很大作用。①

英国的大卫·赫斯特则发现,男性杏仁核的右侧部位活性更强,女性杏仁核的左侧部位活性更强。所以,压力会让男性想出去跑步、采用各种方式发泄怒气或者一个人独处。女性则会通过与朋友聊天的方式来获得安慰。②

美国的玛德赫拉·英格尔哈利卡尔(Madhura Ingalhalikar)的研究发现:“在全脑结构连接组层次,男性大脑幕上区域半球内连接显著强于女性,而女性半球间连接显著强于男性。大脑的这种连接模式使得男性大脑可以把出现脑后方的知觉感受和由脑前方控制的行为意向连接起来,这样男性的大脑就形成了一个促进协调运动的有效系统;相比之下,女性大脑的连接模式很可能促进了左半球的分析和逻辑推理能力与右半球的空间、直觉信息处理能力之间的整合,这样就使得女性更加擅长语言情感的表达,并且也更加感性。”③

---

① 杨扬. 杏仁核:大脑的“恐惧中心”[J]. 科学,2016,68(6):12-16+3.

② 大卫·赫斯特,李琦. 大脑也有性别差异?[J]. 教师博览,2014,248(2):56-57.

③ 杨天亮,辛斐,雷旭. 人类大脑结构和功能的性别差异:来自脑成像研究的证据[J]. 心理科学进展,2015,23(4):571-581.

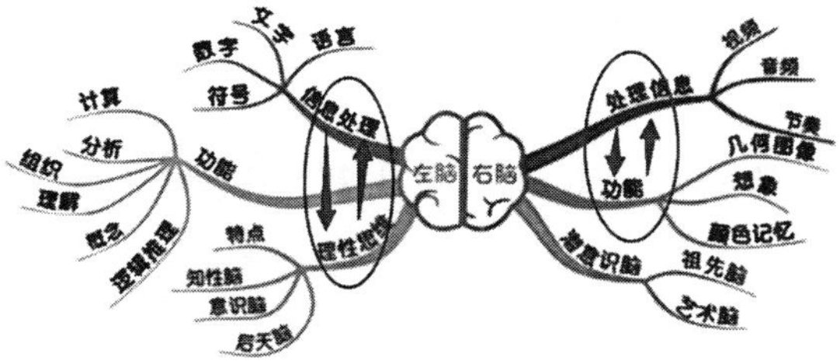

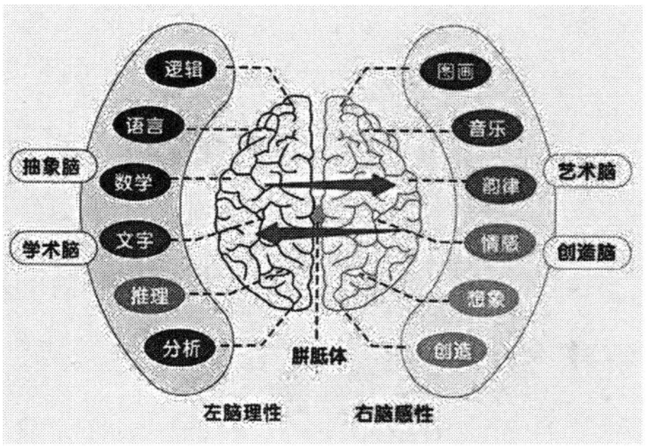

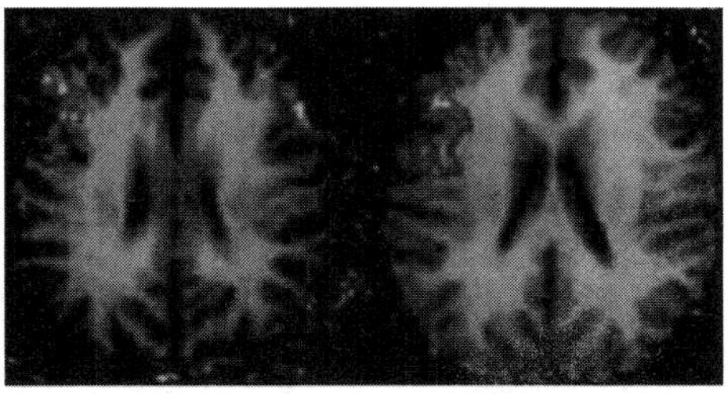

台湾的洪兰教授也谈到，在实验室里观察男性和女性说话：男性说话，左脑前区亮起来；女性说话，两边都亮起来（右图①）。连接左右两个半球的胼胝体，女性厚，男性薄。语言在左边，情绪在右边，所以女性更会用语言的方式把她的情绪表达出来。

另外，前文我们也谈到，女性在聊天时对细节津津乐道，可是如果问男性所描述事件的细节或某个人的感情细节时，他们的回答却经常是“我没注意”或者“我不知道”。

女性在沟通中，喜欢谈细节，也擅长发现细节，在相关的观察力测试和脑科学实验中也找到了答案。宾夕法尼亚大学的一项研究发现：男性在辨别方向时使用的是左脑部分区域，而女性使用的则是右脑部分区域。这种差异，使得男性的空间认知能力和导航能力更强，所以男性更擅于看地图。而女性，在记忆地标、线路或风景的细节上更强，因为女性具有更细微的观察力。

很多观察力的测试结果显示：女性比男性的观察力更好，女性能很快看出一组相似图片中的细节差异。她们出神入化的观察力，甚至可以细化到一个图画中某个男人戴的领带是什么花样，某个女生指甲涂的是什

① 该图左侧为女性大脑，右侧为男性大脑，图片来自洪兰教授的演讲视频截图。

么颜色,等等。所以,女性会在聊天中经常涉及细节,并对此津津乐道。

三、人类演化的猜想

除了社会文化原因、大脑结构和功能上的差异以外,也有人从人类演化的角度来解释男女之间的差别。

比如,2014 年 5 月《魅力中国:时文博览》杂志中,有一位署名为“逸茗”的作者,写了一篇《科学解释男女无法沟通的问题》的短文。该文试图从人类演化的角度来解释男女无法沟通的问题。该文指出,男性发达的运动系统、较强的空间逻辑推理能力和生活中的沉默寡言,都来自男性数千年来的猎人角色。文章一开始,就设想了这样一个几万年前的人类生活图景:

洞穴中的女人和小孩,他们在等待男人们狩猎回家。女人利用空闲时间来采集洞穴附近的水果和野菜;男人们扛着猎物回到洞穴,因为累了一天,他们坐在石头上,看着烤食物的火堆发呆。妈妈们则是交头接耳、讨论育儿经……

文章指出,从演化的角度来看,男人不多讲话是因为出声可能会吓跑猎物。而女人之所以爱聊天是因为她们需要交流经验,比如哪里野菜更多,谁有更好的育儿方法;同时,也需要通过聊天的方式来排解寂寞,否则整天待在洞里,她们会郁闷死。

男性之所以运动系统发达、擅长数理推演,从演化的角度看也是因为男性作为猎人,需要在远处就发现猎物,并且准确地杀死它。当猎物逃命时,男人要有足够快的速度能追上它,当猎物垂死挣扎时要有足够的力气与它搏斗。

男人优异的空间感,是他们几乎不会迷路的原因,这是他们的天赋。而男人之所以更刚毅,喜欢看摔跤、动作片或战争片,是因为不勇敢就没法捕杀猎物。然而经过一天,甚至长达两三天的狩猎之后,男人带着猎物回到洞中,看着妻儿老小满足地吃着他带回来的猎物,他累坏了,所以只想坐在石头上看着营火发呆。因此,男人在家中休息的方式是发呆,或者什么都不想,维持一个姿势不动,比如钓鱼、看电视、玩手机。这种行为并不意味着他们对女性冷淡,而只是表示他们正在休息。

这是从人类演化的角度来解释男女沟通中的一些现象。这些解释无论是否科学,都是很有趣的探索。

综上,本节从社会文化、脑科学研究和人类演化三个方面,介绍了人们对男女沟通差异原因的探索和解释。这些探索还在继续,其研究结果对改善男女沟通也必然会起到促进作用。

第五节　男女沟通应有的相关意识

了解了男女之间看待和处理问题的不同方式以及不同的沟通特征之后,要想让两性之间的沟通效果更好,男人可以尝试培养自己变得更敏感、更会表达情感、更会克制自己天生争强好胜的冲动;女人可以训练自己变得更自信、更坦率、更善于解决问题。谭楠提出了如下男性和女性在沟通中应该具备的意识和应该遵守的守则。她指出:这样做不是为了让男人说话像女人,女人说话像男人,而是培养一种意识,这种意识使我们能够诠释和理解异性的沟通方式。它使我们在与异性发生沟通误解或冲突时避免一成不变的消极反应,也有助于我们从容应对以往刻板老套的沟通方式。本文结合大量的生活案例,基于谭楠的意识守则,提出男性和女性在沟通时特别要注意的几个沟通意识。

一、女性应有的沟通意识

(一)面对信息与情感错位,给男性以明示

男性重视信息,女性关注关系和情感,所以男性常常解读的是沟通中的字面信息,女性则更多在意话语背后呈现的关系和情感。大部分时候,女性会夸大她的感受。比如她们说:“你每次都不听我说话!”“你气死我了!”“我都跟你说了几百遍了!”“你根本就没爱过我!”等等。“每次”“气死”“几百遍”“根本就没有”,听到这些夸张的用语,男性会极力辩解自己不是“每次”都不听她说话,对方也没有讲过“几百遍”。

男女争辩的焦点不同,自然无法实现顺利沟通。所以这个时候,女性一定要知道

怎样和男性沟通才是有效的。此时沟通中的女性应该做的是让男性知道他应该做什么和怎样去做,要给男性明确的时间、地点,甚至具体的操作步骤。

(二)放弃错误逻辑,如实说出自己的需求

在男女沟通中,很多女生都抱有这样的逻辑:如果你爱我,就应该知道我需要什么。所以她们不说自己的需求,总是奢望对方能准确无误地猜到自己的心思。

每个人都希望朋友和家人足够敏感,富有洞察力,知道自己需要什么。但是事实却并非如此,你可以设身处地想一想:你是妻子、你是妈妈、你是女儿,你足够爱你的丈夫、你的孩子、你的父母,那么你能准确地说出他们的需要吗?恐怕不能。

很多时候,我们自以为对别人有足够了解,并竭尽全力去满足他、爱护他,主动为他做很多事,可是结果却往往是我们所给予的并非是他们所需要的。所以才会出现“有一种冷,是你妈妈觉得你冷”这样的调侃。

总之,如果你还抱有“如果你爱我,就应该知道我需要什么”的错误逻辑,那么请赶紧放弃!你要告诉自己:即使对方足够敏感,足够爱我,也不见得就知道我的需求。所以,如果你很期待一个生日礼物,就不要在朋友或家人问你想要什么时推说自己什么都不需要;如果你已经看好某个礼物,当朋友或家人问你喜欢哪款时,也不要说哪个都行。在这个时候,如实表达你的需求,你的沟通会更畅快,你也会因为需求得到了满足,而体会到更多的快乐。

(三)倾诉苦恼时,提示男性我需要的只是倾听和理解

男性会把自己视为问题的解决者。在他们眼里,如果你倾诉一个麻烦就等于在向

他们寻求帮助，因此他们会努力提出解决办法。他们不知道，女性所需要的仅仅是倾听、理解或安慰。

所以，女性向男性倾诉苦恼，如果期待的是倾听、理解或安慰，不妨直接告诉他。你可以说，这件事我已经解决了，或者说这件事我知道该怎么办，可我就是心里难受，想找你聊一聊。相信你这样一说，男性就不会再去寻找解决办法。这样既可以避免男性因为为你寻求解决办法而费力不讨好，也可以避免你因为得不到理解和安慰而感到男性对你漠不关心。

（四）正确理解男性的沉默，并给他支持

男性沉默，不等于不理你或不爱你。男性以任务为中心，他们沉默，很可能是因为他们觉得没什么重要的信息一定要告诉你。

女性压力大、有烦恼时，会找亲朋好友吐苦水；男人压力大、有烦恼时，则会选择坐着发呆或独处。所以男性不说话时，他极有可能是在想事情或者认为没有重要的信息要告诉你，而不是在冷落你。他们有压力可能会去打球或爬山，因为准确度和空间推理对他们来说具有安心的效果，男人心烦意乱时跑去打球就是这个原因。女性如果能充分理解男性的沉默，生活中的误会就会减少很多。

二、男性应有的沟通意识

（一）正确理解女性的话语，并给她安慰

《男人来自火星，女人来自金星》的作者约翰·格雷指出：对女性最大的挑战是，当男人不说话时，能正确理解他的沉默并给他支持；对男人最大的挑战则是，当女人谈论她的感情时,能正确理解她的话语并给她安慰。所以,男性一定要走出解决问题的思维定式,正确理解女性的话语,给她恰当的安慰和理解。

(二)尊重并适当参与女性的聊天

对于大多数女性来说,聚在一起聊聊天,是她们友谊的核心部分。有一两个能彼此说心里话的朋友,她们在这个世界上才不会感到孤单。

况且男性眼中女性的闲聊,对于女性来说并不是闲聊,她们不仅在这种所谓的闲聊中能得到情感慰藉,还常常在这种闲聊中获得信息、达成合作。因为很多女性就是在彼此闲聊中获得了合作的机会。其实,很多男性在商业合作的初期阶段,也请对方吃饭、喝酒、聊天以便联络情感,也和女性的闲聊在性质上差不多,而这种所谓的闲聊恰恰是合作前期重要的情感联络。

(三)留意女性话语背后的关系和情感

除了闲聊,很多男性都觉得生活中有些话属于废话,没必要说。比如你放学回家,妈妈在厨房,此时你要不要说一句:“妈,我回来了”?在男性眼里,你回来了大家都看到了,这句话没有新信息,完全就是一句废话,所以没必要说。但是他们不知道,这句话对一位母亲来说却非常重要。因为她可以通过这句话读出孩子对母亲的尊重、母子之间的亲密关系以及孩子今天的情绪是否正常。

如果你放学回家，明知妈妈在厨房却一声不吭走进自己房间，妈妈可能会想：你在学校是不是遇到了不开心的事情？或者你是不是还在为早上的事情和她生气？

所以，女性关注的不仅是话语本身传递的信息，还包括话语背后承载的关系与情感。因此对于女性而言，没有信息量的话不见得就是废话。所以男性需要重新审视这些话在人际关系中的意义，必要时说一些所谓的“废话”不仅可以协调人际关系，说不定还会有其他的意外收获。

（四）面对困难，给女性关心你的机会

男性习惯于从“地位”出发，认为向别人诉说烦恼和麻烦会显得自己无能。所以，面对压力、问题或苦恼，他们多数时候沉默不语、独自面对。

然而，女性常常从“关系”出发，她们渴望亲密性，喜欢分担问题。如果男性真诚地说出自己的困境，女性会有一种被信任的感觉，她觉得你把她当朋友、当自己人。女性从平等关系出发，关注的是远近亲疏，而不是地位的高低上下。所以，男性在女性面前不必担心自己的形象受损，因为女性的着眼点根本不在这里。

所以，处于困境中的男性，如果有关心你的女性问你：“最近还好吗？”，如果不好就别硬撑，要学会说：“最近还真不太好，遇上一个麻烦……”给关心你的女性一个机会，这样不仅可以集思广益，让问题得到快速解决，也能获得女性的友谊。

最后需要再次强调的是，男性和女性的性别差异和沟通特征都是概率性的，也就是说，男性大概率是这样的特征，女性大概率是那样的特征。绝不是说每一个男性必然都是这样或每一个女性必然都是那样。如果你不是如此，并不意味你有问题或研究结论有问题。对于某些个体而言，有些女性可以同时具有男性思维和女性思维，甚至她的思维可能更倾向于男性；同样也有一些男性的思维更偏向于“女性特征”。如果机械化地理解和应用男性或女性思维，则可能会出问题。比如，有同学做过一个这样的沟通实验：

实验时间:2021 年 10 月 5 日

实验地点:微信线上聊天

实验对象:异地的男朋友

实验假设:女性在听到麻烦或问题时,往往会说出自己遇到过的一个类似问题,表明理解对方处境,并给予最大程度的同情。而男性则倾向于把对方的倾诉看作寻求帮助的信号,无论是否可行,都会给出解决办法。

实验备注:本次实验的全过程确保在对方事先不知情的前提下正式开展,同时确认对方情绪状态与日常基本情况保持一致,避免了实验结果的偶然性,并使结果的可信度与真实性得到最大程度的保障。

实验过程:

我:宝贝,我好无语啊,刚回家没多久就又被妈妈嫌弃了。(通过归纳式话语模式与使用恰当的语气词进行直接有效的情感表达。)

男朋友:怎么啦?把你的烦恼分享给我,让我来听听。(配合一个"抱抱"的表情。在此,他通过关联式话语策略表明自己愿意分担和了解我的烦恼,很好地为我提供了情绪价值——有时诉说并不是为了获得确切的解决方案,而只是需要一只倾听的耳朵。此外,他通过表情的恰当运用弥补了线上聊天只通过语言无法体现的体态表情的缺失。)

我:好不容易放假回家一趟,清闲几天。我上午在家就想躺一会儿,妈妈一直问我要吃什么,我说都可以,她又继续说,话里话外就在说我只会躺着。(继续使用归纳式话语模式,说清自己烦恼的来源。)

男朋友:原来是这样呀,回家一趟确实不容易呢。家虽然是一个休息的对方,但可能妈妈也是希望你可以多陪陪她。我也好想吃妈妈做的菜,好羡慕!抱抱,不要不开心啦!还有我在呢!(继续用温柔的语气化解我的烦恼,为我的情绪逐个找到合理的解释,让我平复了很多。这与实验假设中的"一般性情况"存在非常大的不同。)

我:嗯嗯嗯嗯,谢谢宝贝,我这就放下手机去帮妈妈一起做菜。

实验总结:

尽管在沟通中性别差异是客观存在的,但这种归纳其实也只是一种概率。学习理论并不是要把理论作为核验现实的全部依据,而是作为一种有益的参考。实验假设或许适用于绝大多数情况,在这里却并非如此。由此看来,尽管策略有效,但真心和爱才是完成有效沟通的制胜法宝。

这位同学的总结说得特别好,不仅通过实验结果重申了性别差异的概率性特征,也正确地指出了学习理论的重要意义——作为一种有益的参考,还点出了有效沟通的最重要因素——真心和爱。

相关资源与习题自测

◆ 课程资源

视频:男女沟通差异的原因(二维码)

更多与本章内容相关的课程资源(含文字内容、案例小视频、主客观试题、问题讨论等),详见:刘艳春,中国大学慕课“语言交际概论”第2单元,网址 https://www.icourse163.org/course/CUC-1454885178。

◆ 习题自测

某天下午,家里。妈妈做饭时不小心打湿了电饭煲线路,电饭煲有被烧坏的风险。

妈:我真是糊涂了,怎么那么不小心。(忙切断电源把水倒出)

爸:你怎么回事?(脱口而出,并没注意妈妈的自我责备和委屈着急。)

妈:我昨天没休息好,一下没注意就把水倒进去了。

我:哎呀,这没关系的。电饭煲没那么容易坏,晾晾就能用啦。你看我之前,不也干过很多次这样的傻事,一没休息好就犯傻。(想调节气氛,冒着被翻旧账的风险试图宽慰。)

爸:你咋啥也干不好,我还能指你点啥?电饭煲多贵啊,快把里面的水倒干净,拿出去晾着,这几天都没法用了,唉!(看着妈妈着急地擦着电饭煲,小声嘟囔自己的不满。)

妈:我也知道电饭煲贵!你没看见我那么着急吗,在你心里电饭煲比我还重要?一天就知道嫌弃我。

爸:怎么就变成我嫌弃你了?做了错事不应该接受批评吗?

妈:我需要的不是你的批评,是关心和宽慰!(生气地回自己房间)

我:(小声对爸爸)爸你想想,咱俩以前摔碎盘子时我妈不也没说啥吗,每次都说"没关系,买个新的就好了",反过来我妈做错事你就怪人家,不合适。(引导爸爸换位思考)

爸爸向妈妈说明自己只是太着急了,二人和好。

根据上述三个家庭成员的对话,结合本章所学内容,解释其各自的沟通特征。

◆ **学习资源**

1. 由于性染色体的原因,个体有着性别之分。不同性别的个体有着不小的外表和体型差异。那么除了生理基础外,人类在脑功能上是否存在性别差异呢?让我们从几个常见的问题入手,看一看男女大脑的异同之处。有些人会说,在日常生活中,女生似乎更容易迷路。其实,在个别认知能力上,男女差异确实存在,空间能力就是其中一种……

想了解更多具体内容,详见:应浩江,俞珺洺. 人类大脑分男女吗?[J]. 知识就是力量,2021(8):18-19.

2. 在大多数男性更愿意每次只专心做一件事情的时候,为什么大多数女性却可以同时应付诸如照顾孩子、打理工作、烹饪美食、处理亲朋关系等多种事情?这是因为在左右大脑间,女性有比男性更多的神经联系,女性也因此可以同时关注很多事情,应对多种需求。不过,女性大脑的这些特点也让她们在身心两方面都付出了代价。她们所面临的压力不仅改变了她们的大脑结构,还引发了一系列生理和心理健康问题……

想了解更多具体内容,详见,姜永志. 大脑的"性别":现代女性大脑与心理[J]. 科技导报,2013,31(21):80.

第三章　在不同关系下的沟通

人的一生注定要充当两种角色，一种是社会角色，一种是家庭角色。所以，每个人从他出生那一天起，就注定要进入由这两种角色构成的、一个专属于他自己的人际关系网。而他的所有沟通也注定要发生在这样的一个人际关系网络之中。

第一节　角色关系与话语生成、话语理解

角色影响话语生成和话语理解。在话语生成方面，一个人的角色不仅决定他说什么，很大程度上也决定他怎么说。在很多情况下，即使是同一句话，因说话人角色不同，暗含的意义也不同。因此在话语理解方面，听话人只有结合角色关系才能透过语言表面正确解读其背后的真正含义。

一、沟通中的角色关系

（一）角色关系与人际关系

人和人的关系，有的是单一的人际关系，有的是复杂的人际关系。在相识框架内，单一的人际关系指的是人与人之间只具有单纯的某一种关系，比如单纯的同学关系、同事关系或上下级关系。复杂的人际关系则通常是几种关系交织在一起，比如既是父子也是师生，既是同事也是亲戚，既是母子也是领导和下属，既是同学也是朋友、同事、亲人，等等。

人际关系，即人和人之间的关系，是从整体视角对人与人之间的关系进行描写。每一个人在某种人际关系中都充当着特定角色，比如在父子关系中，一方充当儿子角色，一方充当父亲角色，因此角色关系是从个体视角对人际关系的呈现。结构角色理论家们认为，社会是一个由各种各样的相互联系的位置或地位组成的网络，角色扮演本身存在于一定的社会情境或社会结构中。

（二）沟通中的角色呈现

如果沟通双方只是单纯的一种关系，那么他们的沟通只需要在这种关系框架下遵循各自的角色要求和沟通规则来进行（即下一节要讲的“礼貌体系”）即可。如果沟通双方拥有好几层关系，那么从理论上来看就变得相对复杂，他们在沟通中是好几层关系同时呈现还是只呈现其中的某一种关系呢？如果是呈现某一种关系，应该呈现哪一种关系？这种关系的呈现又由什么来决定呢？这看似复杂的问题在沟通实践中并非很困难；相反，人们似乎总是知道应该在什么情境下选择什么关系来沟通更为合适。

比如一对父子既是父子也是师生，那么在课堂上，父亲会非常自然地以教师身份来对待儿子，儿子也会理所当然地以学生角色来回应父亲（此时的父亲就是老师），二者自然而然地凸显为师生关系，各自扮演着教师和学生的角色，其沟通也必然遵循师生之间的对答规则和礼貌体系。同样还是这对父子，如果回到家中，其身份便会自然地转换为父子关系。这说明，在多重关系交织的互动主体之间，在某次具体的沟通活动中并不是所有关系同时呈现，而是主要凸显为其中的某一种关系。而具体应该凸显为哪一种关系，场景起了重要作用。

（三）场景对角色的弹性制约

社会学家欧文·戈夫曼（Erving Goffman）的场景理论认为，人们在社会中就像在舞台上一样，根据不同的空间场景扮演着各种不同的角色。为什么拥有复杂人际关系的师生父子，在课堂上能自然呈现为师生角色，在家庭生活中又能自然而然地转换为父子角色呢？这主要是场景的制约。场景不仅包括自然空间场景（比如教室或家中），也包括该空间场景中的其他参与者。而参与的要素越多，其制约作用也就越大。

比如在上课的教室里，此时既有“教室”这个空间环境制约，也有“其他学生”作为交际参与者的加入,即使他们不一定参与实际沟通,但由于他们的存在而使教室这一空间环境具有了“公开的教学场合”这一特定属性,因此无形中对他人的沟通话题产生制约。此时,场景的制约作用就比较大,决定了在这一场景中师生(父子)之间的沟通内容必须以学习内容为核心才是适宜的,不应该在这里谈论家里的事情。

但是,如果在下课的教室里或放学后的教室里,此时其他同学都已离开,只有“教室”这一空间环境,场景的制约作用就开始减弱,具有师生关系的父子俩如果此时谈及放学后是否顺便在小卖店买点水果或父亲询问儿子晚上想吃什么菜,也没什么不妥,因为此时教室这个空间与在路旁、家中等其他空间场合不存在本质区别,双方关系在特定话题下也实现了自然切换——主要凸显为父子关系;如果双方讨论的是上课时没有听明白的某个问题,则二者既可以呈现为父子关系(以父亲角色给孩子讲解),也可以呈现为师生关系(以老师角色给学生讲解),二者在讲解的语气和方式上可能会存在差别。

由此可见,在拥有多种角色关系的情况下,特定场景对角色呈现有一定程度的制约作用。有时候场景对角色的制约性很强,有时候场景对角色的制约性较弱,表现出明显的“弹性”特征。通常情况下,越是公众场合、公开场合,场景的制约作用越大,越是小众场合、私下场合,场景的制约作用越小。

二、角色关系与话语生成

(一)角色关系制约沟通内容

在人际沟通中,角色很大程度上制约沟通内容。比如一般的同事之间通常只会谈论那些与工作相关的内容或适合于公开讨论的话题;而比较私密的内容或带有隐私性质的话题一般都很少涉及,只有关系很亲密的人(如家人、朋友或知己)才适合谈论此类内容或话题。

比如2006年的一天,一个好朋友和我说,他刚到一个新公司不久,那天在谈完工作之后,他的女上司突然和他聊了很长时间的个人婚姻和感情问题,并说了很多她婚姻不幸之类的内容,搞得他一头雾水,很费解、也很尴尬,他不知道这位女上司和他聊这些内容到底是什么意思。

从二者的角色关系和沟通内容来看,这位朋友的“费解和尴尬”十分正常。因为通常情况下，作为刚到公司不久的新职员，和领导的相处时间和机会都很有限，在单纯的上下级关系之外，还没有发展出朋友或知己的关系，而作为单纯上下级关系的沟通双方，当时只适合讨论工作内容或公众性话题，并不适合分享只能在朋友、亲人或亲密关系中才涉及的私密性话题，尤其是情感方面。除非说话人带有特定目的（比如想和听话人发展亲密关系）而在传递某些言外之意（比如试探对方是否愿意与之发展亲密关系）。如果说话者不含有这样的沟通意图或意思表示，则不应该分享这类带有隐私性质的内容，否则不仅容易让听话者产生误会，也会给听话者带来不适和尴尬。

（二）角色关系影响沟通方式

在人际沟通中，角色也很大程度上影响沟通方式。比如同事之间和恋人之间的沟通方式就存在明显差异；一般同学之间和好朋友之间的沟通方式也存在很多不同。通常情况下，由业缘要素[①]形成的角色关系，在沟通方式上往往更正式、更具有规则性[②]；而由其他要素（情缘、亲缘、地缘）形成的角色关系在沟通方式上往往更随意，受社会规约的限制相对也较少。下面主要以“话语模式”为例，讨论一下角色关系对沟通方式的具体影响。

（三）角色关系对话语模式的影响

角色对话语模式的影响，主要表现为不同的角色在话语模式选择的自由度上存在明显不同。比如，领导者既可以选择归纳式话语模式，也可以选择演绎式话语模式；两种模式彰显的特征不同，发挥的功效也不一样。

1. 两种话语模式——归纳与演绎

话语模式有两种，一种称为归纳式，一种称为演绎式。归纳式的话语模式是：因为X，所以Y。其中，X表示原因或背景，Y表示结果或主旨。与此相对，演绎式的话语模式是：（之所以）Y，（是因为X）[③]。

---

① 业缘要素，指的是由学业、事业等使沟通双方联结在一起的关系，既包括同学关系、同事关系、上下级关系、师生关系，也包括更大范围的校友关系、商业伙伴、竞争对手，以及由其他社会性事务而形成的临时性角色关系等。情缘，指的是由友情、爱情等使沟通双方联结在一起的关系，包括朋友关系、恋人关系、情人关系等。亲缘，指的是由血亲、姻亲等使沟通双方联结在一起的关系，包括具有血缘关系的亲属和由婚姻关系而结成的亲属。地缘，指的是由地域共性而产生的关系，比如老乡、同乡等。

② 具体的规则性表现在哪些方面，将在下面的“话语模式”部分和第二节的“礼貌体系”中逐渐论及。

③ 括号中的内容可以说，也可以不说。

也就是说，归纳式的话语模式是先说原因再说结果，或先说背景再说主旨；而演绎式话语模式是直接说结论或主旨，原因或背景可能说，也可能不说，这主要在于说话者认为是否必要。

2. 角色关系不同，话语模式也不一样

角色关系，包括“对称性关系”（权势①对等）和“非对称性关系”（权势一高一低）。在对称性角色关系中，双方的话语模式也是对等的，或者都采用归纳式，或者都采用演绎式；前者显得尊重正式，后者显得直截了当。在非对称性角色关系中，双方的话语模式也不对等，权势高的一方可以采用归纳式，也可以采用演绎式；权势低的一方只能采用归纳式，如果采用了演绎式，则显得没有礼貌、不够尊重，甚至有些放肆。

比如在“学校”这个角色关系网络中，老师和学生之间的角色关系就是非对称性关系，尽管很多师生之间相处得像朋友，但是在学校教学活动中，双方的角色关系仍然具有明显的非对称性。其中，老师享有很多权力，比如老师有权留作业、留什么样的作业以及留多少作业，老师也有权决定考试的方式、分数的构成等，上述决定学生需要服从和遵守。学生如果有特殊情况不来上课，则需要向老师请假，老师有权批准，也有权不批准。在这样的角色关系体系中，老师和学生在沟通中采用的话语模式也是明显不同的。下面以几例疫情期间学生上网课时请假的微信截图来进行说明：

（1）2021 年 6 月 12 日，2018 级数字媒体技术专业某学生向老师请假：

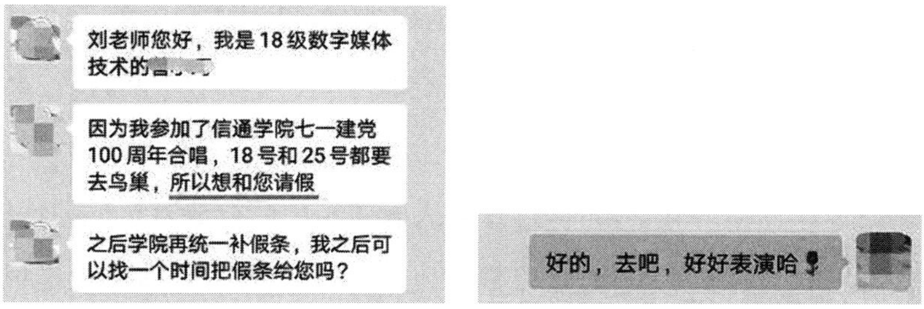

（2）2021 年 12 月 23 日，2020 级意大利语专业某学生向老师请假：

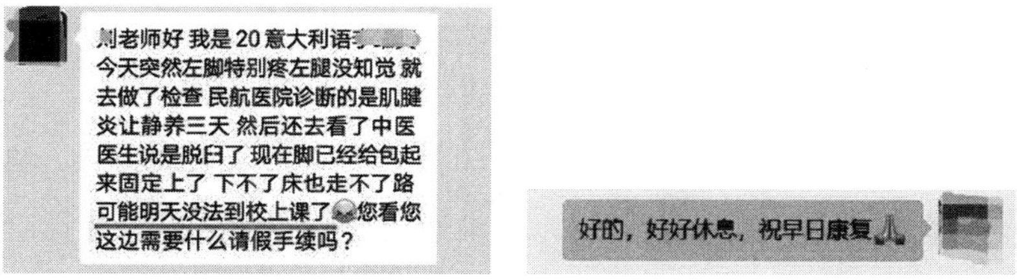

① 第二节会详细说明和阐释“权势”和“距离”对人际关系或角色关系的决定作用。

(3)2022 年 4 月 12 日,2019 级汉语言专业某学生向老师请假:

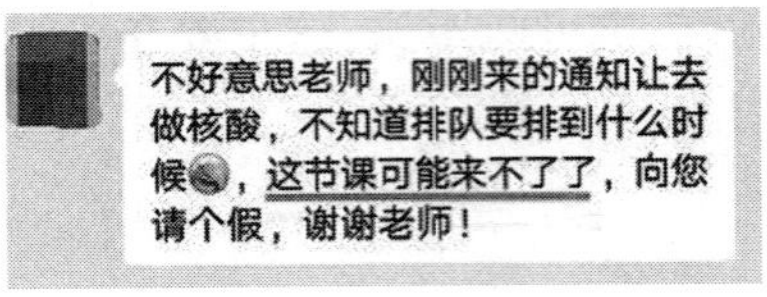

不难发现,学生们采用的都是归纳式话语模式,即先说明缘由(汇报情况),再提出主旨(请假);老师采用的都是演绎式话语模式,即都表示准假,并根据学生请假的具体情由追加了祝愿或嘱咐。这样的沟通方式和话语模式双方接受起来都比较舒服,因为符合了各自的角色特点和沟通规则。

非对称性角色关系,话语模式往往不对称;而对称性角色关系,在沟通中话语模式往往是对称的。比如权势对等的同学、同事之间,如果一方比较客气、郑重,那么另一方也应该比较客气、郑重;一方采用归纳式话语模式,另一方也多采用归纳式。如果另一方采用了相背离的方式,就会导致双方的对称性关系失衡,造成另一方的不适感。比如一方客气、郑重,另一方直接、随意,那么就会导致客气、郑重的一方产生不适感,会认为自己没有得到应有的尊重;如果一方采用归纳式话语模式,而另一方采用演绎式话语模式,那么就会导致采用归纳式话语模式的一方产生不适感,感觉对方像个领导一样对自己指手画脚。

3. 角色关系在话语模式选择上的投射

现实生活中,尤其是在注重等级关系的社会结构中,如果沟通双方处于不对等的权力体系之中,他们在沟通中的措辞和话语模式就会不一样。每个人说的话,都要和自己的身份、地位相吻合,否则就会导致沟通问题。

地位高的人,可以采用演绎式话语模式,这是人际关系中的权势赋予他的特权,他在采用这种话语模式时,有种富有威信、可以领导他人的感觉,给人的印象也是很有权威。当然,一个地位高的人,也可以采用归纳式话语模式。如果他采用了归纳式话语模式,那么他给人的印象则是这位领导没有架子、平易近人,但久而久之,可能会给人造成缺乏威慑力的印象。

而权力体系中地位低的一方不像权势高的一方那样有自由的选择空间。地位低的一方因为在权势体系中处于劣势地位,所以在沟通上他们的话语模式选择空间也小,比如只能采用归纳式话语模式,这样才显得得体,才符合他的身份,才显得尊重领导。

综上，角色关系与话语生成关系密切，特定的角色关系不仅影响话语生成中的沟通内容，也深刻影响话语生成中的沟通方式。从角色关系的亲疏来看，越是关系亲密的双方，沟通的内容越广泛，既可以讨论公众话题，也可以分享私密内容，沟通方式也更灵活多样、轻松随意，往往不需要客气，也不必太在意礼节。而越是关系疏远，沟通的内容就越受限，通常只讨论公众话题或工作内容，不太涉及个人生活和情感，沟通的方式也会更正式、更客气、更讲求形式上的礼仪。

三、角色关系与话语理解

有时候面对同一问题，处于不同角色的人因其表达动机和立场不同，话语内容会表现出很大差异，这就要求我们在沟通中要结合对方角色来理解其话语。

比如，二十多年前，我来到北京，到中国传媒大学读书。那是我第一次来北京。下了火车，我不知道如何才能坐车到学校，也不知道距离学校有多远，所以刚下火车就在站台问执勤人员中国传媒大学有多远，当时学校名字还叫北京广播学院，结果执勤人员告诉我："不远，你出站往西走，找到728公交站，直达学校。"

我一听，好像挺容易，马上走出站台。可是一出来就蒙了，往西走了好一会儿，还是没看到728公交站。又问了好几个人，指来指去，最终还是没找到。正犹豫间，一个黑车司机走过来，当时北京火车站的管理还不是很规范，一批没有营业资格的私家车在附近蹲点拉活儿。他一看就知道我没找到公交站，于是凑过来问："去哪啊？"我说："去北京广播学院。"他马上做出夸张的表情，说那地方太远、太偏了，还说公交车站很远，而且很长时间才往返一次。我知道黑车价格高，又问他是否有地铁可以到达，他又说："地铁需要倒站，你第一次来又不熟，倒来倒去有可能把自己倒丢了。"总而言之，在黑车司机的嘴里，我乘坐任何公共交通都会困难重重，所以我最好的选择就

是坐他的车。最后我无奈,只好花了一大笔钱打了他的黑车。

现在回过头来分析这件事,为什么同一个地方,站内执勤人员和站外黑车司机说的却截然相反?本质就是“角色在起作用”。站内执勤人员出于站台秩序维护者的角色,希望我能早点离开站台,以便乘客快速疏散,所以把事情说得极其容易;而黑车司机作为业务招揽者的角色,希望我能放弃其他交通方式,选择乘坐他的车,所以把事情说得困难重重。出发点不同,要达到的目的不同,表达的内容自然也就不一样。

过去常听说“屁股决定脑袋”。乍听上去觉得有些粗俗也不合逻辑,但仔细琢磨却感到不无道理。一个人的地位身份(即屁股坐在什么地方),决定了他所充当的角色;而一个人的角色,往往决定了他看待问题的角度和说话的立场。

记得有一次学院开会,院长看到来开会的教师很少,有点恼火,讲了很多大家应该建立集体观念、该开会还是得来开会的话。会后他自己也承认,自己当初做普通教师那会儿也很反感开会,也经常不来开会。可见,身份不同、立场不同,思考的角度就会不同,说的话也会不同。

所以我们理解话语,不能只看话语本身,还要看这话是谁说的。而且有的时候,常常是同一句话,因说话人身份和角色不同,其话语背后的真正含义也不一样。

综上,本节我们主要介绍和分析了角色关系在沟通中的作用。首先介绍了角色关系和人际关系的联系和区别,以及角色关系在沟通中的具体呈现;然后分别从话语生成和话语理解两个方面,阐释角色关系的影响和制约作用。下一节将继续从人际关系中的“权势”和“距离”两个要素,来阐释不同角色关系中的“三种礼貌体系”。

第二节　权势和距离决定沟通的礼貌体系

“权势”和“距离”是两个最重要的人际关系要素。权势常用 P 来表示,是 power 的缩写,距离常用 D 来表示,是 distance 的缩写。沟通者之间的权势(正权势+P、负权势-P)和距离(正距离+D、负距离-D)差异,直接导致了沟通中最常见的三种礼貌体系,即尊敬礼貌体系、一致性礼貌体系和等级性礼貌体系。

一、尊敬礼貌体系(负权势-P、正距离+D)

如果来自两个不同公司的老总,一位姓王,一位姓李,那么他们的沟通会互称对方为“王总”和“李总”。在这样的权势体系中，他们彼此平等、相互尊重，同时也保持一定的距离感。这样的礼貌体系就是尊敬礼貌体系。

尊敬礼貌体系是指在沟通中，双方之间权势或地位是平等的，彼此享有负权势关系，所以用-P来表示；但相互之间却有一定的距离感，并不十分亲密，所以用+D来表示。这样的权势和距离关系，决定了他们之间的交往是正式的、客气的、彼此尊重的，同时也是有距离感的。这种沟通中的距离感是他们的关系距离和心理距离在实际沟通中的投射。因此，尊敬礼貌体系的特征可以总结为如下两点：

(1)权势关系的对称性，即负权势(-P)关系：彼此之间地位平等，权势上不存在等级差别。

(2)心理和沟通上的距离感，即正距离(+D)关系：相互之间保持距离感，沟通中表现出平等、尊重、正式、客气等特点。

权势关系上的对称性，导致沟通策略上的对称性，即一方采用何种策略，另一方也采用何种策略，双方是对称和对等的关系。至于具体采用何种策略，主要由距离(D)来决定。当双方是正距离(+D)关系，即关系不是很亲密，比如相对陌生或不十分熟悉或关系比较一般，那么相互之间的沟通都会比较客气和正式。通常在话语模式上采用归纳式话语模式，在话语策略上采用独立性话语策略，这样更显得尊重，同时也给对方留有很大的回旋空间。

我们可以在任何享有平等地位、同时又保持一定距离感的人际关系中看到这种尊敬礼貌体系。比如政府之间同级别的首脑会晤，单位之间同级别的领导或职员交流，以及同一部门内部地位平等的人员之间的沟通，等等。

二、一致性礼貌体系(负权势-P、负距离-D)

好朋友之间的沟通会使用一致性礼貌体系，沟通双方既平等又亲密。一致性礼貌体系的特点是：

(1)权势关系的对称性，即负权势(-P)关系：彼此之间地位平等，权势上不存在等级差别。

(2)心理和沟通上的亲密感，即负距离(-D)关系：相互之间距离很近，沟通中表现出平等、随意、亲密等特征。

只要沟通者之间地位平等，相互之间处于较亲密的关系或者表现出比较亲密的关系,都会采用一致性礼貌体系。

比如好朋友之间、比较亲密的同事之间、恋人之间,等等。他们之间的交往是轻松的,不那么客客气气,彼此之间称呼或直接或亲密,比如“小张”“老刘”或者“亲爱的”“宝贝”,等等。彼此之间有事帮忙都会不遗余力,说话直接,相互之间不需要客套,也无须委婉。

生活中,如果我们有事需要帮忙,对方若是不太熟的人,即上面谈到的正距离关系(+D)时,我们则应该采用尊敬礼貌体系。在具体表达上,我们会比较客气地问对方,比如“李老师您好,请问您下午方便吗?如果有空,我们有个桌子想请您帮忙抬一下。”对方若是关系很亲近的人,即负距离关系(-D)时,我们则会采用一致性礼貌体系,直接跟他说:“哥们儿,下午过来一趟,帮我们抬一下桌子。”

你可以回想一下,我们凡是对很亲的人,请求他们做事基本都没怎么客气过。你口渴了,会直接喊:“妈,我渴了。”你妈一会儿工夫就把水给递来了。你很少会非常客气地说请她帮你递口水。我们和亲密的朋友也是一样,彼此之间似乎总是毫不客气,如果你某一天突然客气起来,他一定会认为是自己哪里得罪了你,你已经不再把他当朋友了。记得我的导师于根元先生有一次很严厉地批评了一个学生,然后告诉他:“我这样批评你,你应该感到高兴,如果有一天我对你客客气气了,你就要当心了。”

人际关系中的距离是一种心理距离,这种心理距离投射到人际交往中便形成沟通礼貌体系中的距离。你和朋友心理距离很近,那么如果生活中他与你靠得很近并进行亲密互动,你也不会觉得不舒服;他叫你的昵称,你也不觉得奇怪和尴尬。但是如果你们之间关系没有那么亲近,你和他的心理距离没那么近,他突然与你亲密互动,你就会觉得不适应,会本能地躲开;他直接叫你的小名或昵称,你也会觉得不自在和尴尬。

在人际交往中,称呼最能体现距离,所以人们在试图显示出关系的亲密或疏远时,通常在称呼上做文章。一般来说,用官称、敬称、尊称或姓名全称来称呼别人,就保持了一个较远的距离;而用小名或昵称来称呼他人,就反映了一种亲密关系。如果彼此之间实际上并没有那么亲密,而对方却用昵称或小名来称呼你,这说明说话人希望能与你亲近,因此在试探性地与你表现出这种亲密关系;也有可能他出于其他什么目的,在外人面前故意表现出与你的关系很亲密。到底是哪一种情况,听话人需要根据具体情况和当时的场景来判断。

三、等级性礼貌体系(正权势+P、正距离或负距离±D)

在等级性礼貌体系中,沟通双方的关系是不对称的。也就是说,沟通者之间说话时使用不同的沟通策略。处于较高地位的人,可以直呼下属名字(如张三),可以采用演绎式话语模式发出指令或指派任务。而处于较低地位的人,则应该以官称来称呼上级(如王主任),以服从口吻回应上级的指派,并采用归纳式的话语模式向上级请示或汇报工作。所以,等级性礼貌体系的特点是:

(1)权势关系的非对称性:即正权势(+P)关系,双方处于不对等的社会地位。

(2)沟通策略的非对称性:人际关系的非对称性,导致沟通策略的非对称性。从话语模式来看,地位高的人可以采用演绎式话语模式,也可以采用归纳式话语模式;地位低的人只能采用归纳式话语模式。在话语策略①上,地位高的人通常采用关联性话语策略,地位低的人通常采用独立性话语策略。

这种等级礼貌体系在军界、商界和政界中都比较普遍。

等级性礼貌体系的主要特点是,沟通双方在权势或地位上存在差异,即双方是+P关系。+P 说明沟通者在权势上存在纵向距离。如果把人际关系中的距离(D)看成是横向距离,那么权势(P)就是纵向距离。一旦沟通双方纵向上有了距离,即存在+P 的关系,那么在凸显该权力关系的体系框架中,无论双方在横向上是+D 还是-D,都已注定了相互之间的距离感。

比如对于既是朋友又是上下级关系的两个人来说,如果在工作场合二者凸显为领导和下属关系,用权势和距离则表现为(+P,-D)关系。这种正权势关系,已经使双方具有纵向的距离感,此时如果你是下属,则应该尽下属本分,遵守上下级的沟通规则和社会规约来进行沟通。比如在称呼上要相对正式和尊重,尽量采用官称(即职位名称,例如称呼对方经理或院长),不可以使用平时生活中朋友之间的随意称谓;向领导汇报或请示工作,要采用归纳式话语模式,态度要恭敬谦虚。如果在工作场合之外,比如日常生活或朋友聚会等场合,二者则凸显为朋友关系,用权势和距离则表现为(-P,-D),此时二者在沟通中则可遵从一致性礼貌体系。

如果双方是上下级关系,平时交往不深或交集较少,则二者关系呈现为(+P,+D)关系。如果在工作场合,正权势关系得到充分凸显,上下级的关系和等级体系分明。

---

① 话语策略,包括关联性话语策略和独立性话语策略,详见第三节。

领导有权安排下属的工作,比如领导可以采用演绎式话语模式直接吩咐下属去做某事,下属通常没有拒绝的权利,只能去照做;下属如果要拒绝,则需要提供充分的理由,而是否得到允准,最终的决定权在领导手里。所以领导对下属说话,经常叫作“吩咐”,含着一种“命令”的意味;而下属对领导讲话,通常叫作“汇报”,带着一种“向上呈报”的感觉。

上下级之间这种正权势、正距离关系,如果在工作中凸显为正权势,因为有了权势差别,自然就有了距离感,而且纵向距离比横向距离给人的距离感更加强烈;如果在工作之外的生活中,双方已经走出了权力体系框架(比如在工作中,大家都框定在工作体系的关系框架之内,你是我的部门领导,我是你的下属;而在工作之外,比如下班以后,大家已经走出工作体系的权力框架,大家都转换成平等的社会人,不再存在工作时间内的权力义务关系),理论上双方已经不存在正权势,只剩下正距离,这时双方就转换成(-P,+D)的关系,沟通上应该遵循尊重礼貌体系。

当然,上述情况我们说的是“理论上”,在现实生活中,我们发现,有很多领导不容易摆正自己的身份。比如在上下级关系中,在工作时间内,自己以领导的身份吩咐下属;在工作时间外,仍然以领导口吻,时不时要求下属处理工作上的事情或为其处理个人事件,不能及时摆正和转换自己的身份和角色。有些下属心里很不满,但碍于生存压力只能忍气吞声。自己一旦找到其他生计,一定会很快脱离这样的领导。实际上,也不是说领导不可以在工作之外的时间来麻烦下属帮忙处理事务,但是应该转换身份,遵从尊敬礼貌体系,以一个平等者的身份,以尊重、客气的沟通方式来拜托对方,同时给予对方一定的口头感谢或物质回报,这才是正确得体的方式。

在等级性礼貌体系中,最怕的是:一方面在(+P,-D)关系中,处于工作场景中的下属不把自己当下属,总试图通过呈现亲密关系来得到某种特殊化待遇;另一方面在(+P,+D)关系中,在工作场景之外领导仍把自己当领导,而不知道走出工作关系的权力框架之外应该遵从尊敬礼貌体系,对对方表现出起码的尊重。

对于前者,作为领导的一方在内心深处都不希望与之有亲密关系的下属总是试图表现出特殊化,他希望的是在工作场景中大家都遵守常规权力体系中的必要礼节和规范。即使有些领导表面上说“我们是老朋友,你不必和其他人一样”,但是作为下属,你要清楚这只是对方的客套之词,你不应该当真;你要保持必要的界限和边界感,以此表现出对他工作的支持和尊重,这是领导心里最真实的需要。

对于后者，作为下属的一方内心深处都不希望在自己下班之后还被管束在权力体系之内，并始终处于压力较大的状态，他希望自己能够暂时脱离工作中的上下级关系，成为一个舒展的自己，获取工作之外的自由空间和时间支配权力，所以如果领导有事需要他去办，他希望领导至少应该把他当作平等的人，给予充分的尊重和商量的口吻，从而感受到权力体系之外自己应该受到的尊重。

下图是三种礼貌体系图，其中包括：(1)权势和距离与三种礼貌体系之间的关系；(2)三种礼貌体系与相应的话语模式表现出来的特征；(3)在等级性礼貌体系中，沟通双方因权势或地位不同而采用的沟通策略与相应效果。

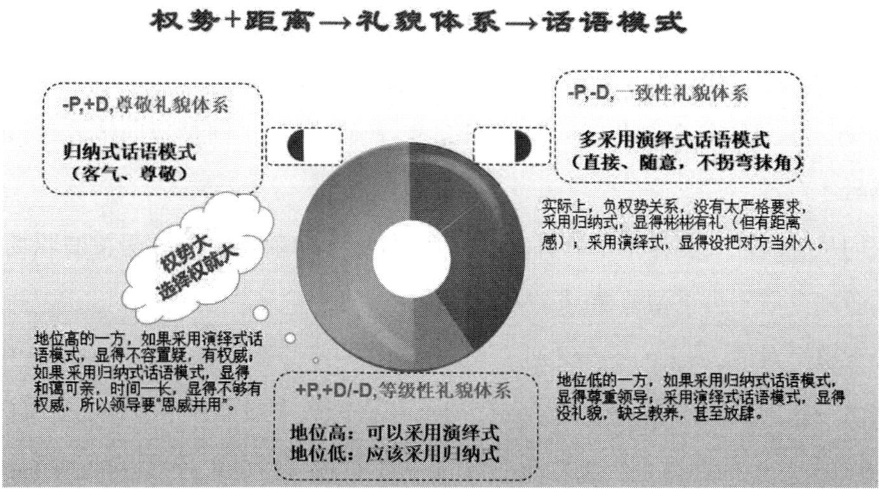

四、礼貌体系错位造成的沟通问题

在现实交往中，人们要正确把握人际关系，运用与之相应的礼貌体系，否则就会造成沟通失误或冲突。比如李经理(领导)和张三(下属)的对话：

A. 李经理：小张，把明天要带的资料准备好。

B. (1)张三：没问题，老李，我会把一切都准备好的。(×)

(2)张三：好的，经理，我会把一切都准备好的。(√)

B(1)的回答听起来像同事间的对话，不像上下级之间的沟通，所以张三的回答会让李经理很不舒服。张三本该采用等级性礼貌体系[称呼用官称，B(2)的回答是得体的]，他却采用了一致性礼貌体系。如果张三一向是这样眼里没有领导或说话没有分寸,那么他应该去补习一下职场规则和沟通礼仪。而2019年6月一个“嗯”字引发的微信礼仪之争,也暴露了上下级之间微信沟通的礼貌问题。这个微信大体是这样的:

老板问:明天什么行程安排?

员工回复:明天去市场。

老板又问:你都安排好了吧?

员工回复:嗯。

老板回复:你要么回复“好的”,要么回复“嗯嗯”,和领导或客户都不要回复“嗯”,这个是基本的微信礼仪,我讲过的。有可能你的一个细节就会损失一张订单或一个客户,明白吗?

这名员工感到委屈,所以主动曝光此事、吐槽老板,并准备辞职走人。结果让她想不到的是,大多数网友明白了事情的来龙去脉之后,纷纷认为她确实应该学习基本的微信礼仪,并认为老板能够主动对她说那么多,看似严厉,实则是帮助她成长,她应该心怀感激才对。

我们从等级性礼貌体系来分析,也认为这名员工的确需要学习相关的职场礼仪,这有助于她今后不再重蹈覆辙,犯此类错误。

综观整个对话,员工的不当之处,其实不只在一个“嗯”字,在第一轮对话中就已经暴露出一些问题。比如,当老板问道“明天什么行程安排?”时,作为员工就应该敏感地意识到,这个问题你是应该主动汇报的,既然你没有主动汇报,老板又亲自问到头上,就说明老板对此事非常重视,又有些不放心。那么身为员工,此时就应该以积极的态度尽量详细汇报你的行程安排以弥补自己没有主动汇报的过失,也让老板能全面了解你的安排,以便让他放心或提出更好的意见和建议。可这名员工却只回答了一个“明天去市场”,不仅没表现出积极回应的态度,也没有汇报具体的行程安排,甚至给人一种不想与老板细说的敷衍。不管老板此时是何等感受,生意是他自己的,所以他还是不得不关心并继续询问下去。于是老板继续追问:“你都安排好了吧?”实际上这句话是在继续提示这名员工,你应该向我详细汇报具体安排。可是这名员工这次却只回复了一个更短的“嗯”字,这个似乎从鼻息里哼出的字,带出了说话者对此事态度的淡漠,对老板提出的问题的极度敷衍。

从话语模式和话语策略来看,员工的回答“明天去市场”属于演绎式话语模式(不交代背景和缘由,只说了结果和决定),这是前面讲过的在上下级关系中,领导经常使用的话语模式；作为下属，本该采用归纳式话语模式向上汇报，而不应该俨然像个领导只给出决定，向下通知。因此这句话出自员工之口，就已经非常不礼貌。

此外，员工所表现出的不愿意多说一个字的感觉，在话语策略上属于独立性话语策略，这种话语策略是保持距离感的一种方式，同时也因为态度的不同而呈现出不同的关系属性。如果一个人采用独立性话语策略，同时态度又非常恭敬谦卑，那么就将自己置于权力关系中的下级地位，这种话语策略适合用于下级对上级说话；如果采用独立性话语策略，同时态度上又有点居高临下，那么就将自己置于权力关系中的上级地位，适合用于上级对下级说话；如果采用独立性话语策略，同时态度上保持不卑不亢、尊敬平等，那么就将自己和对方置于权力关系中权势或地位平等、彼此之间又不太亲密的平等性角色关系上。

反观员工的回答“明天去市场”和“嗯”，在态度上看不出尊重和谦卑，所以更像一个领导的回应，而回应的内容也显示其对该事件毫不关心的态度。能够容忍这种对话方式的老板必然少有，因此出现老板最后的那段话也不足为奇。而众多网友对老板的肯定，也从另一个方面反映了大众在朴素的沟通意识中对沟通礼貌体系的认同。

综上，本节主要分析了由“权势”和“距离”导致的人际关系中的三种礼貌体系，即尊敬礼貌体系、一致性礼貌体系和等级性礼貌体系，并分析了由礼貌体系错位造成的沟通问题。此外，也就2019年网上热议的一个“嗯”字引发的微信礼仪之争进行了剖析，同时也涉及了话语策略问题，下一节我们主要介绍“话语策略与关系协同”。

第三节　沟通中的话语策略与关系协同

角色关系对话语生成和话语理解有决定作用，反过来，人们也可以通过话语来影响或改变角色关系，这种影响或改变的过程被称作“关系协同”过程。关系协同包括拉近关系（使关系变得亲近）或推远关系（使关系变得疏远），前者叫“向内协同”，后者叫“向外协同”。

一、生活中的关系协同比比皆是

(一)向内协同与向外协同

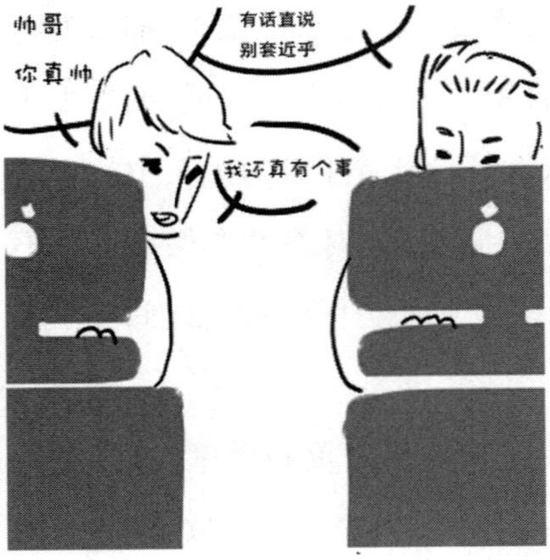

人们都有这样的朴素感知,即我们和对方如果是一般的同事关系,那么平时交往时相互会遵从尊敬礼貌体系,比较客气,有距离感。如果我们想请对方帮忙,通常会通过语言或肢体的方式让自己和对方的关系变得或显得更亲密一些来提高成功率;反过来,如果对方请我们帮忙,也会表现出更热情更亲密的样子。这种俗称"套近乎"的行为,就是向内协同。如果沟通一方向内协同,而另一方不适应或不认同这种协同后的亲密关系,他就会将对方拉近的关系再一次推远,以保持原来的关系距离,这种行为就是向外协同。

(二)请求帮忙与向内协同的内在动因

人们的普遍心理是:如果我们关系亲近,我的事就变得与你有关,你在一定程度上就有责任、有义务来帮忙促成此事。在这种情况下,你帮忙似乎变成了尽本分,你不帮忙则显得不讲情面。如果我们关系很一般,我的事就变得和你没什么关系,你也就没有责任和义务管我的事。在这种情况下,你帮忙就变成美德,你不帮忙则也无可厚非、情有可原。所以,在求人帮忙的情境中,人们通常都会提前将关系向内协同,通过"捆绑"双方的亲近关系,来增强对方的心理义务,从而达成对方不好意思不帮忙的目的。

(三)向内协同的典型案例

记得多年前我读大学时,图书馆有位王老师,每天一副高高在上的样子,人缘不太好,我们之间仅是相识,关系也极其一般。大学毕业后,我离开那座城市来到北京,10多年没再见过面。忽然有一天,我接到一个电话,电话那头传来一个非常甜腻的声音:"你是××(我的昵称)吗?我是你王姐呀。"我脑子迅速转了"好几圈儿",把所有姓王的女性都搜索好几遍,还是不知道她是谁,就问:"您是?"她马上回答:"我是你本科图书馆的老师，王××。”“哦！”我恍然大悟，然后说，“王老师您好。”她当年的形象立刻呈现在脑海中，只是我不清楚，过了这么多年她是怎么打听到我的，又为何突然对我如此殷勤热情，于是我继续保持一份带有距离感的客气，向她问好。“啊，××，姐打电话想求你件事……”于是她开始介绍她的情况，并希望我在那件事上能帮忙。

她的这种沟通行为就是典型的关系协同行为（向内协同），否则从正常来讲，我们多年前认识，关系很一般，甚至还有点小过节，所以我们之间如果有交往，应该是彼此有距离感的，这种距离感会通过客气的方式来保持疏远的距离。而且经过多年之后，我已不再是当年的学生，所以她如果和我联系，正常的话应该遵从尊敬礼貌体系，应该也称呼我为刘老师。但是如果我们互称刘老师、王老师，在这种较为疏远的关系基础下她请我帮忙，我可能帮也可能不帮，因为本来关系就很一般，即使不帮忙我也没什么过意不去。她深谙沟通之道，所以从一开始，她就强行把我俩的关系协同为一种更亲密的关系，比如直接称呼我的昵称并介绍她是王姐，以姐妹相称，关系自然就近了很多。你想啊，我都是你姐了，你还好意思不帮我忙吗？我最后还是帮了她的忙。

通过这件事，我们可以明白两个道理：第一，如果别人需要你，不管时间多久，距离多远，她都能想方设法找到你。你只要有价值，对别人有用，她们总能想方设法地找到你；如果别人不找你或者说找不到你，那说明你对她的价值还不够大或者你对她还不是那么重要。第二，求人帮忙，首先协同成为一种更为亲密的关系，已经成为很多人的本能性策略。

二、通过话语策略实现关系协同

（一）关联性话语策略与向内协同，独立性话语策略与向外协同

话语策略，包括“关联性话语策略”和“独立性话语策略”。让双方关系更亲近的

向内协同，采用的是关联性话语策略；让双方关系更疏远的向外协同，采用的是独立性话语策略。

你走在路上，迎面过来一个你认识的人，你有两个选择：一是和她打招呼，二是假装没看见。选择打招呼，就是一种关联性话语策略；假装没看见，就是一种独立性话语策略。关联性话语策略强调的是双方的关联性，你和对方打招呼，你们就产生了关联；而在话语策略中选择不说话，是给对方最大的独立性，相互之间好像是没有关系、界限分明、彼此独立，这便是独立性话语策略。

关联性话语策略，除了积极和对方打招呼之外，还表现在说话的内容和方式上。打招呼只代表彼此之间的初步关联；而要想表现出亲密性，说话人就必须在说话时选择更热情的态度或者通过话语内容和表述方式增进彼此之间的亲密感。比如，表示对对方的关注和赞赏："哇，你瘦了好多！""这件衣服你穿上太漂亮了！"等等，说话人通过这种积极的关注和赞美，来表现对对方的欣赏和亲密感。再如，表示自己和对方属于同一阵营或站在同一立场，也是关联性话语策略的反映。比如："咱们女同胞就是心软！""我支持你的观点！"这里通过"咱们"和"支持"，把自己和对方划入同一阵营，因为有了共性，也就增加了关联度。很多时候，大家认老乡、校友等，也是通过相关方面的共性来寻求彼此之间的互相关联，从而增强亲密感。

因此增强亲密感的一个重要手段，就是寻找与对方的共同点，这是典型的关联性话语策略。本书在第二章中提到，当一个女性说出一个麻烦时，另一个女性也说出一个类似的麻烦，这就是采用关联性话语策略来增强彼此的亲密感。而本节中的案例，说话人则是通过建立虚拟的姐妹关系来营造一种虚拟的亲密感，这种亲密感在求人办事的时候往往比较奏效。增强关联性和亲密感除了语言之外，还可以通过肢体动作，比如距离很近地坐在别人身边、拉着别人的手、搂着别人的肩膀等等。

（二）关联性话语策略的多种表现

关于关联性话语策略，笔者列举了如下例子，可以帮助我们更好地从整体上来理解和把握。

（1）对对方表示关注。例如：你今天的气色好多了。

（2）强调对对方的赞赏或同情。例如：你在学校一直都那么优秀。

（3）表明与对方属于同一圈里的人。例如：咱们05级研究生都喜欢唱卡拉OK。

(4)与对方进行共情,与其在观点、意见、态度、知识或情感等方面取得共识。例如:我知道你现在的感受,上个月我也遇到了这样的事。

(5)表示乐观。例如:我们会如期实现目标的。

(6)表明深知对方的需求,并表示会加以考虑。例如:我知道你心里想什么,放心,明天我一定给你一个满意的答复。

(7)推测或表明共同利益。例如:咱们的关系是唇亡齿寒,所以现在大家只能心往一处想,劲往一处用。

(8)用昵称或绰号称呼对方。例如:盈盈,把昨天的记录给我。

(9)积极主动参与交流,话语量多。

(10)与异国、异族或异地人沟通时主动使用对方的语言或方言。

对于上述的(9)我们可以做进一步解释,即内心喜欢对方,就期待与之产生更多关联,因而会积极和对方交流,并常常不知不觉地增加话语量。而对于不健谈的人,则通常会选择拉近体距的方式来增进这种亲密感,因此我们常会见到如下情形:有些人话虽不多,甚至只是静静地坐着也愿意多和对方待在一起,这就是通过拉近与对方身体的空间距离来增进亲密感。对于(10)而言,之所以也属于关联性话语策略,是因为使用对方的语言或方言是沟通中迁就或积极配合对方的表现,而一个人之所以会积极迁就或配合对方,一定是他想和对方多交流、多关联的内心驱动导致的结果。

(三)独立性话语策略的多种表现

沟通行为是双方的。有时候你想关联,想和对方亲近,但如果对方不想和你扯上关系,那么他的反馈就会比较冷淡或对你的亲近加以抗拒。比如在语言上,你说话,对方不回应或不积极回应;在态度上,你很热情,对方却比较冷漠;在行为上,你靠近对方,对方可能会往后躲闪,你拉住对方的手,对方可能会马上松开,你想拥抱对方,对方可能做出一个闪避的动作。对方的上述所有反应只有一个目的,就是他要和你保持距离,不想和你产生关联。这些都属于独立性策略的范畴。

所以,迎面走过来一个人,你不想和他产生关联,就选择视而不见,假装看手机或把头扭向别处,然后径直走过去。如果对方主动和你打招呼,你也并未表现出同样的热情,而是礼节性地客气一下,然后抽身而去。此外,交往中选择不说话,不得不说话时选择不多说话;说话态度中性或冷漠;使用官称、敬称或尊称来称呼对方;等等,都是

保持距离感,运用独立性话语策略的体现。笔者关于独立性话语策略,列举了如下例子:

(1)对对方的需求做尽量少的推测。例如:不知您采用何种方式汇款。

(2)给对方留有充分的选择(或拒绝)余地。例如:如果能一起逛街就太好了,但我想您可能很忙。

(3)尽量减少对对方的约束。例如:我想要张小纸条,什么样的都行。

(4)向对方表示歉意。例如:非常抱歉,我可能让您担心了。

(5)表示消极或悲观的态度。例如:没人能理解我。

(6)表明说话内容与对方无关。例如:昨天听说邻省发生大地震了。

(7)泛泛而论,陈述一条总的原则。例如:大家注意了,公司规定要求每个人都穿西装。

(8)用“姓+头衔”或以尊称称呼对方。例如:王先生,您的电话。

(9)在应该畅谈的场合保持沉默或少言寡语。

(10)与异国、异族或异地人沟通时使用自己的本国语言或自己的方言。

此处的(9)(10)两例与关联性话语策略正好相反。(9)中,在本该畅谈的场合通过少说话或不说话的方式,将自己“独立”于该场合或人群之外,因此是独立性话语策略的表现。(10)中,在沟通时使用自己的语言或方言,是将不懂自己语言或方言的人“独立”于该沟通之外的最直接方式。很多同学都会有这样的经验,在宿舍里接到家人电话,多半会和家人用方言沟通,这样一方面可以感受家乡方言带来的亲近感和认同感,另一方面也可以将宿舍中不懂自己方言的人“独立”在外,从而不必担心隐私被听去。

三、话语策略与礼貌体系

上一节讲到,从“权势”和“距离”来看,人与人之间存在三种情况:(1)负权势、正距离;(2)负权势、负距离;(3)正权势、正负距离。与之相对应的是三种礼貌体系,即尊敬礼貌体系、一致性礼貌体系和等级性礼貌体系。那么这三种礼貌体系在话语策略上是如何体现的呢?

上一节我们也谈到,享有负权势、正距离的双方,遵从的是尊敬礼貌体系,他们之间的谈话是客气的、正式的、有距离感的。实际上,他们之间采用的都是“独立性话语策略”,即相互之间显得不那么熟悉,表面上非常客气,彼此之间相互独立,即使是邀请或给予,也要给对方很大的自由空间和自主决定权。比如对于不太熟悉的贵客,邀请对方时我们会说:“不知您晚上是否有其他安排,如果没有的话,我们想晚上在×××宴请您,希望您能赏光。”这就是非常典型的独立性话语策略,给对方很大的选择空间,如果对方不想赴宴,可以推说晚上有其他事情。这种话语措辞非常客气,但尊敬中带有明显的距离感。

如果两人是好哥们儿,那么请对方吃饭就不必如此客气地费语言周折,直接会说:“今天×××吃饭啊,必须来。”一点都不客气,也不给对方选择空间,但这才是好哥们儿、好姐妹之间的对话。这样的对话属于“关联性话语策略”,直接、不给对方余地,这样的话语策略一方面发生在负权势、负距离的亲密关系之间,比如好兄弟、好朋友之间的对话;另一方面发生在上下级之间的上级对下属的工作对话中,上级往往也不给下属太大的独立空间和选择余地。所以上级说话就像是在吩咐下属,下属只有服从的余地。比如:“你下午把这些文件都打印出来。”这是极其常见的上级对下属的说话方式。

同样是关联性话语策略,那么好朋友之间的关联性话语策略和上级对下属之间的关联性话语策略区别在哪呢?区别在于:前者是关联中带有亲密感,后者是关联中带有命令感,即前者是平等而亲密的关系,后者是不平等的领导与下属的关系,因此他们在语言的语气和感觉上都不一样,前者的直接是一种“亲密的直接”,后者的直接是一种“命令的直接”。

而在上下级关系中,下属对上级则采用独立性话语策略,给上级极大的选择空间和自主余地。所以归纳起来就是,-P+D 关系,遵从尊敬礼貌体系,都采用独立性话语策略。-P-D 的关系,遵从一致性礼貌体系,都采用关联性话语策略。+P±D 关系,工作中上级对下属采用关联性话语策略,下属对上级采用独立性话语策略。生活中,如果还是+P 关系,会话就和工作中一样,如果+P 转变成-P,则根据 D 的正负情况选择尊敬礼貌体系还是一致性礼貌体系。

不同角色决定了不同的话语策略;反过来不同的话语策略也给双方带来不同的关系感受。如果你使用独立性话语策略,那么一方面是把自己置于低位而将权势赋予对方,一方面也可能是保持尊敬并和对方保持距离。如果你使用关联性话语策略,那么一方面可能是把对方置于你的权势之下,一方面也可能是想和对方拉近距离。具体是什么情况,还要看说话人的具体说话语气和态度。

四、案例赏析——生活中的沟通智慧

(一)“我”是如何通过关联性话语策略达成沟通目标的

生活中善于使用关联性话语策略并辅之以相应技巧,很多沟通目标便可轻松实现。下面是一个真实案例:

沟通背景:

我的手机用了两年半,整体的反应速度、储存空间都不能满足我的需求了,又恰巧赶上5G套餐升级,我想跟妈妈提出换手机。

沟通过程:

妈妈下班回家,我主动给妈妈倒水,并关切地问:“您今天上班累不累呀?”还主动帮她做家务。(这里我进行了关系协同,虽然我和妈妈关系本来就很亲密,但为了达到让她给我买手机的目的,我使用了关联性话语策略,比平常更热情,以实现向内协同。)

妈妈笑了笑。(向内协同成功)

我开始小心翼翼地说:“今天中国联通给我打电话,说要给我升级5G套餐,加20元,算下来比直接办理5G套餐划算很多,我就办了。但是我的手机是4G的,没法用5G网络,我有些心疼每月白白浪费的话费,所以我想换个5G手机。”(整句话采用归纳式话语模式和“完整表达”。)

妈妈笑了笑,回答道:“你有看好的手机吗?”(表达了“她在听”的信息,也说明她明白了我今天为什么如此殷勤热情。)

我拿出手机给妈妈看了好多种当下最流行又有些昂贵的机型。(使用“拆屋效应”,第十章第三节会详细介绍这个沟通方法。我其实有喜欢的选定的机型,价格中等偏上,但单看价格也不便宜,我猜想妈妈不会一口答应,便故意选了很多昂贵的机型给她看。)

妈妈一边看一边微微蹙眉,说:“你喜欢这些?”(这里妈妈的表达有问题,她并没有进行有效的沟通,没有把自己的感受和需求表达清楚。但我从妈妈的表情中看出了她的犹豫。)

我对妈妈说:“我觉得这些都不错,但有点儿贵,我看这个便宜点儿的就行!”(我进行“让步”，以达到妈妈的心理预期。)

妈妈如释重负地笑了，说：“那就它吧!”(沟通成功)

该案例表明:(1)不管原有关系是亲密还是疏远，有求于人时，协同成更亲密的关系都会有利于诉求的达成。关系的亲密程度没有尽头，在亲密的基础上还可以更亲密。(2)要想实现目的，让对方变得开心愉快很重要，一个人心情好时，更容易答应你的请求。(3)“四种表达”和“完整表达”在沟通的任何时候都很重要，合理运用它，会让自己的表达更清楚。(4)沟通与人类心理密切相关，适当利用心理学效应能助推沟通目标的达成。

(二)协同“拉锯”与“如何做到有效拒绝”

在生活中，有些人采用关联性话语策略向内协同，如果对方不想拥有这种协同后的关系，他就会采用独立性话语策略向外协同，因此就会产生沟通双方的“拉锯”。比如下面的真实案例：

沟通背景：

S 同学和我是高中的同校同学，我们并不很熟，仅是认识而已。S 同学和我现在就读于不同大学的同一个专业。这天 S 同学发现我所在学校该专业有一些专属的资料，如果能借来看一看，会对自己的学习很有帮助，于是她通过微信找到了我。

沟通过程：

很久不联系的 S 同学先是发微信给我说：“K，你还记得我吗？我俩是高中同学啊！我前几天听说咱们学校所有的文科班，只有我俩是学同一专业的呢。”[一个跟我仅是认识的高中同校同学突然发微信给我，并用“K”这个只有跟我关系很好的人才会用的昵称(关联性话语策略)，我知道她正在向内协同，试图体现出一种亲密感；同时，她还采用“文科班只有我俩是同一专业”，想通过寻找我俩的共同点(关联性话语策略)来再次拉近距离。听到她这样说，我觉得她有点跟我套近乎的嫌疑，认为她可能有什么事情想求助于我。]

由于跟 S 同学不熟，我就回复她说：“哦，原来是××同学(S 同学姓名)啊，有什么事吗?”[我直呼了她的姓名并且加上“同学”这样的称谓(独立性话语策略)，是想要表达我俩并非很亲密；她突然的热情让我觉得稍有不适，所以想要拉开和她的距离；同时针对她跟我说的只有我俩是同专业我也没有回应(独立性话语策略)，而是直接问她“有什么事吗”，这种少说话（独立性话语策略）的方式暗示了我的态度并不热情。]

于是S同学接着说：“啊，我就是发现我俩同专业，而且你们学校这个专业是公认的厉害。”[她没有直接回答我问她有什么事的问题，而是赞美（关联性话语策略）了我所在学校的专业比较强，这是通过赞美的方式继续进行向内协同。同时她赞美时说“公认的”，又通过“第三者佐证”的方式来强调赞美的真实性，以此来增加我对她的好感度，拉近我们之间的距离。]

于是我回复道：“哈哈，我们学校这个专业是比较强，但是你们学校也很厉害啊！”[不得不承认，她采用赞美的方式确实起到了作用，她赞美我的学校就等于赞美我，这让我很开心。我觉得自己被认可，心里对S同学的态度有了微妙的转变，我觉得她很亲切很和善，同时出于礼貌也同样称赞了她的学校（关联性话语策略）。]

接着S同学在进行上述铺垫之后，开始阐述她的真实目的：“你们学校在这个专业上很领先，而且有很多只有你们才有的学术资源，我过几天就要进行专业考试了，但是手头的复习资料少得可怜，很多知识点我只是一知半解，所以能不能拜托你借一些你们专业内部的学术资料给我？”（当她说了这些之后，我再次明白“任何沟通都是有目的的”这句话；同时她采用了归纳式的话语模式，先跟我说明我们学校的内部学术资料很有价值、她面临考试很多问题不太清楚等原因，然后才表明她想借阅相关资料的结果，显得很得体，而且让她的请求变得很合理。）

由于学院明确说过不要外借专属资料，所以我没有办法违规借给S同学，只能拒绝她说：“实在是抱歉，我也很想借给你，但是我们学院明确规定了不可以外借学院专有资料，而且这些资料大部分都是一些专业书籍，你在网上也能找到资源。实在不好意思啊，我不能违规借给你。”（首先我用了归纳式的话语模式，向S同学说明我不能借给她资料的原因，然后说出我拒绝她的结果，这样尽量保持礼貌，也让我的拒绝显得得体和容易接受一些。另外我也遵循了一贯的情理顺序，先在“情”的层面上表明我想要帮助她，但是在“理”的层面上我不能违反学院规定，所以不得不拒绝，这样不会太伤害她。）

因为我用合情合理的理由拒绝了S同学的请求，她也表示理解并且跟我道别，不再要求我给予她帮助。

该案例表明：(1) 当我们想要向他人寻求帮助或者出于其他需要而跟对方拉近距离时，需要采用关联性话语策略；当我们想要拒绝对方或者需要拉开与对方的距离时，则需要采用独立性话语策略。(2)当沟通双方不存在等级差异且关系没有很亲密时，尽量多地采用归纳式话语模式，可以让沟通显得更加礼貌得体。(3)拒绝别人时，一定要注意“主观”与“客观”的区别。要想减少对方因被拒绝而产生的不悦，你需要强调的是“主观上我很想帮助你，但是客观上我实现不了”，即突出“是客观不能，而非主观不想”。在求助者眼里，如果你客观上确实无法做到，那是可以理解的；但如果你是主观上不想帮忙，她一定会失望、不满，进而抱怨甚至会怀恨在心。

(三)注意关系协同中的“分寸感”

利用话语策略进行关系协同，在日常生活中很常见。比如很多学生自述：“在校园里，对于比我们大一届或几届的师哥师姐，当我们有事向他们寻求帮助时，我们更乐意叫他们哥姐，而他们也会称呼我们为弟弟妹妹，这样都显得更亲近一些。网络流行的一些称呼也很符合这一原理。比如我们主动和其他人聊天或有求于他们时，即使彼此之间并不是很熟悉，我们也会称呼她们为‘集美(姐妹)’‘姐妹’‘bb(baby)’‘宝贝’等。通过这些称呼进行关系协同，切实让我们感受到了双方的关系变得更亲近一些。这样更有利于沟通，在一定程度上也可以避免因为不熟悉而带来的陌生感和尴尬，能够使双方的沟通更舒服顺畅一些。”

但上述情况更多的是针对彼此认识(但可能不太熟)的人之间用于快速拉近关系、方便沟通的一种方式。如果彼此之间毫不认识，而对方一下子就将关系协同成很亲密的程度，有可能因为突兀或冒犯而带来适得其反的结果。

比如有一位女大学生说：“前几天我接到了一通推销电话，我刚接电话的时候他就说：‘姐，我是×××的×××，我们这有一套商铺出售你想不想了解？’我一听就很气愤，且不说我想知道他哪来的号码，仅是开头这个称谓就让人很生气，我觉着我还挺年轻的吧，你叫我姐？所以我立即回绝了他：‘不了解，别叫我姐，拜拜。’由这个例子我还想到了在北京时被一个推销员追着推销还一直叫我姐……我们并不认识，套近乎意图很明显，所以我很反感。我想，这也许是我感觉自己的私人空间被侵犯，从而导致我很不舒服甚至反感。”

所以，利用话语策略进行关系协同要注意分寸感和语言使用的适切性。所谓分寸感，是不能“不及”也不能“过”。对于关联性话语策略来说，“不及”显得不够热情积极；“过”则容易让人警觉和戒备。所谓适切性，则以让对方觉得舒适为标准。

综上,本节首先介绍了两种方向的关系协同以及与之相适应的两种话语策略;然后借助生活实例,阐释了人们是如何运用话语策略进行关系协同来实现沟通目的的;最后提出在关系协同过程中要注意“分寸感”的把握。下一节将通过几例礼貌体系错位的沟通实验,来进一步说明礼貌体系作为一种社会规约在人们心目中的固化功能,以及话语策略、话语模式在改变人与人之间权势和距离方面的反作用力。

第四节　有趣的礼貌体系错位沟通实验

特定的人际关系需要遵从特定的礼貌体系,一旦违背了既定体系,就会让人不自在、费解,甚至会造成很大的误会。下面是同学们在生活中进行的礼貌体系错位实验,从中我们可以体会到人际关系、礼貌体系和沟通内容、沟通方式之间的密切关系。

实验一:“险些失掉的朋友”

2020 年 5 月 4 日,我们几位高中同宿舍舍友在农家乐聚餐,我故意采用不合常规的礼貌体系,打算看看同学们的反应。

因为是农家乐,我们需要事先准备食材和娱乐项目,并对预算进行估计。由于同学们来自一个省的不同城市,且农家乐地点较偏,因此我们决定让住在本地且有车的同学负责采购,其他同学会合后打的过去。

【第一个实验对象:从“一致性礼貌体系”到“尊敬礼貌体系”】

最先见面的是我的同桌,他一看见我就热情地走过来,向我挥手并用上学时的调侃语气打招呼:“哎,好久不见,咋样啊?”(我俩高中同桌三年,关系融洽,对话从不拘束,因此这里直接体现为一致性礼貌体系,彼此是负权势、负距离关系。)

我故作矜持地笑一下,然后平静地回应:“您好,很高兴又能见到你了。”(我想故意用错位的礼貌体系来试探他的反应,所以我故意用比较客气、有距离感的答语回应他,采用尊敬礼貌体系和独立性话语策略。我想,这一定会让他很不适应。)

他走过来,一把勾住我的肩,凑近我耳边说了一句:“嗯?不认识我啦?你小子是不是该打!”(我的回应让他诧异,于是再一次用关联性话语策略和一致性礼貌体系对我俩关系进行确认。)

我摸了一下自己的肚子,向他说:“嗨,我肚子饿了,期待一会儿能有好吃的。”(我依旧采用独立性话语策略，对他的“亲密关系确认”置之不理并转移话题。我相信，这次真的打击到他了，彼此间的距离感马上就要成为现实。尊敬礼貌体系和独立性话语策略产生了效果，但是在一定程度上影响了我们彼此间的兄弟情义。）随后，他尴尬地把举起来的拳头又放了下去。（我觉得换作谁，此时都会尴尬，好在事后我及时向他解释我在做实验，不然我可能就失去了一个老朋友。）

【第二个实验对象：从“尊敬礼貌体系”到“等级性礼貌体系”】

之后我们人都到齐了，本地的小伙伴已经摆好了采购的东西。我们依旧按照高中时的对话方式来交谈，彼此不存在权势差异和距离感，基本都遵循一致性礼貌体系。只有一位同学和我在高中时交集不多，因此关系相对生疏些，于是他成了我第二个实验对象。

我落座之后便向他说：“小农，去把苹果洗洗吧！”（我采用了演绎式话语模式，直接支使他去洗苹果，像是长辈在支使晚辈或领导在支使下属，使得我们本来平等的权势关系失衡，产生了权势不对称，而我将自己置于高高在上的一方，他成了处于下位角色的一方，这是极其不礼貌也是不应该的。）

他缓缓地把那一袋苹果拿走了，一脸狐疑地看着我。（原本是−P+D 关系的两个人，突然就权势不对等了，变成了+P+D 关系，他有些缓不过来。）

当他回来的时候，问了我一句：“那啥，你为啥不自己去?”（这句话既表现出他的费解，也反映出他不愿接受等级性礼貌体系下的沟通方式，所以开始带有质疑地询问。）

我说：“不好意思啊，我不知道洗手槽在什么地方，你是本地的而且先到了，想必你比我更了解一些。谢谢你啊，一会儿烧烤，我烤热狗肠给你。”（感觉擅自改变礼貌体系的恶果马上要产生，我立即进行挽回，赶紧返回到尊敬礼貌体系的正常沟通方式，及时道歉，并运用归纳式话语模式向他解释；同时为了补救，提出对他的感谢以及烤热狗肠给他，及时消除了误会和对方可能产生的不满。）他点点头，满意地坐下了。

当然，事后我和我的伙伴们都解释过了，然后我们度过了一个很愉快的青年节。（好在实验后及时解释，不然实验损失不可估量啊。）

总结：不同的礼貌体系、话语模式和话语策略，会使沟通对象产生不同的沟通感受。好同学、好朋友之间，彼此关系对等较为亲密，基本上使用一致性礼貌体系，随意自然、无须客套，也不用拘束；在这种关系下，一旦沟通变得客气起来，反倒让关系变得生分和疏远，从而破坏既有的亲密关系。对于不太熟的人，关系对等但彼此有一定的距离感，使用尊敬礼貌体系才是对对方的尊重，否则就会显得无礼。

实验二："父亲的错愕"

2021 年 5 月，学完"在不同关系下的沟通"一章，我很好奇，打算做个实验，看看如果将原有的礼貌体系打乱，到底会产生什么样的后果。于是我把实验对象锁定在我亲爱的爸爸身上，看看当我把我们原来沟通中遵循的"一致性礼貌体系"改为"等级性礼貌体系"后，爸爸会有什么样的反应。

5 月 28 日这天，我爸下班回来了。我赶紧迎到门前说了一声："爸爸回来了，今天工作一天，您辛苦了！来，让我为您换上拖鞋。"

我爸当时就傻了。他愣了一下，然后笑了，小声地说了一句："在搞什么啊？"然后我为我爸端来早就泡好的茶，对他说："晚饭马上就好了，您先喝口茶吧，饭前喝口茶可以有效解腻。"

他接过茶杯喝了一口就放下了。我马上接着说："爸爸，您还有什么吩咐吗？现在无聊吗？需要我把电视给您打开吗？"他可能实在是忍不住了，很疑惑地看着我说："你对我是有什么话想要说吗？"我赶紧摇头，告诉他："您是我尊敬的爸爸，这些都是我应该做的。"然后我就一直守在他的旁边。

他摇了摇头，开始看手机，但是一直浑身不自在。过了一会儿，妈妈把菜做好了，我把饭盛好去叫爸爸："爸爸，今天的晚餐已经准备好了。"

我爸可能已经对我无语了，然后就去饭桌了。

在端菜上桌的时候，我把肉放到了他面前，然后笑着对他说："爸爸，您今天工作辛苦了，应该多吃点好的补补身子。"吃饭过程中，我每每看到我爸的碗快空了，就会说："爸爸，让我来为您盛饭吧。"

结果吃完饭后，我爸实在忍不了了，他说："今天你是发疯了吗？"我妈也跟着很困惑："今天怎么突然对你爸这么殷勤？"然后我才把我正在做实验的事情告诉他们。

总结：爸爸的一系列举动都是正常的，不正常的当然就是我了。父母已经习惯了我们用平时使用的一致性礼貌体系了，今天突然转变，大家都很不自在。

往常主人公的爸爸下班回家，他会说"爸，回来了！"，这是家庭成员一致性礼貌体系下的正常招呼语。今天主人公为了做实验,突然做了改换,变成“您”“辛苦了”“为您换上拖鞋”之类的尊称和敬语,这种等级性礼貌体系下的沟通,使得原本亲密关系下的父子,立刻变成了既疏远又有等级差别的关系。“我爸当时就傻了”,可见这突如其来的变化给父亲带来的“震荡”不小。“然后笑了,小声地说了一句:‘在搞什么啊?’”则非常真实地反映出父亲心理上的几重变化,即“震荡”之后,随即觉得孩子懂事了,知道关心孝敬爸爸了,这里的“笑”含着欣慰;然而转念一想又觉得不对,懂事孝敬也不必如此夸张啊,于是猜想主人公是在搞什么名堂。而主人公接下来的持续性反常行为,让爸爸越来越不自在,直至最后发出“今天你是发疯了吗?”这样的质问。

该实验进一步证实,特定的礼貌体系是特定人际关系(或角色关系)下的社会规约,是沟通双方都应该遵守的既定规范。正所谓“在什么样的关系下,就应该说什么样的话以及怎么样去说话”,礼貌体系作为社会规约,切勿胡乱使用。沟通中,并不是一味地对人表示谦恭尊敬就好,要分清对象、辨明关系。如果面对上级、关系一般的同事、同窗、同仁或其他人,我们自然需要把谦恭尊敬放到第一位;但是如果面对的是关系亲密的家人、恋人或朋友,还采用谦恭尊敬的口吻,就会徒增距离感、降低亲密度,显得疏远和生分。如果对方是不太敏感的人还好,因为他们充其量会认为你莫名其妙;如果对方是比较敏感的人,也许会造成不必要的误解,他们会怀疑和检视自己是不是有什么地方得罪了你。因此,正确判断你与对方的关系,然后采用与之相适应的礼貌体系,才是实现顺利沟通的前提和基础。

相关资源与习题自测

◆ **课程资源**

视频:交际或沟通中的礼貌体系(二维码)

视频:话语策略与关系协同(二维码)

更多与本章内容相关的课程资源(含文字内容、案例小视频、主客观试题、问题讨论等),详见:刘艳春. 中国大学慕课“语言交际概论”第 3 单元,网址 https://www.icourse163.org/course/CUC-1454885178。

◆ **习题自测**

结合前文中同学们的微信请假模式，请你回答为什么学生请假通常都要用归纳式话语模式？如果学生一上来就说“老师，我要请假”或者“老师，这节课我来不了”，接下来会发生什么？为什么？

◆ **学习资源**

1. 中国人际关系的本土概念是：人缘、人情和人伦。人缘是指命中注定的或前定的人际关系；人情是指包含血缘关系和伦理思想而延伸的人际交换行为；人伦指人与人之间的规范和秩序。三者构成的三位一体成为中国人际关系的特质。它们彼此的合一来源于中国传统社会文化背景中的天命观、家族制度和以儒家为核心的伦理思想的合一。这三者便构成了中国人为人处世的基本模式。其中，人情是它的基本样式，决定中国人际关系是什么，人伦是其制度化，决定怎么样，人缘是模式的总体原本，从根本上解释人际关系的为什么。如果以西方的人际关系特质作参照，便能发现它们在前提公设、方法、特征和表现方式上均存在着本质上的差异。

想了解更多具体内容，详见：翟学伟. 中国人际关系的特质——本土的概念及其模式[J]. 社会学研究，1993(4)：74-83.

2. 寝室人际关系是大学生人际关系中最普遍、最直接、最重要的一种人际关系。寝室人际关系的好坏直接影响寝室成员的心理健康状况。美国东密歇根大学管理学教授特布斯(Stewart L. Tubbs)提出的小群体互动理论认为，影响小群体人际关系的主要因素包括群体成员的相关背景因素以及该群体的内在结构因素等。大学生寝室群体是典型的初级小群体。研究发现，寝室人际关系在性别、是否独生子女、家庭条件、学科、年级均不存在显著差异，其主要影响因素是大学生对于寝室的价值定位、和室友聊天的时间以及参与寝室公共活动的多少等。这项研究发现与小群体理论的结论十分吻合。

想了解更多具体内容，详见：王甫勤. 大学生寝室人际关系影响因素的实证研究[J]. 大学教育科学，2008，107(1)：84-89.

第四章　跨文化沟通

跨文化沟通，指在一种文化中编码的信息①在某一特定文化单元中有特定的含义，当它传递到另一文化单元中要经过解码和破译才能被接收、感知和理解。当信息的发送者和接收者不属于一个文化单元时，就存在跨文化沟通。②

第一节　跨文化沟通中的文化震荡

文化震荡（Culture Shock）是指人们来到一个同其原来长期生活的社会环境有很大文化差异的新环境时产生的强烈不适。能诱发文化震荡的因素包括：生疏的风俗习惯、不同的观念和规范、吃不惯的食物、听不懂的外族语言以及把握不准的外界反应等等。③ 笔者曾经从时间感、空间感、语言、非语言、价值观和行为模式等方面，阐释过文化差异对沟通造成的影响；本书主要从语言行为和非语言行为两个视角出发，根据身边的真实案例，探讨跨文化沟通中的各种文化震荡。

一、语言行为

每种文化下形成的语言都有其特定的语音、语义、语法和语用特征。跨文化沟通往往需要通过跨语言（或跨方言）沟通来完成，如果不能很好地了解或运用另一种文

① 包括有声语言、动作姿态、面部表情等。

② 张广宁. 合资企业跨文化沟通思考[J]. 理论界，2010(5)：211-212.

③ 中国社会科学院文献情报中心，重庆出版社. 社会科学新辞典[M]. 重庆：重庆出版社，1988：932.

化下的语言(或方言),就难以很好地完成跨文化沟通。

有位学外语的学生说,她的外教是德国人,有一次上课,外教要求学生向他介绍自己的家乡。这位学生是浙江人,她想用“江南水乡”这个词来形容她的家乡。于是她告诉外教,她的家乡是“the hometown of water”,但是外教显然不能理解她这个不正确的表达。最后她只能放弃这个说法,在其他同学的帮助下换了正确的表达。

另一位学生说,在国内餐馆点餐,我们通常对服务员说:“你好,我想要……”当她把这个表达习惯原封不动地带到国外,对外国服务员说:“Hello,I want…”时,总是会发现服务员很不高兴。后来才知道,在国外这样的点餐表达方式很不礼貌,点餐的礼貌用语应该是:“Hello,can I have…?”

上述两个案例中的英语表达,都是典型的“中式英语”,即运用汉语的语法规则,组织英语单词来表达我们的预期意义。但这种我们自以为意义清晰的“中式表达”,因为不符合英语的语法或语用规则,呈现出的实际意思并非我们的预想之义,因此会导致很多沟通上的障碍与冲突。

还有一个案例是在某医院里:

中国医生:下一位病人请进!(一位英国病人进入)

中国医生:是位外国病人啊,What's wrong with you?(用英语询问外国病人病情,想要由此减少语言不通带来的沟通障碍,拉近和病人之间的距离,表达善意。)

英国病人:(面露惊讶和不解)医生,我想我并没有冒犯到你,我只是进来看病。(医生的话“What's wrong with you?”在英语中的意思并不是字面上的“你有什么问题?”,而是带有挑衅和责骂意味的“你有病吗?”,这让病人产生了误解)

医生片面地理解了“What's wrong with you?”的字面意思,恰当的表达是“How can I help you?”或“Are you OK?”等等。

跨文化沟通中的语言障碍,除了语法、语用层面的“母语负迁移”之外,词汇层面也有很多案例,比如有一位在泰国的朋友讲,他和泰国朋友在网上聊天时,他们时常会发来“555”,本来聊得很开心,为什么要用这几个数字呢?在中国聊天时“555”表示哭的声音。后来才了解到,“5”的泰语发音是“哈 hà”,“555”在泰国表示笑声。“6”这个数字,在汉语中表示“顺利、吉利”,有“六六大顺”的说法;而“6”的发音在泰语里有“跌倒”的意思。此外,中国人用手势表示“6”的时候,大多是将拇指和小指竖起,将食指、中指和无名指弯曲,而这一手势在泰语文化中表示“牛”。在汉语中,“牛”是“勤奋”的象征，也包含“厉害、有本事”之义，是褒义词。而泰语中的“牛”是“笨”的意思，是一个贬义词，尤其“水牛”是极尽羞辱的骂人话，指“人很笨、不开窍、愚蠢至极”。

在跨文化沟通中，认知差异会导致沟通双方对同一个语言符号产生不同理解，并由此造成沟通误解或文化震荡。一位同学描述，春节期间她认识了一位韩国朋友，经过一段时间交流后，她发现两家住得很近，于是主动表示想去韩国朋友家拜访。朋友回答：“那过几天来吧。”但几天后这位同学并未收到对方的主动邀约。通过查找资料她才知道，韩国人说“过几天”只是一种客气，并不是确切的时间。经过这位同学再次要求，终于得到了去韩国朋友家的许可。进门后，韩国朋友向她介绍了自己的哥哥，由于年龄相仿，我们这位同学使用了基本阶而不是尊敬阶向她哥哥问好，这样表达的用意是想采用一致性礼貌体系来和对方拉近距离，但她却发现韩国朋友和她哥哥的脸色都不太好。后来才知道，在韩国哪怕只差一岁甚至几个月都要使用敬语。

另一位同学则描述，她的德语老师年轻时在国外留学，有一次这位老师在写研究生作业时，给自己的德国导师发邮件称“需要帮助”，事实上只是请求德国导师帮忙修改作业。其导师回复邮件说：“你知道吗？当我看到你的邮件标题‘求助’的时候，我的心跳都快要停止了。在德国，‘帮助’这个词表明有性命危险或者巨大困难，而事实上只是一个小问题，你完全可以使用‘请求’。”这也是一个语言行为导致的跨文化沟通震荡。不同的文化语境会产生不同的词语释义，如果盲目使用，就可能引起误会。

二、非语言行为

詹森（Jensen）将文化交际中人们常用的非语言行为归纳为四大类：身体动作和姿势（body motion and gestures）、对待时间的态度（attitudes toward time）、对待空间的态度（attitudes toward space）和一般交际习惯（general habits in communication）。[①]

（一）身体动作和姿势

张同学到意大利做交换生，他曾讲述过这样一个关于手势的跨文化沟通：“我刚到意大利时，被意大利特色的建筑、风景吸引，经常在建筑前、景区里拍照，有时也让路过的意大利人帮我拍照，拍完照后觉得拍得不错，我就情不自禁地竖起大拇指，结果帮我拍照的意大利人脸色突然变得古怪，也许看我是外国面孔也就没有怪我，就向我解

① 樊建华.跨文化时空观念认同的对比分析[J].社会科学战线，2004(4)：245-247.

释说竖大拇指在意大利有侮辱的含义，所以最好别竖大拇指。我知晓后非常尴尬，急忙道歉。”

竖大拇指，在中国是赞许，在意大利则带有侮辱之义。两种文化赋予同一手势以不同意义，这在跨文化沟通中很常见，也恰恰体现了跨文化沟通中的异质性。再如：

2019 年 1 月，一位同学和妈妈到尼泊尔游玩。一天早上决定打车去加德满都的杜巴广场，她们找到一辆出租车后，用英语问司机能不能把她们送到杜巴广场，司机左右晃了下头。她以为是否定的意思，只好找下一辆出租车，因此浪费了很多时间。后来她才知道，在尼泊尔点头和左右晃头都表示肯定，而那位出租车司机其实是表达他可以把她们送到杜巴广场。但是因为我们这位同学对尼泊尔文化不了解，因此就从自身文化出发进行推断，结果错误地解读了该动作的意义。

事例中的沟通障碍也是文化差异导致的，在多数国家，点头表示肯定，但在尼泊尔、印度等地，除了点头，左右晃头也表示肯定。

（二）对待时间的态度

《文子·自然》中说：“往古来今谓之宙，四方上下谓之宇。”“宙”指时间，“宇”指空间。樊建华指出，时间行为能够充分反映一个民族特定的历史地理、风土人情、传统习俗、生活方式、文学艺术、行为规范、价值观念等，也最容易造成跨文化交际失误。其差异体现在不同文化之间的时间意识（主观时间和客观时间）、时间态度（过去时间取向、现在时间取向、将来时间取向）和时间观念（单向性时间和多向性时间）等方面。

以时间意识为例，樊建华提出，大部分亚洲、非洲、拉丁美洲、阿拉伯国家的文化属于主观时间意识，他们注重精神享受，以忍性、韧性、耐性、弹性为美德；而美国、英国、瑞士、德国等国家的文化属于客观时间意识，他们工作节奏快、竞争意识强。两种截然不同的时间意识，投射到对待非正式时间（约会）时的态度和工作节奏的观念上便呈现出截然不同的表现。比如，对待商业约会，在阿拉伯国家，迟到 15—30 分钟属于正常范围，拉丁美洲人认为迟到是对对方的尊敬；英国人和美国人只能容忍 5 分钟的迟到时间，德国人则不能容忍任何迟到行为。

在工作节奏方面，持主观时间意识文化的人群认为时间灵活而有弹性，他们不看重钟表时间，不喜欢被人催促，在难以决策时，往往等待事情的自然发展。印尼人的

“橡皮时间”①就是最好的印证,非洲人也认为匆忙做事是马虎的表现。而持客观时间意识文化的人群则认为迟到行为是无礼和惰性的表现,做事拖拉等于谋财害命,他们认为时间就是金钱,时间就是效率,时间可以创造奇迹。如果对这样的时间意识缺乏了解,在跨文化沟通中就容易导致文化震荡。比如一位同学自述:

有次国际夏令营在北京举办,我们和来自法国的学生合并组成一个班级。但从第二天外出集会活动开始,我们就发现明明约好8点集合,很多法国学生直到8:30才露面,也不表示歉意。我对此很不满,但强忍着没指责他们。后来,我和认识的朋友无意中谈到集会活动,他开玩笑地说“你们总是那么早出来,弄得他们现在也越走越早了。”我很惊异,明明我们只是按时到。后来才知道,法国人迟到是对会面负责的表现,是认真准备的意思。我想这就是文化差异所导致的误解,幸亏及时沟通,我们很快互相达成谅解。“我们中国人讲究守约守时,不遵守约定时间会被视为不尊重对方”,我这样跟他解释了一遍。他也十分吃惊,向我们不断道歉,我当然也表示谅解。可见,事先了解和及时交流,在跨文化沟通中有多么重要。

也有马来语专业的学生分享说:“参加线上马来语朗诵比赛,原定9:00开始,按照我们中国人的习惯,通常是提前10分钟进入会场调试设备,9:00准时开始;而马来人基本上9:10才进入会场调试设备,9:30才开始比赛。作为参赛者我一开始非常着急、紧张、焦虑,后来才发现是我们的时间意识不同。”

(三)对待空间的态度

有位心理学家做过这样的实验:在一个刚刚开门的大阅览室里,当里面只有一位读者时,心理学家进去拿椅子坐在他(或她)的旁边。实验进行了整整80个人次。结果证明:在一个只有两位读者的空旷的阅览室里,没有一个被试者能够忍受一个陌生人紧挨自己坐下。在心理学家坐在他们身边后(被试者不知道这是在做实验),很多人马上就远离,到别处坐下,有人则干脆明确表示:“你想干什么?”

这个实验说明,任何一个人都需要一个自己把控的空间,它就像一个无形的“气泡”为自己“割据”出一定的“领域”。而当这个自我空间被人触犯就会感到不舒服、不安全,甚至恼怒。

---

① 最常被外来人抱怨的,是印尼人的时间观念。印尼人爱迟到,无论开会、开幕、婚丧喜庆或任何活动,迟到30分钟至1个小时是家常便饭,这个弹性时间,印尼人称之为Jam Karet(rubber time)。

笔者曾指出，在英国，人们一直遵循着这样的信条，那就是一个人的家就是他的城堡，他的家不允许被非法搜索，如果没征得本人同意，即使是政府要员也不能踏入半步。在美国，人们则把房门是开着的还是关着的看作是否允许他人进入的信号。不管是家里还是办公室，如果门开着，就意味着欢迎别人来访；如果门关着，就表示这是一个封闭的世界，请不要来打扰我。德国人最重视私人空间，他们把私人空间看作自我的延续，因此会利用一切方式来维护它。在德国，办公室的门通常都是关着的，开着门被德国人看作是轻率和不守秩序的表现。当德国人看到美国人的家里或者办公室的门开着时，他们会认为这是美国人缺少条理的表现；可实际上，美国人只是想以此来表明，他们没什么可以隐藏的，这个时候任何外来的拜访都是受欢迎的。在这种情况下，如果美国的管理人员与德国人合作，他们都会感到很不舒服。开着的门，让德国人感觉自己的一切都被暴露在外，因此没有安全感；而紧闭的门，则让美国人感觉自己似乎不受欢迎。

天气糟透了，但唯一能避雨的地方已经有了人。

空间感上的文化差异，不仅表现在对自我空间的理解上，还表现在人和人之间的距离把控上。比如，阿拉伯人总期待人和人之间能更近一点；而芬兰人，则总希望人和人之间能再远一点。这种距离的差异，来自他们对“自我”的不同理解。芬兰人认为，“自我”既包括心灵、皮肤、衣服，也包括身体之外几十厘米的距离；而阿拉伯人则认为，“自我”仅限于心灵，甚至皮肤都是身外之物。

同是欧洲人，交往时，法国人喜欢保持近距离，乃至呼吸也能喷到对方脸上；而距离太近会使英国人感到很不习惯，他们步步退让，维持适合自己的空间范围。

一位朋友曾这样说：“我曾经在街头遇到过一个卖明信片的法国小哥，他卖的全是自己到各地旅游拍的照片，靠卖明信片和一些手工艺品‘穷游’世界。我买了他两套明信片，然后提出想跟他拍照。拍照时他非常热情，半蹲下来，搂着我的肩膀，脸离我很近，他的胡子都扎到我了。他笑得很灿烂，我却感觉非常尴尬，全身都进入了戒备状态，全程都是尴尬的笑容。”

一位学马来语的中国女生则说：“我和一位马来西亚男性交流时，对方好几次都示意我要保持距离。一开始我很不理解，也有点生气难过，觉得是不是自己做错了什么或者对方不喜欢我甚至讨厌我。因为在中国，沟通中与异性朋友离得较近，或发生必要的身体碰触很正常，比如握手、拥抱等。后来才知道，在马来西亚异性之间交流要保持较大的距离，几乎没有身体接触。”

当然，我们在关注文化差异的总体倾向时，也不能忽略同一文化背景下人和人之间的个体差异。比如，对于同一文化中的人来说，对于空间距离的把握就存在个体差异。性格开朗、喜欢交往的人，通常更乐于接近别人，也比较能接受别人的靠近；而性格内向、孤僻自守的人，往往不愿意主动接近别人，对靠近他的人也比较敏感。一个女生通常可以更容易地进入男性空间；但如果一个男生想对女性那样做，女性很可能会把这种入侵解读为不尊重她的表现。

此外，人们对自我空间的需要也会伴随情境变化而变化。比如，在拥挤的公交车或地铁里，人们无法考虑和顾及自我空间，因而也就特别能容忍别人靠得很近，这时已没有亲密距离还是公众距离的界限，彼此间只能通过躲避对方的视线和呼吸来“保持距离”。如果换作空旷的公共场合，人们对自我空间的要求就会相应提高。比如，公园休息亭或比较空旷的餐馆，别人毫无理由挨着自己坐下，就会导致我们很不自在和戒备。前述心理学家在大阅览室里的实验，也说明了这一点。

（四）一般交际习惯

由交际习惯引发的文化震荡，在跨文化沟通中也很常见。比如一位同学说，他上初中的时候，在一节英语外教课上，班级的一位同学无法回答外教老师的问题，于是一直沉默不语，外教老师对此很生气。在中国，学生回答不出问题可以用沉默来表示“我不会，我没有答案”，老师们也都能心领神会；而西方则不同，就像这位英语外教老师，他认为没有答案可以说“我不会，我不知道”，而不说话则是对老师的不尊重。

下面是一位学习孟加拉语的中国学生在孟加拉国留学时，由于对该国的某些交际习惯不了解而产生的文化震荡。“我”指中国学生，“孟”指孟加拉国学生：

去教室的路上

孟：早上好。

我：早上好。

孟：今天怎么样？

我(误判):今天……没有什么特别的消息,你们为什么每天都要问有没有什么消息?

孟(笑):我问的是你今天怎么样,“消息”这个单词在句子中不表示原本的意思。

我:这样啊,我今天很好,谢谢。要上课了,咱们一起去教室吧。

孟:好,走吧。

课堂上……

我(奇怪):时间到了,应该开始上课了吧?

孟:不着急。

一小时后……

我:老师是不是有什么事情耽误了?

孟:没有啊,不着急,还早。

我(疑惑):还早?

又一个小时过去了,已将近中午 12 点,老师来到教室

老师:同学们早上好。

孟:老师早上好。

我(吃惊):早上好?

一上午时间,这位中国同学连续经历好几次文化震荡,先是孟加拉国同学的问候语,然后是上课老师竟然可以迟到 2 个多小时,最后是中午 12 点在孟加拉国还可以用“早上好”来问候。

文化震荡之后,她了解到“消息”在孟加拉问候语中并非指原义(这说明该同学的孟加拉语学得还不够,一些交际语的形义关系还没掌握);也知道了在孟加拉国,老师上课迟到 2 个多小时是常事;还了解到在孟加拉下午 3 点之前都可以被称为“早上”。这些交际习惯的背后,有的涉及语言,有的涉及认知,有的涉及生活习俗。

在跨文化沟通中,我们也常会因为交际习惯不同,而使自己出于体贴对方而做出的“牺牲”变得不再有价值。笔者亲身经历的一件事,就足以说明这一点。笔者(下文称“我”)生于 20 世纪 70 年代的东北,成长中的很长一段时期物质生活都比较匮乏,所以在我的交际意识里养成了本能地从经济角度为他人着想的习惯。当别人问我需要什么时,我总是怕给对方带来麻烦或让对方破费,如果对方要送我较贵的东西,即使我喜欢也会尽量推辞;如果一定要选择,也只会选择一个比较廉价的东西以减少对方

的花销。从小到大,我的这种“克己为人”的交际习惯,在国内一直被夸奖为“体贴”“懂事”,然而在我2016年参加美国合作导师的家庭聚会时,第一次感受到,在某种文化和条件下形成的“良好品质”在另外一种文化和条件下可能变得不再有意义。事情是这样的:

2016年的一个周末,合作导师Douglas Biber家里举办派对。我带了食物和鲜花来到导师家,导师热情地问我需要什么饮料,并给出如下选择:白水、可乐、雪碧、啤酒?我说白水就行,因为在我的朴素意识里,白水最廉价,不会让对方破费,于我而言,这是体贴和礼貌的表现。让我吃惊的是,导师直接拿了一个大玻璃杯,拧开水龙头接了一满杯凉水递给我(在中国至少也应该是烧开的白水)。让我更吃惊的是,在我之后陆续来的其他美国学者个个都毫不客气,喜欢喝什么就拿什么,很多人甚至直接打开导师家的冰箱,取出啤酒就喝,而导师和家人也都没什么反应,个个都觉得很自然很正常。看着其他宾客尽情地享用啤酒、饮料,真想把自己的一大杯凉水倒掉,可又觉得不好,毕竟这是导师亲手给接的水,只能后悔自己没能事先了解一下美国的家庭聚会文化。其实,吃喝本身倒还无所谓,让人意难平的是这种“体贴”对方毫不知情,对方的经济条件也不在乎我们的这点“节省”,这就显得我们的“克己为人”毫无意义了。

上述不同类型的生活经历,无不说明跨文化沟通的异质性及其对沟通者带来的各种冲击。在跨文化沟通中,来自不同文化背景的人们总会存在这样或那样的差异,也总会在沟通中产生这样或那样的问题。在矛盾与冲突中,来自不同文化的沟通者一方面感受着文化差异带来的震荡,另一方面也实现着文化与文化之间的互通与交融。

第二节 跨文化沟通的适应与改善

跨文化沟通能力是指在跨文化语境中,个体能够了解沟通中的文化含义,并通过得体的沟通行为实现良好沟通效果的能力。[①] 具体来说,跨文化沟通能力较强的个体,能很好地理解不同文化之间的差异,使用恰当的沟通方式,准确理解他人、表达自己。

孙有中将跨文化沟通能力的核心内涵描述为“尊重世界文化多样性,具有跨文化

① 严文华.跨文化沟通心理学[M].上海:上海社会科学院出版社,2008:100.

同理心和批判性文化意识，能得体和有效地进行跨文化沟通，能帮助不同语言文化背景的人士进行有效的跨文化沟通”[①]等。其中“能得体和有效地进行跨文化沟通”是跨文化沟通能力的可观测层面。

一、跨文化沟通——差异中的共性

不同文化背景的人们，常持有不同的价值观念。比如中西方文化中，大家经常以“情、理、法”的次序不同来展现其差异。

在我国，情为基础，理为本，法为末。情理主义和德治是我国文化的突出特点。我们的传统哲学认为：天理无非人情，王法本乎人情。所以，在我国的文化体系中，特别讲究情面。讲究做人情、送人情，强调“不看僧面看佛面”“人情留一线，日后好相见”。上述俗语背后的价值观念一直影响着我们的人际交往。因此，在事理次序上，我们遵循的是“情、理、法”的办事原则。也就是处理事情，通常以情为先；不讲情面，才开始论理；论理也论不通时，才开始诉诸法律。

相反，西方人和我们不太一样。他们是法为基础，理为本，情为末，理性主义与法治主义是他们的文化特征。处理事情，强调从“法”和“理”出发，通常遵循“法、理、情”的逻辑次序。可以想见，秉承这两种价值观念的人一起办事，便不可避免产生冲突。不是这一方觉得那一方太不讲情面，就是那一方认为这一方太没有原则。这样的事例屡见不鲜。

比如在中国，过去常常是家里来了客人，主人会把最好的房间让给客人，把平时不舍得吃的好东西拿出来给客人吃。尽管家里又拥挤又忙碌，主人照样好酒好菜热情款待，唯恐自己照顾不周，怠慢了客人。客人要离开时，主人还要再三挽留。现在虽说这种情况在中国的一些城市有了相当程度的改变，但在中国的某些农村依然如此。到了国外，就未必能得到同样的待遇。过去有案例说，一位中国人到美国朋友家做客时滞留了几天，哪料临走时美国朋友却要求他付伙食费和住宿费。这位中国人恼羞成怒之下与其断交，而这位美国朋友却为此感到莫名其妙。这种沟通上的误解和冲突，正是源于两种文化对待“情面”问题的不同看法。在有些文化中，不怎么顾及中国人津津乐道的人情或面子，亲朋好友一起吃饭也要 AA 制。上述事例，我们在以往介绍中西方文化差异的文献里经常能看到。

---

① 孙有中. 外语教育与跨文化能力培养[J]. 中国外语，2016，13(3)：1+17-22.

近些年我们发现,伴随各国开放程度的不断提高和人们眼界的日益拓展,不同文化之间有了更为深度的了解与融合,许多现象和观念也正发生着变化。笔者在美国访学期间与美国一些家庭交往较多,在交往中发现很多情况都和我过去从书本上看到的不一样。比如,笔者刚到美国时,孩子需要打一个预防针才可以到幼儿园上学。因为当时刚到美国还没来得及买车,而美国的公共交通又形同虚设,根本无法到达几十公里以外的指定医院,当时"Uber"之类的打车服务在当地还没有。幸好那时新认识的一位华人把我介绍给一位叫 Meredith 的美国妈妈,这位妈妈得知我需要帮助,就主动说可以开车带我和孩子去医院打针。我非常感激,当时送她一条丝巾作为答谢。后来到了圣诞节,又买了一些礼物送给她的孩子。于我而言,我觉得这是非常应该的,因为刚到美国如果没有她的帮忙,孩子打不上针,就上不了学,她帮了我大忙,所以买多少礼物来答谢都是应该的。让我没想到的是快要到元旦的时候,Meredith 特意买好了礼物提前一天来我家,她说她们新年要去加州旅行,所以提前一天来送祝福,她给我家小孩精心准备了好几件礼物。这让我非常吃惊,我从来没想到美国人也会如此有人情味,这和中国人之间的投桃报李、礼尚往来没什么两样。

后来,我又在当地认识了美国人 Dortha、Scott、Taker 和德国人 Vera 等。与他们交往,使我对之前了解到的东西方文化差异又有了新的认识。比如,由于和 Dortha、Scott 相处很好,在我即将回国时他们夫妻请我和孩子去家里吃饭,从不做米饭的他们为此买了电饭煲和大米,特意闷了一锅并不太好吃的米饭(我知道他们已经尽力了,好吃不好吃不重要,重要的是这份用心和情谊),做了蔬菜沙拉(用牛油果、生菜、四季豆、黄瓜和沙拉酱搅拌在一起,我觉得还好,但孩子口无遮拦地说不好吃,幸好他俩都不懂中文),切了一盘香肠,还有两个什么菜,已经记不清了。总之相当努力,但厨艺确实需要提高。当然,我们的友谊不在吃上,而是在这种相聚的氛围和高质量的聊天里。一年之后,我带孩子去美国度暑假,Dortha 力邀我们住她家。我想也好,她家有空余房间,回头我按正常的租金价格给她便是。

那个暑假寄住在 Dortha 家别墅里的还有一位房客,是一位从其他州来当地实习的女医生。前两天,我们三户人家各吃各的。接下来几天我下午接完孩子放学(中国暑假时美国正处在夏季学期,孩子可以在当地上学),会把饭做得稍微丰盛一点,便邀请 Dortha 夫妇和这位寄宿女医生一起吃。女医生尝一口就不吃了,后来我也就不再让了。Dortha 夫妇非常喜欢我做的饭菜,说比中国餐馆好吃太多了,赞不绝口。于是我经常邀请他们共进晚餐，他们也不再客气，后来基本上就变成我们晚上一起吃饭。等到一个月后要回国时，我按当地房租标准给 Dortha 房费，他们死活不收，最后我无奈只能退一步说，至少要收一下水电煤气费之类的费用，他们还是怎么都不收，并且说吃了我做的饭菜还占我便宜了呢。这和我之前看到的中国人到美国去，住美国朋友家房子，最后朋友分毫不差收取房费的情况大相径庭。

此外，我在 Dortha 夫妇、Vera 和 Meredith 等人身上看到的美国家庭中的亲子关系也刷新了我对西方家庭成员之间关系的认识。我刚到美国的时候，听其他访问学者说，她们寄宿的美国家庭，老人很大年纪了，一个人住，子女很少回家来看望他，老人很孤独，晚景很凄凉。但是我接触到的这几家情况则不太一样。其中 Dortha 夫妇和 Meredith 都是中年人，上有老、下有小，我看到她们对孩子的爱护与付出与中国父母没什么不同；她们对老人的关心和照顾与中国的中年子女也没多少差别。

Vera 是一位退休的德裔美国科学家，在美国时是我的英语私教志愿者。有一次我和她聊起美国的父母和子女关系，我说曾经看到文献里介绍说西方父母和孩子之间关系往往很紧张，子女到了多大年纪之后必须要自力更生等之类的内容。Vera 的一句话让我深有感触，她说："每个地方的父母都不完全一样，不论是东方还是西方，但总体来说，都是人，都有人的共通情感，从最本能的意义上会爱自己的孩子。"

在美国的一些经历，让我对之前文献里看到的东西方差异产生了困惑，甚至曾一度怀疑文献里描述的情景是否真实。但后来经过进一步思考，我认识到我看到的事实没错，文献里描述的内容也没错。这是因为一方面在同一文化下存在着个体差异；另一方面我们看到的和文献里介绍的可能都只是局部。所谓的东西方文化，我们过去介绍的通常只是一个大概率的整体情况，并不意味着每种文化下的每一个个体都必然一样。整体文化下的个体差异不能被忽视，否则就会出现以整体代替个体的"刻板印象"。

二、跨文化沟通——适应与改善

（一）避免刻板印象

刻板印象是指对一群人过度简单、过度概括或夸张化的看法。刻板印象有三个特点：以人们最明显的特征加以归类；以一组特征涵括全体；以同一种方法对待整群人。

一位同学描述她高中时的一次经历:“在高二那年,学校的‘AFS国际生交流项目’里来自德国的丽莎同学成为我们班级的一员。为帮助丽莎更好地了解中国和融入我们的生活,每逢周末,老师都会组织几名同学带丽莎进行参观或做一些活动来拉近我们的关系。让我印象颇深的是,另一位同学邀请我和丽莎一起去洗澡,在中式思维里,能够一起去洗澡应该是很亲密的关系了,于是我欣欣然前往,丽莎也感到很新奇,非常开心地答应了。我们约好在浴池见面,领完号牌,当我们来到公共换衣区和洗浴区的时候,丽莎完全呆住了,她有些不好意思。金发碧眼让她成为了洗浴区里‘最靓的仔’,人们虽然不是特别地注视着她,但是偶尔一两瞥惊奇的目光还是让她很不舒服。我和那位同学也感到非常抱歉,我们总认为外国人是奔放和热情的,但在这样‘坦诚相见’的场合里,丽莎也是惊讶和害羞的。好在这个开朗的姑娘很快就调整好了情绪,和我们边聊边洗,最后还主动提出要感受搓澡服务。我和那位同学悬着的心也就此落地,我们差点就因为一次不恰当的跨文化交际推翻了我们‘友谊的小船’。”

最后,她分析说:“虽然当时的我还没有学习到跨文化沟通的相关知识,但也正是因为这次既‘惊’又‘险’的经历,让我意识到掌握跨文化沟通技能的重要意义。犹记得,慕课上老师讲到德国人非常重视私人空间,甚至把私人空间看作自我的延续,也会尝试利用一切方法来维护它。所以我非常感谢丽莎的理解,感谢她为我们的交往做出的努力。不同文化视角下,人们的思维方式和行为模式各有不同,只有充分地了解和学习不同的文化背景,才能成为一个有分寸的交际者。”

刻板印象可能是基于事实的一种陈述,但因为过度简化和夸张,结果往往扭曲了原本情况。当人们开始建立刻板印象的时候,通常会有意识或无意识地模糊了一个团体内人与人之间的差异或个体特征。刻板印象有时可能有助于我们对世界的理解,但其对事实的认知偏差又常常形成跨文化沟通的障碍。

刻板印象容易继续发展成偏见。偏见已经不仅是停留在看法或信仰的阶段上,它已经进入了态度的范畴。态度指我们对人、事、物所做的正面或负面回应的倾向,这种倾向是经过学习过程得来的。偏见以态度为基础,是对一群人产生错误的信仰或看法累积而成的僵化态度。偏见的错误性与对沟通的伤害性,比刻板印象更为严重。

在沟通中，刻板印象和偏见对沟通的负面影响非常大，作为沟通者，尤其是不同文化背景的沟通者，只有积极克服刻板印象和偏见才能促使沟通顺利进行。

（二）加强语言和文化认知

跨文化沟通中的很多问题，既涉及语言问题，也涉及文化认知问题。比如，有一位同学这样描述："上周五参与线上面试，面试我的是一个葡萄牙男人。他开头便问我：'How are you?'而我由于紧张以及对这句问候语的理解不同，当场愣住，不知道是回答课本里的标准答案——'I'm fine，thank you.'还是告诉他我真实的紧张心理，或是前几天发生在我身上让我觉得没那么'fine'的事。我也不知道需不需要回问他'And how are you?'就这样停顿了近10秒，给我后续的面试造成了一些心理压力。这是一个小小的沟通障碍，虽然很快就过去了，但确实是由于我对其他文化的不了解和对他们社交习惯的不确定而导致的问题。"

另一位学习葡萄牙语的同学说："我们的专业课外教是葡萄牙人。有天上课，她要求我们同学之间进行相互邀请的对话。于是，我跟同学说，我想要去看电影（葡语单词'想要'：quero）。但老师说用'quero'表达要求是不礼貌的，在葡语中最好用'queria'（同一个单词的另一种形式，语气更婉转，更客气），但当时我并没有意识到两个单词在表达语气上的差异。[①] 另外，在葡萄牙人看来除了最亲密的朋友和家人，跟其他人提出要求和建议都最好使用更为婉转的表述，跟大多数人交往都处于尊敬礼貌体系。而在中国，同学之间、同辈之间、朋友之间，有相当大一部分交往时处于一致性礼貌体系。因此，我此前的葡语表述在葡国人看来就像是：'不管你愿不愿意去，我要去看电影，我没有在和你商量，而是在命令你、要求你。'这样看来，老师说我不礼貌也在所难免了。"

因此，若要增进跨文化沟通能力，就需要加强对对方语言的深入把握和对对方文化的认知，对这些方面的了解越全面，产生误解或冲突的可能性就越小，也就越能实现高质量的跨文化沟通。

---

① 中文"想要"等于葡语动词原型"querer"。quero是querer的第一人称陈述式现在时变位，可以表示现在的动作。queria是querer的第一人称陈述式过去未完成时的变位，可以委婉地表达愿望，有礼貌地提出请求或问题。所以，向对方提要求时，使用后者更符合社交礼仪。

(三)提升跨文化接触的适应力

不同文化背景的人进行沟通时十分容易产生文化冲击,只有培养和提升交际者跨文化沟通的适应能力才能减少或避免这种冲击。下面是一个比较长的案例,讲述的是一个学生去韩国朋友家给朋友庆生的过程,整个过程充满了跨文化知识和跨文化礼仪,括号里的内容是对相关知识和礼仪的说明。

韩国朋友小艾的生日恰逢春节,她邀请我去她家里吃饭,庆生过年。小艾一家人热情地把我迎进门,进屋后他们对我的到来表示了欢迎(韩国人热情好客,每逢宾客来访,总是彬彬有礼、热情问候)。我也热情地回应了他们的欢迎,并用礼貌的尊敬阶韩语与他们交流(我希望能得到他们的关注和好感,因为是第一次问候,所以采用了尊敬礼貌体系)。

我拿出给小艾准备的生日礼物,她开心地双手接过礼物,向我表示感谢,然后把礼物放到一边,并没有立即拆开。我感到不解:收到礼物不是应该拆开以示对礼物的喜爱和对送礼者的尊重吗?(韩国人一般不当着别人的面打开礼物)吃饭时,我们来到餐桌前,没有看到椅子。正在疑惑时,发现小艾一家人都盘腿坐在了地上,我才知道韩国人是盘腿坐在地上吃饭的(韩国人的餐桌是矮脚小桌,宾主席地盘腿而坐,如果房间太小,可将餐桌摆在院子里,铺上席子便可)。坐好后,我发现桌子上有烤五花肉、年糕汤、泡菜等菜品,除此之外长辈面前还摆着几瓶烧酒(韩国春节传统美食)。这时我注意到小艾面前有一道其他人没有的海带汤(韩国人生日除了吃生日蛋糕,还要喝一碗海带汤。海带汤是韩国孕妇产后的补品,代表着韩国人对母亲的敬意,纪念母亲生育的痛苦)。

我之前从未在韩国人家中吃过饭,不懂她们的餐桌礼仪,因此没有马上开动,而是先观察了一下其他人。吃饭前,小艾一家人中的几个小辈每人都说了一句“잘먹겠습니다”(意思是“我会好好吃的”)。然后大家取下饭碗盖子随意放在桌上,没有人端起碗吃饭,大家都把左手放在桌子下面。我很不解:我家人从小就教育我,要端起饭碗吃饭,以防将菜汁淋到桌子上(中国人、日本人都有端起饭碗吃饭的习惯,但韩国人视这种行为是不规矩的,而且也不能用嘴接触饭碗。圆底带盖儿的碗“坐”在桌子上,没有供手握的碗托。再加上米饭传导给碗的热量,不碰它是自然的。既然不端碗,左手就一定要听话,老实地藏在桌子下面)。小艾右手先拿起勺子,从水泡菜中

盛一口汤喝完，然后用勺子吃了一口米饭，然后又喝了一口汤，又吃了一口饭，之后就开始随意地吃东西了（这是韩国人吃饭的顺序）。她把勺子架在饭碗上，拿起不锈钢制的平尖儿筷子夹菜，用完后把筷子放到了右手边（勺子在韩国人的饮食生活中比筷子更重要。勺子负责盛汤、捞汤里的菜、装饭，不用时要架在饭碗或其他食器上；筷子只负责夹菜，这首先是饮食礼节的问题，其次是汤水有可能顺着筷子流到桌子上，筷子在不夹菜时，传统的韩国式做法是放在右手边，两根筷子拢齐，三分之二在桌上，三分之一在桌外）。吃完后，小艾一家人中的几个小辈每人都说了一句잘먹겠습니다（意思是“我吃得很好”）。

饭后，小艾家的长辈给家里几个上高中的孩子发了用白色信封装着的压岁钱，没有给已经上大学的小艾。我感到疑惑：压岁钱不是应该装在红包里吗？用白色信封包装不会让人感觉不吉利吗？（我感受到了文化震荡，韩国人用白色信封装压岁钱，他们认为白色象征纯洁。韩国人将压岁钱称作岁拜钱，一般只给到孩子高中毕业之前。金额一般为 1 万至 5 万韩币，约合人民币 55 元到 280 元。）

在整个过程中，我都对韩国的文化习俗表示了理解和尊重，并以适当的方式尝试融入。最终和朋友小艾一家人共进了愉快的一餐，为小艾庆生并一起跨年。我说服了自己主动接受这种文化差异，克服了文化差异带来的不适感，希望自己的跨文化适应能力可以得到提高。

不同文化背景的人们在接触过程中往往会产生不适感和“水土不服”现象。加强文化认知才能减少沟通中可能产生的冲突。加强文化认知和跨文化训练还可以提高跨文化接触的适应能力，同时要想使跨文化沟通顺利进行还需要提高跨文化沟通的实际技能。

（四）“天使”藏在细节里

这是一位学生在完成作业时提出的观点，我觉得非常有道理。要想使跨文化沟通顺利进行，还需要提高跨文化沟通的实际技能，注意每个不可忽略的细节。

比如，马来西亚是个由多元文化组成的国家，主要包括马来人、华人和印度人。一位同学在完成作业时这样讲述：“我们从小就和不同种族、宗教、肤色的人相处，因此在学习‘跨文化沟通’这个单元时我颇有共鸣。作为土生土长的马来西亚人，我们从小就会学习三种语言作为日常沟通的工具。以我个人为例，我是马来西亚华人，身边的社交圈子也是以华人为主，但我的邻居是马来人，学校的英文老师是印度人。我们会学习彼此的语言和文化，就像我学校的英文老师，她虽然是个印度人，但说起广东话来比我还流利。简而言之，不同文化早已在我们日常生活的方方面面互相交融着。”

事例 1：马来人是马来西亚社会里占比最大的族群。他们信奉伊斯兰教，而按照其宗教礼仪，他们会在每年的回历九月展开为期 30 天的斋戒月，即在日出之后，不吃饭、不喝水，直到日落后才可自由吃喝。那么做除了要锻炼信徒的意志，克制私欲，也希望借由经历饥饿产生对贫穷者的同情。虽然穆斯林并不排斥其他族群在其面前用餐，但我们还是会在斋戒月时尽可能地避免那么做。我就读的是以中文为媒介语的独立中学，华人所占比例较多，只有小部分老师是马来人。但每逢斋戒月，我们还是会在马来老师进班之前互相提醒把桌上的便当盒都收在背包里，将水瓶放在地上，甚至会在马来老师进班之前喷一喷空气清新剂以免留下食物的味道。在上课时也会尽量避免在马来老师面前喝水。

事例 2：中学时，每年教师节的庆祝传统就是，老师们会轮流到不同班级一边欣赏学生准备的表演，一边品尝我们准备的糕点。按照伊斯兰教习俗，马来老师不能吃猪肉或任何涉猪油的食品，因此我们会在准备餐点时特别留意食物成分，有时甚至会特别地准备供马来老师食用的餐点，以迎合不同族群的禁忌和口味。此外，马来老师也习惯用手吃饭，所以我们会先将教师节餐点提前准备好并放到他们的办公桌上，一方面避免老师在我们面前食用而感到尴尬或不自在，另一方面也是尊重他们的文化和习俗。

其实这些小小的举动，并非马来老师或校方主动要求的，而是每个班级的学生自发去做的。这也许是因为我们的父母从小就教导我们其他族群的基本文化常识，以免不小心触碰别人的禁忌。在面对不同的文化习俗时，即使无法做到百分百的了解与接受，也应该尽可能地做到将心比心，并落实到具体的行为和行动上。

不同的族群都有着不同的文化习俗、禁忌与思维模式，彼此了解和包容至关重要，每个人都希望自己的文化受到尊重，所以我们也应该主动去了解和适应别人的文化，双向的包容与奔赴才能更好地跨越文化隔阂，达到顺利沟通、和谐相处的目的。

相关资源与习题自测

◆ 课程资源

视频：跨文化交际或沟通中的误解与冲突(二维码)

更多与本章内容相关的课程资源(含文字内容、案例小视频、主客观试题、问题讨论等)，详见：刘艳春，中国大学慕课《语言交际概论》第4单元，网址 https://www.icourse163.org/course/CUC-1454885178。

◆ 习题自测

一位学校领导这样介绍新来的美国老师："Ladies and gentlemen, I'm delighted to introduce a very pretty girl to you, Miss Brown. She is a very good teacher from the USA."听到这样的介绍，美国女教师一脸尴尬。

请问，这个介绍的问题出在哪里？女教师为什么会尴尬，这种情境下应该如何介绍这位女教师？

◆ 学习资源

1. 跨文化沟通中存在四个认知差异：单向时间与多向时间、权力距离、个人主义与集体主义、沉默的意义。正确认识跨文化沟通中的四个认知差异，有助于消除管理障碍，加强团队和谐文化建设，增强团队的凝聚力与向心力，有效提升领导力。

想了解更多具体内容，详见：张敬婕. 跨文化沟通的认知差异与领导力提升[J]. 领导科学，2019(12)：115-117.

2. 导致人类间相互敌视和隔膜的到底是什么？正如影片《通天塔》所隐喻的，文化的固执与偏见，以及人们内心的歧视和隔膜才真正是人类孤独无助之源。影片《通天塔》中无处不在的"异国恐惧"将人类跨文化沟通的无奈推向极致。美国游客对摩洛哥村民的恐惧使得他们置同伴的生死不顾而驾车逃离；美国警察对墨西哥移民的戒备使得他们把求救者当作犯人对待。人类的文明使得人类拥有了飞机、电话、网络等各种越来越先进的交通和通讯等沟通交流手段，但与此同时，也正是这些以高科技为标志的高度文明正在割断人们之间的亲密无间和彼此信任，使每个人的内心成为一座孤岛。

想了解更多具体内容，详见：沈蔚. 心灵的隔膜与跨文化沟通的无奈——影片《通天塔》主题透视[J]. 电影评介，2007，340(23)：62-63.

第五章　沟通中的思维

思维是沟通过程中的重要环节,无论是思维方式还是思维活动都对沟通有重要影响。心理因素对沟通的影响也十分明显,沟通需要良好的心理素质,心理问题的排除是提高沟通质量的重要前提。

第一节　沟通中的思维方式与思维活动

“春风得意马蹄疾,一日看尽长安花”“枯藤老树昏鸦,小桥流水人家,古道西风瘦马。夕阳西下,断肠人在天涯”,这些诗句,都是诗人运用形象思维创作出来的传世佳作。后世读者通过阅读这些作品,感受诗人的智慧与情思,实现跨越千年的交流。在人际交流和交往中,除了形象思维,还有抽象和灵感思维,而伴随其间的思维活动也相当复杂。

一、沟通中的思维方式

(一)形象思维和语言表达

形象思维也叫感性思维,它是通过感性形象和观念形象来反映和把握客观事物的思维活动。感性形象指的是事物的大小、形状和颜色等感性因素构成的形象。观念形象指的是存在于人的观念中的形象,如对于“鬼”的形象认知,在你的观念里,鬼可能是阴森恐怖的形象,在他的观念里,鬼可能是骷髅的形象。因为谁都没有见过鬼,它只能产生在人们的观念里。

形象思维的特点是可感性、意向性和相似性。

第一,形象思维具有可感性。因为形象思维离不开具体物象和人物形象。比如“林教头风雪山神庙”“春风得意马蹄疾,一日看尽长安花”等等,都是运用形象思维,通过具体可感的物象和人像来传递作者的特定情绪和感受,给人的印象非常直观。

第二,形象思维具有意向性。在沟通中,语言所描绘的直观可感的具体物象或人像不是纯粹的自然物象,而是融入主观情志的自然物象,蕴含着抽象的思想和情感。比如通过“风雪”和“山神庙”来预示林教头的悲惨命运,通过“马蹄疾”“长安花”“一日看尽”,来表现人生得意的畅快场景。

第三,形象思维具有相似性。钱学森指出:“形象思维中相似是一个重要因素。”①人们在学习和实践中积累起来并储存在大脑中的知识单元是“相似块”。人们根据这些“相似块”去对照、分析、比较和鉴别纷繁的客观事物的属性,再把反映到大脑里的信息进行过滤,用联想、想象、类比的形象思维方法和归纳、演绎的逻辑思维方法进行分析。“相似块”不同,分析联想的结果也就不同。

比如有位北大教授说:“别看我在北大教书几十年,我本质上就是个农村人。如果你问我5公里有多远,我会说‘从我们村的村东头到村西头’。如果你问一个北京皇城根儿长大的孩子,他会告诉你‘5公里是从长安街的×××到×××’。我们各自头脑中根深蒂固的相似块,决定了他是一个大城市的孩子,而我本质上还是个农村人。”

因为形象思维具有形象性、意向性和相似性特点,所以运用形象思维进行语言表达会显得更直接、更感性。在这种思维下的表达包含着主体个性化的经验和现实的情绪以及浓烈的个性化色彩。比如:

报社老板气急败坏地说:“我不管你们屁股坐在什么地方,我要你们的心在报社,要让你们的屁股坐在马桶上也在想着工作。”

报社老板把每个员工要时时处处想着工作的要求通过“不管你们屁股坐在什么地方”“屁股坐在马桶上也在想着工作”的语言形式表达出来,既具体可感,又生动形象。

---

① 钱学森.关于思维科学[M].上海:上海人民出版社,1986:125.

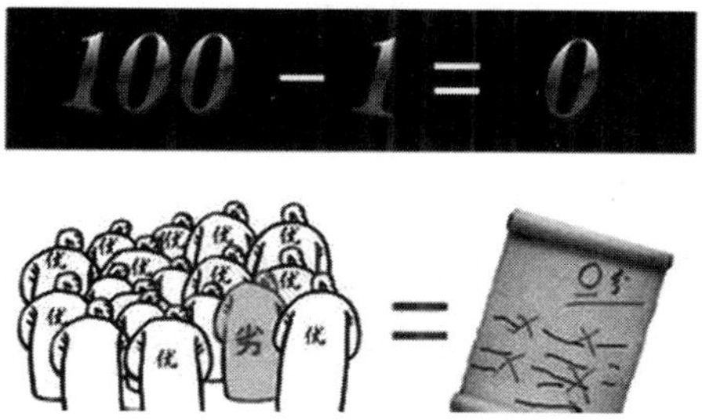

在沟通中运用形象思维进行表达，有时候可以把复杂现象以相对简单的方式表现出来。比如李局长说：

“100−1＝0，队伍出问题，一票否决事小，影响执法机关形象、党和政府威信事大。”100−1＝0 和“一票否决制”通过结果的相似性，把本来需要大量文字来解释的“一票否决制”以简单直观的方式表现出来。这都是形象思维的特点。

（二）抽象思维和语言表达

抽象思维也被称作逻辑思维，它是以概念、判断、推理等形式反映事物内在本质和规律的思维活动，包括形式逻辑思维和辩证逻辑思维。抽象思维是相对于形象思维的一种理性思维形式。抽象思维的特点主要体现在抽象性、间接性、逻辑性等几个方面。

辩证思维是抽象思维的最高形式，如果一个人不具备辩证思维能力，看问题就容易片面和绝对。比如：

中国的男人，本来大半都可以做圣贤，可惜全被女人毁掉了。商是妲己闹亡的；周是褒姒弄坏的；秦……虽然史无明文，我们也假定他因为女人，大约未必十分错；而董卓可是的确给貂蝉害死了。

这是鲁迅的《阿 Q 正传》里的一段话。这种认识表面看似有一点道理，但实际上却非常片面，其根源就是缺乏辩证思维，所得出的结论自然也不能让人信服。

现在提倡的动态思维方式、关系思维方式、双赢思维方式、全球化思维方式、非线性思维方式，多层次、多方面、多角度，等等，都是我们说的辩证思维方式。善于利用辩证思维才能让自己看待问题更全面、更长远，语言表达也更有条理、更让人信服。西汉刘安的《淮南子》中有这样一个故事：鲁国宰相公仪休喜吃鱼，各地官员纷纷送鱼投其所好，但都被他一一谢绝。他的门生莫名其妙，问道：“先生爱吃鱼，为何又把送到眼前的鱼都拒之门外呢?”公仪休说:“恰恰因为我爱吃鱼才不得不拒绝,如果我来者不拒,说不定哪天会因徇私受贿丢官罢相,甚至性命难保。那时,想吃鱼能吃得上吗?现在我廉洁自律、奉公守法,保有鲁国相位,才可以常常吃到鱼。”

需要注意的是,人们在思维过程中,抽象思维和形象思维并不是分开进行的,而是在交织中进行。只不过因为人们所从事的社会实践不同,所以不同人在不同的思维类型上各有优势。

(三)灵感思维、直觉思维和语言表达

钱学森第一次鲜明地把“灵感现象作为人类的一种基本思维形式”提了出来。他指出,凡是有创造经验的同志都知道光靠形象思维和抽象思维不能创造,不能突破,要创造要突破得有灵感。灵感思维又被称为“顿悟思维”,它是创造性思维过程中认识发生飞跃的心理现象——在专注、紧张的思考中,因有关事物的偶然启发而思路顿开、文思泉涌,对某问题、某对象获得理性的领悟和认识。灵感思维带有顿悟性、突发性、出乎意料性,并且转瞬即逝、不可预期、无法等待。

钱学森指出:“所谓灵感,恐怕是人脑有那么一部分对于这些信息再加工,但是人并没有意识到,这在国外也称为‘多个自我’,即人不光是一个自我,而是好几个,一个是自己意识到的,还有没意识到的,但它也在那里工作。那么,假设一个很难的问题,在这些潜意识里加工来加工去,得到结果了,这时可能与我们的显意识沟通了,一下得到了答案。整个的加工过程,我们可能不知道,这就是所谓的灵感。”①因此灵感思维是指在潜意识中酝酿成熟时突然与显意识沟通的一种人们没有意识到的对信息加工的思维活动。

直觉思维也是人类的一种基本思维方式,它具有直接性、突发性、非逻辑性、或然性和整体性等特点,②是人脑对于突然出现在面前的新事物、新现象、新问题及其本质联系的一种迅速果断的捕捉,敏锐而深刻的洞察,直接的本质理解和综合的整体识别。直觉思维是省略了推理过程而直奔事物本质的一种思维方式。省略推理过程不是不要推理过程,恰恰相反,直接认识和洞察事物不但要依据过去积累的知识和经验,而且这些知识和经验还要烂熟于胸,并经过反复多次的推理、判断和使用,才能

① 钱学森.关于思维科学[M].上海:上海人民出版社,1986:142.

② 黄德源.直觉思维与创新[J].探索与争鸣,2008,222(4):74-76.

从整体上对外在事物或现象有突破性顿悟。在表达中，直觉思维常和逻辑思维、形象思维相互渗透，结合使用，有助于简化思维程序，冲破旧的知识体系，是对逻辑思维、形象思维的浓缩与超越。由于直觉思维以表达者的内在知识、经验结构、深刻而敏锐的洞察力为基础，因此表达者直觉思维水平的高低往往受其内在经验结构、理性积淀的影响和制约。

邓天玉指出，直觉思维时常与灵感思维纠缠在一起，但直觉思维并不是灵感思维。灵感思维是长久思索、艰苦劳动之后的成果；直觉思维却是从整体上对事物做出的突兀判断。灵感思维是口语表达者在长期积累、比较、分析材料、艰苦地思索以至达到寝食俱忘的程度之后，突然在无意之间所获得的结果；直觉思维则是表达者省略了推理过程而对事物的底蕴或本质做出的直接判断。①

心理学家发现，灵感思维爆发的时刻常常是表达者已经放弃专注沉思而干其他事情，甚至是静谧睡梦之时；而直觉思维是表达者对某事或现象的直观式把握，往往是当某一事物初次呈现在面前时，表达者就从整体上迅速猜测、洞察并一跃而抓住其背后隐藏的奥秘。灵感思维获取成熟的答案，直觉思维则是得到推测性的洞察。直觉思维是省略了推理过程，凭借表达者过去已有的知识、经验和推理能力，对外在事物或现象做出的一种直观式揭示，因此直觉性思维获得的结果是推测性较强的一种主观洞察。在人际沟通中，直觉思维和灵感思维时常起作用，比如在刑侦过程中，经验丰富的刑侦人员往往能通过敏锐的直觉，准确地推断刑侦方向；而如果一个案件苦苦追查很长时间，经过多个日夜的分析和求索，某个偶然的要素也许会触发相关人员的突发灵感，而使得案件侦破产生突破性进展。

二、沟通中的思维活动

人们在沟通时大脑的思维活动是非常复杂的。有这样一个故事：一个诗人应邀来某文化名城参加会议，下午去该城的文化博物馆。有个当地文化局的姑娘碰巧走在他身边，她是个干瘦的姑娘，胸部扁平，戴眼镜，谈不上有什么魅力，但人很温柔和善，有股单纯的学生气。她叫诗人“老师”，问他以前是否来过这里。“来过。”诗人说，但事实上要承认这一点对诗人来说有点儿难。她听了好像很惊喜，问他是什么时候来的。他假装想了一下才说：“记不得了，好多年前。”“那时老师也是来开会吗？”她继续问。

① 邓天玉．口语表达中的灵感思维与直觉思维［J］．语文教学与研究，2006（20）：101.

“不是，”诗人说，“是……私事，看个亲戚。”“哦，那你这次也可以顺便去看看你的亲戚啊。”她像所有热情的姑娘一样喜欢为人出谋划策。停顿了一会儿，诗人才说：“那个亲戚已经搬走了。”①

之所以承认“来过”对诗人来说有点难，是因为十几年前他在这里有一段并不圆满的恋情。而诗人之所以“假装想了一下”，也反映出他此时复杂的心理活动。这个城市，包括这个文化博物馆都满载着他的爱情记忆，他不需要想就可以脱口而出上一次来这里的时间。对他而言，过往的一切都那么清晰，甚至不需要回忆。但是他却“假装想了一下”，谎称“记不得了”，其实他并非不记得，而是他不想把这些信息分享给别人，所以试图通过这种方式来阻止对方继续追问。当对方问“那时老师也是来开会吗?”，他想起了当年的自己频繁往返于两个城市之间来看那位姑娘的场景：前两次来看姑娘时，他谎称自己是来办公事的，和姑娘待两三个小时或一个下午，然后晚上独自一人到离她家不远的酒店入住；直到第三次来看姑娘，他才坦白自己每次都是专门为她来。这些往事在诗人脑海里浮现，所以当眼前这位文化局姑娘问他当时也是来开会吗，他不假思索地否定了，但他还是不想分享这段过往，所以接着说——“是……私事，看个亲戚。”他考虑如何定位当年的恋人，于是在“是”字之后沉吟了片刻，才说“私事，看个亲戚”，他已经将她视为亲人。当文化局的姑娘建议说：“那你这次也可以顺便去看看你的亲戚啊。”诗人又回忆起他当时如何承诺给恋人一个未来，上天又如何跟他开了玩笑，那位姑娘如何失望地拒绝与他联系，他又是如何跑来找她而她早已不知搬往何处，等等。所以他停顿了一会儿，才说：“那个亲戚已经搬走了。”

上面这段对话，既有诗人对当年往事的回忆，又有对此刻对话的回应，诗人的思绪在过往和此刻之间数次往返，在短短的几十秒之内，思维活动处理了大量的信息和情感内容。

综上，在沟通中，不仅涉及不同的思维方式，也涉及复杂的思维活动。因为不同思维方式下的语言表达具有不同的特点，所以面对不同对象、不同场合，选择哪类思维方式进行表达是不一样的。比如给孩子们讲故事，就要侧重形象思维下的语言表达，从而让你的表达更具体可感、更生动形象；如果论证一个问题，就要多注意运用抽象思维中的辩证思维，从而让自己的语言表达既准确全面、又辩证有条理。

本节中我们阐释了沟通中的思维方式和复杂的思维活动。有人说，他的形象思维

---

① 张惠雯. 涟漪[J]. 文学教育(上)，2021，538(4)：8-12.

能力差,所以他的表达不生动;有人说,他的抽象思维能力差,所以他的表达没有深度、没有条理;也有人说,他的思维不敏捷,在短时间内不能迅速生成表达内容;还有人说,他的思维不灵活,所以他的表达刻板不灵动。如何改善?下一节就来讨论“沟通中的思维训练与表达训练”。

第二节　沟通中的思维训练与表达训练

思维能力和沟通能力之间有密切联系。思维能力强的人,沟通能力不一定强;但如果思维能力弱,那么沟通能力一定弱。

表达是思维的成果。一个人能说出深刻的话,是因为他思想深刻;一个人说话有条理,是因为他思维有条理;而一个人表达混乱,则是因为他思维混乱。思维既然对表达如此重要,那么要提高沟通能力就有必要进行一定的思维训练。而要想让思维成果以最好的方式呈现出来,也需要进行相应的表达训练。

衡量思维能力的指标,主要包括思想的深刻程度、思维的敏捷程度、灵活程度和创造性。一个人说话有深度,是因为他有深刻的思想。然而,一个人的思想不是想深刻就能深刻,他需要广博的知识、丰富的阅历、深刻的体验以及深入的思考。

一个人要想思想深刻,一方面需要多读书多积累,另一方面也需要积极训练。平时要注意多读书、多观察、多体验,这些都是形成深刻思想的基础。但不是读了很多书、有了很多观察和体验就能思想深刻。有了这些基础之后,最重要的是多思考,把看过的书、听过的话、走过的路、得来的信息进行整合,重新形成自己的观点和看法。久而久之你的思想就会变得越来越独特和深刻。一个人要想沟通能力强,除了要掌握一定的方法、技巧,学会一定的表达艺术以外,更重要的是有思想。没有思想的语言,不管技巧如何高超、巧妙,也只是“花枪”,难以给人震撼。就像有人说的:“在思想面前,技巧总是矮一头。”

曾有两名古希腊画家,叫雷克西斯和帕哈西奥斯,他们俩是很好的朋友。有一次由于一个问题产生了分歧,二人争得面红耳赤,互不服气,最后双方约定各自制作一幅画公开展览,让雅典群众评判高下。雷克西斯回到家里精心制作,画出了一幅孩子头上顶着一筐葡萄的画,画中孩子呼之欲出,葡萄也水灵得像刚刚从藤上摘下似的,他十分满意自己的作品,用挡布遮住画架上的这幅画,前往比赛现场。帕哈西奥斯当然清楚雷克西斯的功力,他几次构思几次作废,画不出一幅满意的画作,冥思中突发奇想,最后也大笔勾勒出了他的比赛作品。这天,雅典广场挤满观众。当雷克西斯揭开他画作的挡布时,赏画的市民惊讶得不知道怎样赞美才好,画作居然引来数只麻雀,唧唧喳喳飞近画去啄这"筐中葡萄"。轮到帕哈西奥斯展出他的作品了,他站在一边默不作声,观众向他高呼:"把挡布取下来,让我们看看你的画吧!"他还是在这儿平静地站着。雷克西斯急了,走上前去说:"你还磨蹭什么,还不赶快扯下挡布!"就在他伸手去扯这块挡布的时候,他怔住了。随即发出由衷的惊叹:"我输了!"原来这块"挡布"正是帕哈西奥斯画出的作品,他的作品不仅胜在逼真上,还胜在精巧的构思上,这也正是思想的力量!

思维的灵活和敏捷在沟通中也非常重要,尤其在面对面交流中,没有那么多的思考时间,所以特别需要反应迅速,灵活应对。曾有这样一个案例:

有一次,一位年轻的海军见习军官来向舰长报到。这位舰长说话粗鲁,是一位从底层干上来的老头。他一见面就怪声怪调地问:"小伙子,你父母是否和多数人一样,也是想把家里最没出息的傻小子送到海上来长长见识的?"老舰长的问话显然暗含了一个语言陷阱:如果答"是",则承认了对自己的羞辱,老舰长接下来也许还有更不好听的话;如果严厉反驳导致局面难以收拾,会对自己今后的发展十分不利,因为对方毕竟是自己的上级。然而,面对这样突如其来而又非常不友善的问话,这位见习军官却瞬间给出了满分回答,只见他恭恭敬敬地答道:"长官,如果过去是那样的话,那么,我们现在的情况已经与你们那个年代不一样了。"年轻军官利用"假设"作答,取得了一箭双雕的效果:不仅避免了问而不答的尴尬或怒而驳斥的风险,还暗暗回击了发问者。

在古代文献中也有很多描述人物思维敏捷的例子。比如《世说新语》里就有一个《杨氏之子》的故事。"梁国杨氏子九岁,甚聪惠。孔君平诣其父,父不在,乃呼儿出。

为设果,果有杨梅。孔指以示儿曰:‘此是君家果。’儿应声答曰:‘未闻孔雀是夫子家禽’。”①

从这个故事里可以看到杨家这个九岁的小孩思维有多敏捷。孔君平看到杨梅,联想到孩子姓杨,所以故意逗孩子说:“这是你家的水果。”其中的逻辑很明显——你姓杨,它叫杨梅,所以你们是一家,它是你家的水果。“儿应声答曰”,这句话说明孩子根本没用多少时间来思考,就立即用对方的逻辑来反驳对方:“没听说孔雀是先生您家的鸟。”孩子的意思是:我姓杨,杨梅就是我家的果;那么你姓孔,孔雀就应该是你家的鸟。可是我从来没有听说过孔雀是你家的鸟,既然孔雀不是你家的鸟,你怎么能说杨梅是我家的果呢?孩子巧妙地运用逻辑反推,既反驳了对方的玩笑,又保持了应有的礼仪。

思维的敏捷和灵活在突发事件上最能发挥它的效用。比如,有一位商人见到诗人海涅,想刁难他,对他说:“我最近去了塔希提岛,你知道在岛上最能引起我注意的是什么吗?”海涅说:“你说吧,是什么?”商人说:“在那个岛上啊,既没有犹太人,也没有驴子!”海涅(海涅是犹太人)马上回答说:“那好办,要是我们一起去塔希提岛,就可以弥补这个缺憾了。”

再比如,在2007年“欢乐中国行——新年特别节目”中,接近零点时,现场出现了两分半钟的空档。导演立刻安排董卿临时救场。正当董卿自由发挥时,耳麦里传来导播的误判:“不是两分半钟,只有一分半钟了。”董卿便立刻调整语序,准备结束语。可是此时耳麦里又传来更正消息:“不是一分半,还是两分半!”董卿依旧临危不乱,用即兴组织的多个排比句送出了一个又一个祝福,实现了完美救场。她悦耳流畅的语言、恰到好处的节奏、大方从容的神态,也铸就了这场著名的“金色三分钟”。

见习军官的巧妙应对、杨氏子巧妙的回答、海涅的机智反驳、董卿的完美救场,都与他们灵活、敏捷的思维分不开。

那么,平时我们该如何训练思维的敏捷性和灵活性呢?思维敏捷,就是在短时间内做出快速反应,如果平时想加以训练,首先就要在反应速度上下功夫。因为很多人在遇到突发事件时,大脑不是快速运转,而是处于思维的暂停状态,即常说的“大脑一片空白”,所以首先要解决这个问题,别让大脑的工作一遇上突发事件就临时暂停。

具体训练方法是,让别人给自己出问题,一开始问题要简单,让大脑毫不费力地快速做出反应;然后问题难度一点一点加大,回答还是必须要快。从内容少的回答到内

① 世说新语[M].朱碧莲,沈海波,译注.北京:中华书局,2022:101-102.

容多的回答，从简单的回答到比较复杂的回答，反复练习、循序渐进。通过类似方法，训练自己遇到问题时大脑不是暂停，而是用积极思考来取代暂时停歇。

思维灵活性的训练方法则有很多，一般来说，思维的灵活性建立在联想和想象的基础上，有时我们说一个人的思维是发散性的，就是因为这个人的联想和想象非常活跃。因此平时在联想和想象上多做一些训练，就可以增强思维的灵活性。比如给自己出一些题目："看到一个黑点你会想到什么，把你所想到的用一段话表述出来""用足球、姐姐、黑熊编一个故事"等等，都是行之有效的训练方式。

逆向思维训练也是训练思维灵活性的方法之一。逆向思维是从事物相反的方向进行思考。比如《世说新语・言语》中有记载，后汉末年，孔融10岁时，曾到李膺家做客，当时登门拜访者都是社会名流。相互交谈中，孔融对答如流，不卑不亢，博得了众宾客的盛赞。但有一位叫陈韪的大夫不以为然，并讥讽道："小时了了（聪明），大未必佳。"孔融当即反驳道："想君小时，必当了了。"对方当即哑口无言。孔融正是运用逆向思维，达到反唇相讥的效果。

美国传奇篮球教练佩迈尔所带领的大学篮球队曾获得39次国内比赛冠军，球迷们为之倾倒。可是有一年，他的球队在蝉联29次冠军后遭到一次惨败。比赛一结束，记者们就蜂拥而至，把他团团围住，问他这位"败军之将"此时此刻有什么感想。他微笑着说："好极了，现在我们可以轻装上阵，全力以赴地去争取第一，背上再也没有冠军的包袱了。"听了这话，记者们都竖起了大拇指。

除了逆向思维，旁向思维也是训练思维灵活性的重要方法。所谓旁向思维，就是不按惯常的正向思维路线去思考，而是岔开一条思路，从而达到出奇制胜的效果。比如，一位自命不凡的外交官看到林肯擦靴子，便带着嘲笑的口吻说："总统先生，你经常给自己擦鞋吗？"林肯笑答："是啊，不知道你经常给谁擦鞋呢？"这就是一个旁向思维的例子。

此外，"脑筋急转弯"也是训练思维灵活性的好方法。比如：（1）中南海的正中央是什么？（2）读完清华大学要多长时间？（3）什么人一天就变老？（4）如果有一艘船，船上有一名富翁、一名水手、一名航海家、一名老师，请问这艘船是谁的？（5）两个不会游泳的人要过一条又深又急的河，却只有一条独木舟。独木舟一次只能载一个人，没有船夫，没有桥，他们是怎么到河对岸的？等等。

"脑筋急转弯"都不按固有思维去思考问题。有些脑筋急转弯运用的是联想思维,有些是逆向思维,有些是旁向思维,有些甚至是从近乎荒谬的角度看待事物,所以它在训练思维的灵活性上很有效果。

提高沟通能力,除了进行必要的思维训练之外,还要进行适当的表达训练。有思想的人不一定都能清晰、完整地把自己的思想表达出来,所以表达训练也非常重要。

表达训练也要遵循从易到难的顺序。在人们的表达中,主要包括述、讲、谈、辩等几种形式。述是复述、讲是演讲、谈是交谈、辩是辩论。其中“复述”最容易,因为它只是“单向输出”,不涉及互动,而且这种表达还可以是背诵式输出;“演讲”次之,因为演讲也以“单向输出”为主,可以事先准备,如果是有稿演讲难度则会再度降低;“谈”和“辩”都比较难,因为二者都涉及了互动,只要有互动,就不只是“说(输出)”的问题了,表达者必须要在综合考量对方的话语(即“听”的内容)、具体的情境、特定的对象、沟通的目的等多方面因素的基础上,再选择说什么以及如何去说。所以,表达训练要遵循从易到难的顺序,通常要先从复述开始。

复述可以先找有文本的内容,比如:(1)从书上找一些故事和观点分别进行复述,这种复述不需要自己的任何加工和组织,只要记住并“输出”就可以了,因此难度最小。(2)复述生活中看到的事件,复述完之后,试着表达自己对该事件的看法。这种复述已经开始了复杂一点的加工,即把生活中看到的事情组织成可以表达的事件,并通过现象挖掘本质,阐述自己的看法。这一阶段已经由一开始的复述既有事实和观点,过渡到讲述自己组织的事实和观点。(3)经过一段时间的复述练习之后,再进行演讲练习。比如声情并茂地讲故事、条理清晰地说观点,即在(2)的基础上加入情感、强化条理性。在这一过程中,注意通过语结、语脉的训练,最终形成一个中心突出、脉络分明的语篇。

“语结”是我国著名语言学家于根元先生提出来的概念,后来于先生的博士生於春在先生的指导下完成博士论文,并在此基础上出版了专著。于先生认为“语结”这一名称要比先前提出的“语点”更好,他指出在语言应用中,人们常常凭借脑海中或者随手记下的几个字、词、句,就能发展成一段话、一篇文章、一本书甚至更多,这些字、词、句如同全息网络一样相互交叉联系,这种语言现象称为“语结”。

于先生提出,说话时要找语结,找到以后按语脉展开,这样说的话才有内容,有重点。“语结有的是基本内容,有的是帮助记忆的关键词语,有的是有意思的枝蔓。像基本内容、想发挥的、新见解以及一两个特别有意思的例子,怕忘的;还有关联,就是怎么过渡；再就是跟主题没关系的枝蔓，很有意思的，说的时候容易忘，其实这是血肉。重要的又容易忘的，记下来。”①

如果语结是基本内容，是帮助记忆的关键词语，那么它类似于一段话的中心，在表达之前，确定好你说话的中心是什么，然后紧紧围绕这个中心生成你的各条语脉。你的语脉由中心生发而出，可以是一条条论据，可以是一个个事例，来共同说明你的中心。各条语脉之间也是有机联系的，相互之间或者是递进关系，或者是并列关系，总之围绕语结形成有机整体，最终形成语篇。比如让你以“父亲”为题做一个演讲，那么你首先要在心里有一个语结，就是你要讲父亲的什么，比如你要讲父亲的勤劳，那么勤劳就是这段话的中心，就是你的语结。然后再考虑从哪几个方面、通过哪几件事来反映父亲的勤劳，这就是语脉。最后考虑怎样把它们串联在一起，从而形成语篇。

辩论训练，可以采用自我反驳的方法。你可以先按照书中的论述，复述书里的观点，然后从相反的方向去辩驳这个观点。经常做这样的辩论练习，你不仅可以提高辩证思维能力，思维的条理性和语言的表达能力也都能得到提高。

交谈训练，最好是在现实操练中锻炼、成长，它不像辩论训练可以依照赛制和相关题目进行模拟。现实中的交谈千变万化，所以交谈训练即使在虚拟情境下模拟过了，到了现实生活中也总是会有很多不同，无法一成不变地去应对。所以最好的训练方式就是掌握相关原理、知识、方法和技巧，然后将学习到的内容及时运用到现实生活的沟通实践中，并在实践中注意体会和总结，从而一步一步实现提升。

综上，本章介绍了思维与表达的关系，思维方式、思维活动对沟通的影响，提供了几种思维训练和表达训练方法。沟通与表达，一个最大的特点就是实践性。方法和原理了解再多，不实践都是没用的，所以一定要积极实践。只有这样，思维能力和沟通能力才能真正得到改善和提高。

相关资源与习题自测

◆ **课程资源**

视频：交际或沟通中的思维形式与思维活动（二维码）

更多与本章内容相关的课程资源（含文字内容、案例小视频、主客

① 赵俐，等. 语言以人为本——第三轮语言哲学对话[M]. 北京：中国经济出版社，2003：312.

观试题、问题讨论等)，详见：刘艳春，中国大学慕课“语言交际概论”第5单元第1—2课，网址 https://www.icourse163.org/course/CUC-1454885178。

◆ 习题自测

古时候某城的城墙在雨中崩塌了，导致一块巨石挡在道路中央。恰巧，第二天皇帝要到城里巡查，道路必须畅通无阻。官员四处寻找劳工来想把石头搬走，可又是拉又是推费了九牛二虎之力，结果因为下大雨道路泥泞，石头怎么也弄不走。眼看皇帝巡查的时间就要到了，急得当地官员团团转。这时有位农民正好路过此地，他看了一眼，说：“……”农民的一句话使那些正在发愁的官员茅塞顿开。他们按照农民的建议，没用多大工夫就解决了问题。

你认为农民说了什么，他用什么办法解决这个问题的？

◆ 学习资源

1. 直觉思维是指凭借直觉而进行的快速直感、顿悟性的思维。有人认为，直觉思维灵感一闪，具有突发性，似乎不可捉摸。李传庚认为，只要充分关注，采取适宜的举措，还是可以逼近、可以认识的。

想了解更多直觉思维的训练策略，详见：李传庚. 直觉思维训练：语文教学的新追求[J]. 语文建设，2013(27)：13-14.

2. 主持人在传播中的表现与主持人的心理素质有着密切的联系。而良好的心理素质与良好的思维能力又是分不开的。良好的思维能力能帮助主持人把握节目的风格、驾驭节目现场、增强应变能力，提高主持人的自信心，从而形成良性循环。那么，主持人的思维训练应该注意哪些具体内容呢？

想了解更多具体内容，详见：廖声武. 主持人心理素质培养中的思维训练[J]. 中国广播电视学刊，2005(4)：61-62.

第六章　沟通中的心理

沟通不仅是思维活动和思想表达的过程，也是心理接触和心理活动的结果。具备良好的心理素质、及时克服沟通中的心理问题，是使沟通顺利进行的必要条件。

第一节　沟通需要良好的心理素质

良好的心理素质是实现良好沟通的前提，良好的心理素质主要反映在如下几个方面。

一、自尊自信

自尊自信作为良好的心理品质，被列为心理健康的首要标准，也是沟通成功的前提和基础。自尊人人都有，但自尊要建立在自信基础上，不以自信为基础的自尊会使人变得偏激、狂傲或神经过敏。

自尊自信不同于自高自大或自以为是。真正自尊自信的人，能客观评价自己，在肯定自己的同时认识到自己的不足，能看到他人的长处，虚心听取他人的批评和建议。所以，自信的人心胸坦荡、心态平和，既不盲从也不固执己见，既不妄自菲薄，也不刚愎自用。真正自尊自信的人，知道如何尊重他人、信任他人，懂得人际交往是相互的，要想获得他人的尊重和信任就要学会去尊重和信任他人。真正自尊自信的人，还懂得要想获得他信首先要自信，很多他信是在自信的基础上赢得的，是通过自己的实际行动和业绩获得的。

小泽征尔是世界著名的交响乐指挥家。在一次世界优秀指挥家大赛的决赛中，他按照评委会给的乐谱指挥演奏，但他敏锐地发现了其中不和谐的声音。一开始他以为是乐队演奏出了错误，就停下来重新演奏，但还是不对，他便觉得是乐谱有问题。这时在场的作曲家和评委会的权威人士坚持说乐谱绝对没问题，是他错了。面对一众音乐大师和权威人士，他思考再三，最后斩钉截铁地大声说："不！一定是乐谱错了！"话音刚落，评委席上的评委们立即站起来，报以热烈的掌声，祝贺他大赛夺魁。原来，这是评委们精心设计的"圈套"，以此来检验指挥家在发现乐谱错误并遭到权威人士"否定"的情况下，能否坚持自己的正确主张。前两位参加决赛的指挥家虽然也发现了错误，但最终因为随声附和权威们的意见而被淘汰，小泽征尔则因为自信和坚持，最终摘取了世界指挥家大赛的桂冠。这就是自信的力量。

心理学研究表明，真正自尊自信的人积极、乐观、谦虚、坦诚、热情。在人际交往中，每个人都愿意和这样的人交往，在与他们的交往中，你也会受其感染变得更加积极、更加乐观。自信的人不会特别的敏感脆弱，因为自信所以坦荡，他们通常也都很有气量，因此不会特别在意别人的调侃或玩笑，甚至还能在别人玩笑的基础上自嘲。比如有位出版社的编辑，当别人笑称他聪明绝顶时，他指着自己的光头笑答："是，你看，我早就绝顶了！"

但是我们发现，在现实生活中很多人都不够自信，甚至就读于"985""211"等重点大学的学生中，很多人都反映自己缺乏自信，下面是两位同学的自述：

学生1：我最大的问题是心理素质不好，缺乏自信心，有时消极、悲观且敏感，不善言辞，用现在的话说就是有些"社恐"。我没有完全克服这个问题，但在努力克服中。

学生2：在交际中，我总是小心翼翼，担心惹别人不快，所以一般我不愿意展示真实的自己。我现在还没有克服这个问题，我想，这个问题的根源在于我的不自信。因为不自信，所以我总是觉得别人不喜欢我，而且总感觉人家和我处不长久。我的朋友基本上都是阶段式的，所以我觉得我应该更多地去接纳自己，相信别人能够接受真实的我，要敞开心扉。

也有学生分析自己不够自信的原因，比如有同学说："我自己从小是那种特别听老师话的'乖乖女'，在河北'衡中式'教育环境下成长，学习成绩较好，'听老师的话'已经成为一种习惯。由于从小很听话，学习成绩也比较好，因此在成长过程中很少受到挫折，且自己又是比较完美主义的性格，心理素质上其实对于挫折的承受能力不够强。长大后，当我接触到自己没有经历过的事时，例如当接触到实习工作时，我发现‘听话’与努力不再是万能钥匙。于是在自己的第一段实习中，便由于不了解社会的一些人情世故，而经常被领导批评训斥。其实这段实习经历也给自己造成了一定的心理阴影，我开始变得更加不敢和老师、领导等长辈或上级说话，害怕被训斥与不认同。长辈的训斥经过我的大脑传输，会传递出我犯了不可饶恕的‘罪行’一般的信号，心理问题便更加严重，因而也会更加不自信。”

不自信会导致很多其他心理问题，比如紧张、羞怯、猜疑、嫉妒、时而自卑时而自恋等等，这些问题都会或轻或重地影响人际交往中的沟通。

二、坦诚宽容

坦诚最能打动人。有时候不需要任何技巧，一个人的坦诚足以让他的沟通充满魅力，也足以让他的人际关系变得更加和谐。“坦诚”在沟通中，表现为开诚布公地表达自己的意见、倾诉自己的情感。

在一个 TED 演讲中，演讲者讲到她和妹妹的故事。主人公和妹妹有过长时间亲密友爱的关系，但也存在彼此的猜忌和伤害。后来妹妹得了重病，需要骨髓移植，她是捐献者。此刻她觉得应该重整与妹妹的关系。她说：“像许多兄弟姐妹和各种关系中的人们一样，我们对说出真相感到犹豫，对揭示伤痕感到犹豫，对承认错误感到犹豫。但是当我了解了骨髓移植可能造成的危险后，我觉得是时候做出改变了。我告诉我的妹妹，我们可能做过同样的事情，沉溺于脑海中臆想的伤害，因而彼此分离。我觉得我们最好重整关系。于是我们回顾并倾诉这些年发生的故事以及对彼此的猜忌、责备和羞辱，直到最后，剩下的只有爱。”

最后她和妹妹，通过灵魂交流和坦诚相待，又回到了甜蜜和友爱的关系中，也使她们都变得更加真诚和勇敢。这就是坦诚的意义。

宽容在人际交往中也非常重要。宽容表现为：宽厚待人，能容得下别人的缺点和错误。在人际交往中，没有人喜欢斤斤计较、心胸狭窄的人。一个人的宽容程度与他的格局有直接关系，而一个人的格局往往决定他的人生高度。

比如三国时期的蜀国，诸葛亮去世后任用蒋琬[①]主持朝政。他有个属下叫杨戏，

---

① 蒋琬，字公琰，三国时期一位杰出的政治家和军事家，担任丞相十余年，为蜀汉事业作出巨大贡献。蒋琬的气度，表现在容人之短上。他与诸葛亮、董允、费祎合称“蜀汉四相”。

性格孤僻，讷于言语。蒋琬与他说话，他经常只应不答。有些人看不惯，就在蒋琬面前嘀咕说："杨戏这人对您如此怠慢，太不像话了！"蒋琬坦然一笑，说："人嘛，都有各自的脾气秉性。让杨戏当面说我的好话，这不是他的本性；让杨戏当面说我的不是，他会觉得我下不来台。所以，他只好不做声了。其实，这正是他为人的可贵之处。"之后，有人称赞蒋琬的宽容与大度。

三、乐观豁达

乐观的人通常都有较强的沟通能力。人们都愿意和积极向上、不怕困难、健康快乐的人交往，不愿意和消极悲观、牢骚满腹、忧虑重重的人打交道。现代社会，每个人的生活负担都很沉重，所以都不愿意再过多承担来自他人的精神压力和负面情绪。与乐观的人交往，能缓解压力、消除紧张、体会轻松、享受快乐。

乐观和豁达密不可分。豁达使我们不狐疑、不固执、不攀比、不嫉妒，即使世事坎坷，也不哭天喊地、怨天尤人；乐观使我们不放弃、不消沉、不怨恨、不悲伤，即使身处逆境也能充满希望。不豁达的人很难做到乐观，乐观的人通常都很豁达。

唐代著名诗人刘禹锡是乐观豁达的典型代表。公元 793 年，21 岁的刘禹锡进士及第。当时在唐朝，50 岁能考上进士都算早了，平均一年收取进士仅 20 余人①，大诗人孟郊 46 岁进士及第，可见刘禹锡年少有为。不仅如此，接下来他还在博学宏词科和吏部取士科的考试中获选，连登三科，一路仕途顺利，年纪轻轻成了监察御史。但是刘禹锡处在安史之乱后期，宦官专政，公元 805 年，刘禹锡参加的"永贞革新"失败，两个首要人物先后死去，刘禹锡和柳宗元等八人被贬到偏远地区做司马（即"二王八司马"②），从此开始了他长达 23 年的贬谪生涯。当年 9 月，刘禹锡本来被贬到连州，但还没走到就以被贬连州不足偿责为由，再被贬为朗州（今湖南常德）司马。当时的朗州非常荒芜，一般官员被贬到这种地方的话势必愁苦抱怨，刘禹锡则不然。朗州是陶渊明写《桃花源记》的地方，刘禹锡兴致勃勃地先去逛了一遍桃花源，写出一篇《游桃源一百韵》来记录这次行程。当地的少数民族跳舞对歌，年轻人谈恋爱自由大胆，一般受过儒家教育的人见此情形会感到不适。刘禹锡则不同，他不仅喜欢这些民间风

---

① 张希清指出，唐代 290 年间共取进士 6646 人，如此看来，平均每年取接近 23 人。张希清. 简论唐宋科举制度的变迁（下）[J]. 北京联合大学学报（人文社会科学版），2010（2）：18-23.

② "二王八司马"，指的是唐顺宗年间主张打击宦官势力、革新政治的一批革新派，其中的"二王"指王叔文、王伾，"八司马"指韦执谊、韩泰、陈谏、柳宗元、刘禹锡、韩晔、凌准、程异，他们在改革失败后，均被贬为州司马。

俗,还收集民歌,编写成诗,其中最著名的就是他的《竹枝词》:“杨柳青青江水平,闻郎江上踏歌声。东边日出西边雨,道是无晴却有晴。”在他被贬朗州期间,唐朝历经改元大赦,可登基的唐宪宗非常讨厌“永贞革新”这一批人,下令刘禹锡等八人“纵逢恩赦,不在量移之限”,尽管有点失望,但刘禹锡依然能够坦然面对,曾写诗云:“自古逢秋悲寂寥,我言秋日胜春朝。晴空一鹤排云上,便引诗情到碧霄。”不管怎样的遭遇都不会让他难过消沉。

刘禹锡在朗州待了10年,公元814年才等到圣旨,召他回京师。刘禹锡从朗州司马任上被征召回京,有望得到朝廷任用,结束10年的贬谪生涯。回京后游览了长安著名赏桃花景点玄都观,并写了一首诗《元和十年自朗州至京戏赠看花诸君子》——“紫陌红尘拂面来,无人不道看花回。玄都观里桃千树,尽是刘郎去后栽。”因为这首讽刺诗,刘禹锡再次被贬。朝廷要让他去当播州(今贵州遵义)刺史,后来因裴度和柳宗元的求情,才让他改任连州(今广东连州)刺史。来到连州他就投入到当地的基层建设中去,他在那里增置亭台水榭,还展现出医学天分,写了一部医书,这本书后来还被收入日本和朝鲜的医学宝典中。他知道朝廷让自己居于此地是大材小用,可是他从不抱怨。他的工作永远会认认真真地完成,这是对当地百姓负责,也说明他是个真正的斗士。后来刘禹锡又当过夔州(治所在今重庆奉节)刺史、和州(今安徽和县)刺史等,直到828年才重回长安。回到长安后,他写了一首《再游玄都观》——“百亩庭中半是苔,桃花净尽菜花开。种桃道士归何处,前度刘郎今又来。”当刘郎再次来到玄都观游玩的时候,14年前的“玄都观里桃千树”已经不见了,只剩下兔葵燕麦,种桃的道士也不见了。其实是在说,14年前得志的权贵们,现在也不见了,但我刘禹锡还是回来了。这首诗写出了物换人非,写出了权力更迭,更写出了刘禹锡的乐观坚韧。

刘禹锡半生都在贬谪中,用他自己的话说是“巴山楚水凄凉地,二十三年弃置身”,但他乐观豁达,一生经历了代宗、德宗、顺宗、宪宗、穆宗、敬宗、文宗、武宗八朝,活到70岁高龄。刘禹锡与“八司马”中的另一位——柳宗元人生经历非常相似,但却比柳宗元(773—819)多活了24岁,不得不说这与他的乐观豁达是分不开的。

美国前总统罗斯福也是一个乐观豁达的人。有一次他家被盗,丢失了很多东西。一位朋友听到消息后,急忙写信安慰他。罗斯福却给朋友回了一封信,信中写道:“亲爱的朋友,谢谢你来安慰我,我现在很平安,感谢生活。因为,第一,贼偷去的是我的东西,而没伤害我的生命;第二,贼只偷去我的部分东西,而不是全部;第三,最值得庆幸的是，做贼的是他而不是我。”

综上，自尊自信、坦诚宽容、乐观豁达都是一个人良好心理素质的体现。这些良好的心理素质，不仅能促进人的身心健康，还能避免沟通中的紧张、自卑、羞怯、猜疑和嫉妒等心理问题，从而促进沟通的顺利进行和人际关系的和谐发展。

第二节　沟通中的心理问题与克服方法

心理因素对人与人之间的沟通影响很大，沟通中的心理问题与其他问题相比也更直接。因此，克服心理问题对于沟通成功有重要意义。沟通中的心理问题有很多，最突出的当属自卑、羞怯、猜疑、嫉妒等等。

一、自卑心理及其克服方法

（一）自卑是一种比较普遍的心理问题

几乎每年批阅学生的“沟通心理”课程作业，都能发现有一半左右的学生说自己最大的心理问题是自卑。这很出乎我的意料，能入读“211”大学的热门专业，高考成绩是相当高的，这样的“天之骄子”们，还会自卑吗？但事实的确如此。很多学生是这样描述自己的自卑表现的：

学生1：我总是觉得自己的能力不够，感觉自己很普通，没有什么明显的优点，在与人交往中或者说话时，总给人一种底气不足的感觉。

学生2：我最大的心理问题是缺乏自信甚至是自卑，总被最亲近的人否定，同时也身处一个周围人都比较优秀的环境中。我对别人的嘲弄、轻视非常上心，容易嫉妒、暴怒，产生“酸葡萄”心理。

学生3：我最大的心理问题是不懂如何向对方表达愤怒和不悦一类的情绪，常常默默忍受，难以拒绝别人的请求。我认为自己这种情况的深层原因是自卑，担心自己输出负面情绪或者拒绝对方后，对方会生气甚至不再与我沟通，本质上是对自己的不自信，认为自己缺乏魅力，只能通过无限付出来维持友谊。

学生4：我十分害怕与老师、长辈、领导、专家甚至师哥师姐等进行交流，在交流过程中极度敏感、拘束、紧张，十分害怕自己说错话。与长辈们有交流的欲望，但是常常只停留在幻想中，逃避实际行动，交流前常常要自己练习准备很久，很怕对方因自己的一字一句而不喜欢自己、产生负面情绪等。在长辈与自己意见不一致或语气消极时，自己会极度敏感、自卑、害怕。

学生5：我在交际中最大的问题是自卑心理。我怀疑自己的交际魅力，我会对对方的态度进行各种“无厘头”的揣测，瞻前顾后到接近歇斯底里的程度，尤其是在大一刚入学，对新环境高度不适应时。这个问题随着我的成长有所改善，但仍然存在。作为国际领域的传媒人才后备力量，我想我更应该去克服它。

……

自卑，是沟通中常见的一种心理问题。表现形式分为两种向度：一种表现为敏感紧张、怀疑自我、畏缩不前，总觉得自己不如别人，特别在意别人对自己的想法和看法；另一种走向它的反面，表现为自我孤立、脱离群体，傲视一切、唯我独尊，实则在伪装强大的外表下包裹着极度敏感脆弱的自我。从上述学生们的自述来看，大家的表现更多是前一种情况。不管表现形式如何，本质上都是缺乏自信，总觉得自己不如别人。

（二）产生自卑的各种可能因素

产生自卑心理的因素有很多，大体可以分为如下几个方面：

第一，生理因素造成的自卑。天生缺陷（容貌、身材、智力等先天缺陷）或后天伤残（腿瘸、口吃或其他疾病后遗症等）都容易让人产生自卑心理。此外，伴随人们对容貌、身材等外在形象越来越看重，过去不算问题的现在也成了问题，导致很多人产生“容貌焦虑”和自卑心理，比如肤色偏黑、身材矮小、体型偏胖、五官不够精致等都会带来焦虑。

第二，背景能力造成的自卑。背景方面，比如出生在偏远城市或山村、毕业于普通院校、从事不很体面工作的人，当面对来自大城市、名牌大学毕业、从事的工作社会地位高、家境好的优秀交往对象时，就容易产生自卑心理。能力方面，比如知识储备、眼界见识等的不足也会导致自卑。

第三，失败经历造成的自卑。在某个事情上遭遇挫折，留下心理阴影，或者在很多事情上屡遭失败，对自己产生怀疑，觉得自己一无是处。

第四，性格气质造成的自卑。有些人性格内向，敏感脆弱，不愿意和别人交流自己的思想和情感，面对困难时也常常独自承受，总怕别人知道了自己的脆弱或窘迫更加看不起自己。

第五，自我认知造成的自卑。有些人不能正确评价自己，常把自己放在不正确的社会位置上，不善于发现自己的长处，总是拿自己的不足与别人的长处比较，比较之后又更加怀疑和否定自己。

上述几个方面不是截然分开的，很多人的自卑心理也不是单纯某一个因素导致的结果，常常是几个因素交织在一起共同作用，最终造成人的自卑心理。比如有学生说：

在人际交往中，我遇到的最大的心理问题是自卑。我有些偏胖，对自己不自信，另外知识储备不足以支撑我在人前侃侃而谈，所以常常不敢表现自己。在成长的过程中我遇到许多优秀的伙伴，他们有丰富的内心，有持之以恒在做的事情，有较强的执行力，对事物有自己独特的见解，不易被他人左右。我常常拿自身与他们做对比，越来越多地发现自己的肤浅之处。这使我在很长一段时间内不敢正视自己，常常多愁善感、自惭形秽。如今我偶尔还是会有不自信的感觉，但是已经比曾经那段最黑暗的时光好多了。

（三）自卑的克服方法

产生自卑的因素不同，具体的克服方法也会有所差别。对于努力可以改变的因素，就要通过提升自己的能力、增强自己的本领来脱离自卑。自卑是觉得自己不如别人，担心别人看不起自己，根源是自己看不起自己。因此，只有自己变得强大，才会有底气，才会逐渐欣赏自己，继而不再担心别人看不起自己。如何提升能力、增强本领？基本路径无非是在讲求科学方法的同时，勤学苦练、持之以恒。科学方法可以让人事半功倍，勤学苦练能够让人增加积累、不断精进，持之以恒可以让人最终走向成功。一旦我们有了一项或几项突出的成绩，一项或几项足以让自己满意的成功，我们就有了底气，就有了自信，自卑感也就会有所减轻或消除。对于努力改变不了的因素，比如家庭出身，它不是你努力能够改变的，就要学会接纳它。对于这类因素导致的自卑，你只看到了这类因素的短处，从来没有考虑过它给你带来的正面影响，比如家庭贫困让你学会了节俭、勤奋，让你更深刻地感受到了家人的关心和温暖。你没有什么可感到耻辱或抬不起头的，当你重新认识到它的价值，大大方方地从心底里接纳它，才能真正走出最初由它带来的自卑。

此外，针对不同因素导致的自卑，也有一些不同的辅助性解决方法。这些方法的运用，也能一定程度上弥补不足、消除自卑。比如对于生理因素造成的自卑，如果是容貌、身材方面的问题，可以通过化妆、学习穿搭、穿“内增高鞋”等辅助性方法进行改善；如果是智力问题，可以考虑在个人才艺上发展，扬长避短、有所建树。总之，克服自卑的辅助性方法，既有心理上的调整，也有具体操作性的措施，只要找对症结，积极面对和改善，最终都会克服。例如：

学生甲说：“我曾经因为自己的身高而自卑，因为自己的容貌而焦虑，但是到了大学以后，我学会了化妆，让我不再为容貌而焦虑；也学会了穿搭，因此我也不会再为身高而自卑；然后我开始更加努力地学习，我觉得我的这些心理问题有所改变。”

学生乙说：“我会不断告诉自己，自卑是内耗的行为，如何提升自己才是关键。在具体方法上，我面对自己的知识盲区时，会诚恳地告诉对方我不懂，并希望对方能详尽地解释一下；当我在心里羡慕别人的际遇时，我会真诚和坦率地表达我的喜悦，并向对方友好地询问提升自己的方法。我打算做最真实的自己，不懂就敢于发问，真诚地承认对方的优秀，看清自己的不足，取长补短，用真诚的心来对待别人。因为每个人都会年轻，每个人也都会变老；有时由于年龄小和阅历浅会犯错误，每个人都曾经有这样的过往，我们也可以互相理解。他们也曾稚嫩过，我也终究会成熟。这是时间的问题，而不是我有错。当你觉得自信时，周围的人也会相信你。人们不会嘲笑一个真诚表达的人，不会嘲笑一个诚挚地发表自己感受的人。真诚，实事求是，敢于示弱，才能有所收获。这也是我成功克服自卑的重要方法。”

学生丙说：“我最大的心理问题是自卑心理，先说一个自己的亲身经历吧，在我小学的时候，我奶奶有位好朋友，她只会说英语，而我最差的正好就是英语。每次碰见她，她都会用英语跟我聊天，本来英语就不好的我更加自卑了，支支吾吾半天都说不出一句完整的话。从那以后我对这位阿姨就产生了恐惧心理，是由于本身的自卑心理引起的，久而久之就开始‘逃避’，每次有她在场的地方我都尽量不去，必须去的话也避免多交流。如果要更深入地分析是哪一种原因导致的自卑心理，应该就是失败经历造成的自卑了。后来我发现，逃避下去不是解决办法，因为将来我遇到讲英语的人会越来越多，英语也是一门重要的交流语言，所以我决定克服这个心理障碍。首先，我从朋友开始，有时候跟他们用英语交流，效果还不错，我说错了他们也不会笑话我，所以我的自信慢慢增强了。其次是曾经嘲笑过我的家人，我跟他们敞开心扉地聊了我的感受，他们也开导了我，说之前只是玩笑，没想到我把它当真了。为了帮助我提高英语，他们还为我设定了一个'英语日',就是周末只能说英语,说别的语言会被罚钱,这样的训练使我的英语沟通能力更加稳固了。最后要面对'大魔王'——我奶奶的那位好朋友,时隔很久后我再一次见到她,还是有些紧张,但是我就拿出我平时的心态,正常地跟她交流,我才发现其实也没有那么难。多读、多听、多看,做好这三点,学习语言就不难了,而且最重要的是自己的心态,千万不要带着'别人会看低我'的心态,而是抱着正常交流、适度自信的心态去面对每个人。最终我克服了这个心理障碍,也把我的真实经历拿出来分享,希望对大家有所帮助!"

以上主要是从自卑者自身角度出发,提供了克服自卑的原则性方法和相关的辅助性措施。从他人角度来看,要帮助别人消除自卑,给予认可和称赞是最好的方法。美国心理学家的研究表明,一个人如果能得到老师、家长及同伴的认可、支持和赞许,会增强他们的自信心、求知欲;反之,他们会产生一种受挫感和自卑感。因此来自他人的鼓励、支持和称赞也有助于克服自卑心理。例如:

一位学生说:"我最亲近的家人以及朋友,他们察觉到我的自卑心理之后,常常赞美、鼓励我,这使我在生活的点点滴滴中得以看到自己的长处。我也开始正视自己的自卑心理,不再把它看成洪水猛兽,拼命想要逃离,而是专注于自己的事,努力进步。也正是那股不服输的劲,让我考上了我理想的大学,同时这对我而言也是极大的肯定。虽然现在的我仍有一点自卑存在,但它已然对我构不成什么影响。日后我要更加平等且全面地看待自己与他人,同时取长补短,一步一个脚印,继续努力,继续前进。"

另一位学生说:"自卑心理的克服,主要是因为我对自己有了正确的认识。从前的我总是觉得自己不够优秀,觉得自己没有别人漂亮和聪明,干什么都应该站在她们的后面,觉得自己没有什么前进的动力。但是因为我爸爸的一句话,让我改变了这种看法。爸爸说,我是他最珍贵的孩子,无论发生什么事情,他都会永远支持我。这句话仿佛让我有了力量和依靠,也突然让我感受到原来我也有被别人喜欢的权利,我并不是一无是处,我也有属于自己的闪光点,只要努力做自己就好。我开始主动去结交朋友,在和不同的朋友交往的过程中渐渐掌握了社交技巧,开始敢于在别人面前说话。同时,我也认识到,就算全世界都抛弃我,我也仍有其他道路。既然这个世界上最了解最可以帮我强大起来的人是我自己,那我又何必过于在意别人的话语?别人说什么其实和我没有多少关系,我有我自己和爱我的家人就足够了。有了这样的心理,我的自卑心理开始慢慢消散了。"

总之,自卑心理虽然表现形式各异、形成因素复杂,但并非不能克服。积极提升自己的内在实力和水平,调整心态,并辅以其他具体措施,就一定可以消除自卑,变得越来越自信。

二、羞怯心理与克服方法

有调查显示,从19世纪70年代开始,在美国的报告中,慢性羞怯(Chronic Shyness,即几乎在所有的情境中都表现得羞怯)并且已经给自己的生活带来了困扰的成人,其比率已经达到了40%左右。近些年的研究表明,自我报告羞怯的比率在近十年逐渐增加,到2008年已经接近50%。我国学者伍育琦1999年对大学生小样本抽样调查发现,在大学生人际交往中首要的阻碍因素是羞怯心理,仅有一名学生完全否认自己曾经有过羞怯,而48%的大学生承认经常感到有点羞怯。北京师范大学谢刚和刘翔平的研究显示,中国大学生的羞怯体验比其他国家更加普遍,程度也更严重。羞怯会给个体带来很多消极后果,比如由于自身羞怯,他们可能较少要求加薪,工作表现不突出,也很少得到晋升;同时他们还很难向医生倾诉自己的心理问题。有学者认为,如果长期受羞怯困扰,个体就会陷入一个无限恶性循环的状态,导致社交隔离、日益增多的孤独感和心理疾病,甚至缩短寿命。①

(一)羞怯的表现与克服方法

羞怯可以分为气质性羞怯、认识性羞怯和挫折性羞怯。

气质性羞怯是性格内向、气质沉静的人容易出现的一种心理。他们往往说话低声细语,见生人脸红,气质类型多属于抑郁质或粘液质。这种类型的人自尊心都很强,但内心脆弱敏感,生怕哪些地方做得不好。若要克服这种类型的羞怯心理,要从他们擅长的方面给予鼓励和肯定,让他们看到自己很棒,从而增强自信。自信增强了,羞怯心理才会逐渐消失。

认识性羞怯是由于对自我不正确的认知而引起的害羞。认识性羞怯的人,往往过分关注自我,生怕自己的言行有误而被他人耻笑,所以在交往中缺乏主动性,常常有很强烈的自卑感。这类人通常生活在比较封闭的环境里。对于这种类型的羞怯,主要是通过增强社会交往、训练在公众场合大声说话等方式来克服羞怯心理。据说,日本的

---

① 宫瑞莹,王倩倩. 羞怯理论研究综述[J]. 辽宁教育行政学院学报,2008(5):175-176.

一些企业管理人员培训班,为了培养学员的社交能力和克服羞怯心理,专门让学员站在闹市大声歌唱或朗读报纸。这种举动自然会吸引很多行人围观。在行人的指指点点中,学员们一开始很不习惯并感到难堪。然而,几次过后他们就会渐渐习惯。这种方法对于克服羞怯心理也非常有效。

挫折性羞怯是指由于挫折而形成的羞怯。比如,曾有一位同学参加演讲比赛,她站在话筒前,看到台下的一千多名观众,顿时心慌意乱,脑子一片空白,演讲词全忘了,最后狼狈地跑下台去。这种失败使她产生心理阴影,让她一听到"演讲"一词就莫名紧张。为了消除这一心理问题,她的好朋友特地为她安排了另一次演讲。在演讲前,她对演讲内容做了充分准备,几乎可以倒背如流。她还早早到达演讲会场熟悉场地。到要上台时,她做了两个深呼吸;走到台上后,不是急着说话,而是先喝了一口水,然后缓缓地、声音洪亮地讲出前面背得滚瓜烂熟的内容,顺利地开始演讲。接下来她就沉浸在自己的后续演讲内容中,也忘了紧张和害羞,结果她的演讲非常成功,心理问题也得到了解决。有了这一次成功,她掌握了其中的方法和技巧,比如准备一定要充分(才能有底气),内容一定要特别熟练(增加自信),在刚上台的时候要压住节奏,不可过快(用生理方式调节心理状态,使一切都缓下来,不慌张就自然消除很多紧张,将整个演讲节奏调慢,有利于更稳健大方地展示),等等。

(二)同学们面临的羞怯问题和克服实践

张同学反映:"在交际中,我最大的心理问题是羞怯心理。其实对我来说,这并不是单纯的羞怯心理,因为它本就反映了我个人能力的不足。例如在中学时,别人能在临场发挥的情况下流畅地进行演讲,而我因为思维不够敏捷,只能提前准备好稿子在场上照着念。我很难说自己是本来就认识性羞怯,在长期缺乏锻炼的情况下又造成能力不足,还是因为能力不足而导致了挫折性羞怯,但是现在这两个方面已经交织在了一起。到了大学之后,我越发意识到不能再任由自己这样下去,所以我正在努力克服。情况有一些好转,但是我认为离完全克服还有很长一段距离。"

李同学说:"我最大的心理问题是羞怯,属于气质性羞怯,不过现在我已经克服它了。我性格比较内向,只有和很好的朋友相处时才会很活泼。当我上初中后发现有很多场合需要我勇敢地表达出自己的想法,比如做班会主持人,在公开课上发言,等等。一开始是我的初中班主任发现了我的缺点,她开始鼓励我,有意安排我在大家面前发言。最初我也很紧张,但慢慢地我爱上了这种感觉,并且积极地鼓励自己,告诉自己发现了‘隐藏技能’。于是我不断参加各种活动,主动要求主持班会,最后在毕业典礼上,我被挑选为优秀毕业生代表在全校三千人面前发言,也没有紧张出错。克服羞怯,对我而言首先是鼓励自己,给自己充足的信心,其次也需要一些外界的压力,促使自己勇敢地迈出第一步,并且逐渐进步。”

王同学说:“在交际中,我最大的心理问题是羞怯。从小到大的生活背景使我养成了比较胆怯的性格,同时我也不够自信,总是容易怀疑自己,导致自己在交际中很害怕说错话,害怕主动与别人沟通交流。这个问题我目前还没有完全克服,但比以前已经有了较大改善。进入大学之后,我遇见了很多非常开朗外向的朋友,在她们的带动下,我也更加放得开了。接下来我打算努力学习,除了专业课知识外,也要多了解一些有内涵、有深度的东西,充实自己,让自己变得更加优秀、更加强大,从而从根本上解决自卑问题,这样也可以克服认识性羞怯。”

刘同学自述:“我之前属于气质性羞怯。我本身的性格是有一点内向和孤僻的,这导致我在交际中极度缺乏自信心,而且我的自尊心还特别强。所以我在交际中是容易神经过敏的,会认为交际中的问题都出在自己身上。这也导致我极其容易意志消沉、悲观失望。我克服羞怯的过程是很漫长的。初中的时候,由于担任了班长,经常要负责组织各种活动、召开班会,这对我来说是一种锻炼。在准备班会的过程中,我逐渐发现只有做好充分准备才能游刃有余,随之就不会那么羞怯和紧张了。同时,在召开班会的时候我能看见同学们各种各样的反应,也可以与他们进行一些交流。在这过程中我增长了自信,而且也习惯了各种各样的眼光,能更好地应对突发问题。在高中及大学时期,我接触了来自四面八方的人,有很多人有着我所不具备的优点,比我更优秀。我清楚地认识到每个人都不是完美的,自己也不例外,我能够以良好的心态应对自己的缺点,并且也发掘了自己的长处。这也让我的心态更加平和,不再在潜意识中给自己设限。在全新的环境中,我有意识地积极主动与他人交际,并且收到了很多友善、积极的回应,这让我更加坚定了克服羞怯心理的决心。除此之外,我也交到了一些积极、阳光、开朗的朋友,当我在交际中出现一些心理问题时,我会主动与她们交流,向她们寻求一些帮助,让自己变得更加积极向上。”

赵同学说:“我曾经在交际中存在的最大心理问题是自卑和羞怯,现在已经克服了。之前的这种心理是由于我的性格而造成的,我内向胆小,不擅长与人交往,常常是说两句话就面红耳赤，声音越来越小，在人多的场合更是不敢说话。为了克服这一缺点，我通过阅读来提升自己的内涵，这样当别人交谈时，我偶尔也可以发表一些比较深刻的见解或精辟的言论，因此获得别人的肯定和称赞，我的自信心也有所提升，变得更愿意表达自己的想法；此外我还培养了许多兴趣爱好，如弹琴、书法等，多多锻炼我在大众面前表现自我时的心态和能力。这样一来，不仅我的自信心有所提升，越来越多的人也感到我是一个不错的相处对象，大家愿意与我交流。这样良性循环下去，曾经的自卑羞怯一扫而光，取而代之的是外向积极、大方自信。后来我还积极参与演讲比赛、辩论比赛等许多活动，现在的我已经完全克服了怯场，既可以轻松地和他人交谈，也能够自如地在公开场合发表自己的言论。”

上述同学们各有自己的羞怯表现、产生原因和克服方法，当我们意识到问题的存在并开始打算去克服和改善它时，就踏出了迈进成功大门的第一步。辅之以具体科学的方法、积极付诸实践，成功克服羞怯则是迟早的事情。

三、猜疑心理与克服方法

猜疑是一种主观臆断的、过分敏感的、以假设为出发点来看待对方言行的一种心理问题。猜疑心理是沟通的一大心理问题，是人际关系的大忌。

猜疑心理的主要表现是不信任对方，总担心别人暗算自己，捕风捉影。猜疑严重妨碍人与人之间的沟通，造成人际关系的恶化。过分猜疑还会导致心理变态、失去理智，从而造成无法挽回的局面。比如，曹操误杀吕伯奢一家就是这样。

克服猜疑心理需要注意以下几个方面：第一，学会控制情绪，遇事三思而后行，不用猜疑代替事实。第二，不要疑神疑鬼、胡乱联系。猜疑的人有个特点，就是常把对方一些毫不相干的言谈举止，当成是反映本质的现象，胡乱联系、加以揣测。第三，学会与对方交流。被猜疑者往往对猜疑者的猜疑浑然不知，所以，猜疑者应该以坦诚的态度与被猜疑者主动交流，以便弄清真相、避免误会。

有同学描述：“猜疑心理是我在沟通中最大的心理障碍。我因为很多事情感到过自卑，由于自卑而去猜疑别人。我目前已经有了很大改善，我的经验是提升‘钝感力’，让自己迟钝一些，对于一些现象不要太敏感，也许别人的很多表现和我自己一点关系都没有。不要凡事都往自己身上乱联系，然后在大脑里翻江倒海，在内心深处千回百转，这完全是自己折磨自己。有些事情实在费解就去问对方，不要自己瞎捉摸。

很多事情就怕沟通,一个误会、一种错觉,都可以在真诚的沟通中得到解决。”

另一位同学也谈到了自己的猜忌心理,以及是如何通过自己的实际行动完全克服这一问题的。她说:“我曾经在交际中最大的心理问题是与一些人交往时,我总是会把对方的某句话或者某个举动过分放大、过分解读,揣测他的话或者举动是否是在表达对我的不满,并不停回想自己的哪些言语或者哪个举动可能让对方感到不适。因此,我曾常常在与他人的沟通中倍感压力。比如给一个同学发微信,平时她总是秒回,但是这次却迟迟收不到回信,我会感到忐忑不安,怀疑自己最近是不是在哪些方面让她有所不满;去参加聚会,原本周围的同学在一起有说有笑,突然一个同学起身离开,回来之后便一个人看手机,我就会怀疑自己刚刚是不是说错话了……所以在与他人,尤其是陌生或者不熟悉的人交往时,我会格外注意自己的一言一行,生怕自己哪里做得不妥,同时也密切关注他人的言行,一旦感觉到对方的‘反常’便忐忑不安。为了克服这个心理问题,我采取了很多行动。我先是向许多较为亲密的朋友说出我在人际交往中一直存在的一些揣测,并询问他们的看法。出乎意料的是,他们并没有像我这般敏感,我所认为的‘反常’现象,只是因为他们个人的原因而造成的。比如平时总是‘秒回’信息的同学那天刚好在赶作业,突然退出我们谈话的同学只是因为突然得知了一些不顺心的事情……他们的态度让我意识到其实很多时候大家的某句话或某个举动并不是表达对我的不满。这种认知的改变在某种程度上帮我克服了猜疑心理的问题。在之后与他人的交往中,我尝试着尽量不妄加揣测对方的一言一行,如果实在觉得他是对我不满,我会斟酌措辞去询问对方自己是否有哪里做得不合适。我也逐渐感觉到,委婉地去询问对方远好于将顾虑、揣测与不安深埋心底。因为这样不仅可以更直观地知晓自己在交际中的欠妥之处并及时改正,拉近两人的关系,还可以减少自己焦虑不安的情绪。”

前面提到的TED演讲中有这样一段话:“沉溺于脑海中臆想的伤害,因而彼此分离……于是我们回顾并倾诉这些年发生的故事以及对彼此的猜忌、责备和羞辱,直到最后,剩下的只有爱。”我们在与人交往时,一定不要过分敏感和猜疑,如果有疑问就及时主动地去沟通,表达我们的想法和内心感受。猜疑心理只会让双方彼此疏离,而实际上对方可能根本没注意到你因为什么事受到了伤害。

四、嫉妒心理与克服方法

嫉妒心理,是现实生活中一种极端消极和狭隘的病态心理。心理学研究认为,嫉妒的心理一般源于以下几个方面:(1)条件和自己差不多或不如自己的人,比自己过得好。(2)被自己厌恶或鄙视的人,比自己过得好。(3)同性别的人,比自己过得好。(4)比自己更高明,自己却不服气的人,比自己过得好。嫉妒心理是对与自己有联系而又强于自己的人的一种不服、不悦、失落、仇视,甚至带有某种破坏性的危险情感。

嫉妒通常有以下几个特点:第一,针对性。嫉妒都有明确的指向性,具有一定的区域和范围,与嫉妒者没关系、没利益冲突的人,一般不会作为被嫉妒对象。第二,对等性。被嫉妒的对象往往是和嫉妒者的年龄、职业、层次相似的人。差距太大或距离太远,一般不会作为嫉妒对象。第三,潜隐性。嫉妒埋藏在一个人的内心深处,并不是完全表现出来。从这个意义上说,嫉妒之心,人皆有之,只不过程度不同而已。如果这种心理活动太强,冲破理智的束缚,就会转化为嫉妒行为。这时,嫉妒者往往会对被嫉妒者采取不择手段的贬抑行为。

嫉妒是建立和发展人际关系的最直接、最凶狠、最顽固的大敌,是困扰人际交往的一大心理问题,所以一定要克服。那么,如何去克服?下面提供几个基本方法。

第一,纠正嫉妒者自我认知上的偏差。嫉妒者错误地认为,对方的成功就等于对自己的威胁,就等于自己失败。《三国演义》里的周瑜就是这样,这种错误认识一定要纠正。

第二,要善于自我转换。嫉妒者应该把对对方不服气的心理转换为努力提升自己的动力。专心努力发展自己的事业,不去和他人比较。

第三,转移注意力,让自己充实起来。一个过得很充实的人,没时间去嫉妒别人。内心空虚,无所事事,又看不得别人好的人,才会经常嫉妒别人。所以消除嫉妒最直接的方法就是让自己充实起来,有一个奋斗的目标,每天为这个目标努力,过得既充满希望又充实快乐,嫉妒自然也就没有了。

有学生这样讲述自己的嫉妒心理和解决办法:“我认为我在交际中最大的心理问题是嫉妒。长期以来,我自诩比大部分同龄人更加优秀,在平时的学习生活中,我并不常遇到从综合能力上来说高于我的同学。但当我偶尔遇到这样的同学时,我发现自己完全没有容人之美,内心总是下意识地对对方充满敌意。尽管我有意克制,不让这些敌意表露得太明显,但内心的嫉妒却总在叫嚣。甚至当平时不如我优秀的同学偶尔在某些方面表现出超过我的态势时,我也会感到强烈的嫉妒和敌意。有时候,我真的觉得自己很坏,只想要唯我独尊,从来都见不得别人好。后来,我想我是以‘转换’的方式解决了嫉妒心理的。这样的嫉妒心理，虽然常常让我自己感到很是焦灼痛苦，却也成为了我前进的重要动力。为了消解自己对他人的嫉妒，我会努力提升自己，让自己变得更加强大。当我再一次将自己提升到新高度的时候，我会感谢嫉妒心理给我带来的动力。嫉妒心理是一种带有破坏性的危险情感，但只要将它控制在一定范围内，正确地对待它，嫉妒心理也可以很好地转化为个人前进的动力。”

对于上面这位学生的心理状态和解决办法，我们应该持部分赞同的观点。首先，不断追求卓越是好的，不断努力也是值得鼓励的。但是我们建议，不要把努力的出发点放在与别人比较的立场上，这样尽管在实际效果上可能促进自己的进步和成长，但是你的内心始终无法做到平和，也很难做到真正地接纳自己。胜利带给你的只是短暂的满足感，然后又被卷进新一轮的比较和竞争之中，嫉妒和焦灼的心态一次又一次萦绕着你，挥之不去。所以，只有把注意力从他人身上转移到自己身上，你才能真正接纳自己，才能实现内心的充盈、平和、满足。要知道，你身边永远会有比你更优秀的人，圈子越大，你会发现优秀的人越多。“天生我材必有用”，从跟别人比转化为跟自己的过去比，同样可以推动自己不断进步，同时也更能接纳和欣赏自己，做自己心灵的主人，真正获得灵魂的自由。

五、其他心理问题与克服方法

沟通中的心理问题除了上述几种主要类型外，还会有其他一些表现，比如临时性的紧张、担心别人不愿意倾听自己的想法和苦恼、害怕犯错、自恋话多、逆反心理和讨好型人格等。

紧张心理是很多同学都提到的一种心理问题，比如当自己准备不充分、对表达的内容没有把握时，到了陌生的环境时，突然在公众场合面对众多人讲话时，面对的讲话对象比自己身份、地位高很多时，等等，这些情况都可能导致说话人出现紧张心理。克服方法，一方面是做好心理建设，可以暗示自己豁出去了，即使说错了、搞砸了也无所谓，如果想到了最坏的结果也不过如此，其他的还会怕什么呢？从心理学上讲，人们之所以紧张是出于对未知的不确定，如果你确定最坏的结果也不过如此，反倒会坦然很多。另一方面，还要从实际操作层面做出一些努力和调整，比如准备不充分、对表达内容没把握就选自己有把握的方面详细阐述，不太有把握的地方一带而过，通过扬长避短，把风险降到最低；如果是到陌生环境，可以先提前到现场熟悉环境，减少陌生感；如果是突然在公众面前讲话,你就盯住中间靠后的一两个人,并把他们想象成自己的朋友,让你自己感觉就像是只对他俩讲话(这个角度给观众的视觉感受还是你对着大众说),也会减少紧张感;如果讲话对象比你身份、地位高,你主要还是在心理建设方面下功夫,告诉自己即使对方身份、地位较高,但是这方面内容他未必了解,而你却是这个问题的专家,所以就这个问题而言,你完全可以非常自信地向他输出你的观点和见解。

对于同学自述的"担心自己想要倾诉时他人并不乐意倾听"的心理问题,我们认为这可能纯属个人臆想和无根据的揣测;当然,这种揣测也可能是对的,但到底是什么情况,只有实践过了才能知道,所以与其没实践就否定因而影响沟通,不如亲自实践一下,然后根据对方的反馈结果再做出相应的对策。

有同学反映:"我最大的心理问题是不敢说、害怕犯错。初与学校的法国留学生结识,我身边的同学谈笑风生,唯独我想说却又如鲠在喉,难以启齿。我害怕会在交际中犯语音、语法、词汇等方面的错误,似乎总是很小心地在心里构思每一句话,等这一个句子修改完美了,人家已经进入下一个话题了。目前我已经初步克服了这个问题,不再害怕犯错误,而是大胆地用法语直接交流,已经可以达到较为流利的程度。我总结了经验:首先,调整好心态,不要害怕犯错,口语中小的错误不影响交流,对方也可以听懂。其次,转换语言思维,不能用翻译的思维交流,直接用目的语生成对话言语。最后,及时反思和改错,跨文化交际过后总结自己的错误和值得改进的地方,增强包容性,进一步提高跨文化交际能力。"

还有同学说:"我最大的问题是自恋,我属于'社牛',有时候侃侃而谈、爱挑毛病,我不清楚这是否算沟通中的心理问题,是否需要克服或改正。"

我们认为,是否算问题可以通过结果来衡量,如果已经因此造成了人际关系的不和谐,就是问题,就需要改正;如果没有造成任何不良后果,你的人际关系依然很好,说明这个情况还没有到"问题"的程度,就不需要去刻意改变或克服它。

另外,有同学自述:"在交际中我最大的心理问题是存在一定的逆反心理。当别人提出一种想法或者观点的时候,我总是不自觉想去寻找其不成立的情况而与对方唱反调,并且自己很多时候还意识不到这个问题。这在一定程度上使我在交际中带有很强的压迫感,也特别容易给别人带来不适感。这个问题我现在已经克服了。在克服过程中,首先我要求自己学会换位思考,从别人角度看待问题,试想如果我在发表见解时别人随意否认、质疑，我也会感到非常难受。其次，我要求自己学会倾听并接纳别人的价值观，我认识到每个人对于同一个问题都可能会有不同的看法，不能把自己的意见和想法强加给别人，要学会尊重别人。此外，我还阅读了有关人际交往的书籍，渐渐改正了这一习惯，克服了逆反心理。”

最后还有同学谈到讨好型人格问题，比如有位同学说：“我在交际中遇到的最大的问题是我本人有点讨好型人格，会去做很多讨好别人的事情，很多时候会忽略自己的感受。我好像总是活在别人的期待中，希望被所有人喜欢，但是自己却活得很累，最后往往事与愿违。这个问题我正在改，不能说完全克服，但有在慢慢变好。我是通过强迫自己对他人的一些不合理的请求进行拒绝，来完成改变。比如正常应该是他们去做的事情他们偷懒不愿去做，来求我做这些事情，我会强迫自己拒绝。久而久之‘拒绝’这两个字好像就没有那么难说出口了。但我觉得还是改得不彻底，主要是心态还停留在希望大家都喜欢我、不愿意得罪人的状态。但这其实是不对的，做自己就好，你若盛开，蝴蝶自来。”

在不伤害他人的情况下，努力做自己很重要，充分尊重自己，才能更好地懂得尊重他人。

相关资源与习题自测

◆ 课程资源

视频：语言交际或沟通需要良好的心理素质（二维码）

更多与本章内容相关的课程资源（含文字内容、案例小视频、主客观试题、问题讨论等），详见：刘艳春，中国大学慕课《语言交际概论》第5单元3—4课，网址 https://www.icourse163.org/course/CUC-1454885178。

◆ 习题自测

在交际中我害怕与他人起正面冲突，20年来我与朋友几乎没有任何的冲突，虽然很多时候对方已经惹得我不快，但是我依然选择隐忍和退缩。就算已经到了临界点，我也无法释放自己真正的情绪，因为我知道这会破坏我建立起来的人际关系。这是一种不自信、逃避的心理状态，因为我不信任自己有能力去修补任何遭遇过冲突的人际关系。

对于上述情况，你认为是否属于沟通中的心理问题，是否需要改善？如果你觉得不是心理问题，请解释为什么？如果你觉得是心理问题，那么你认为应该如何去改善？

◆ 学习资源

1. 影响沟通的心理因素，除了本章提到的心理素质和个体心理问题之外，彭贵川从文化心理、社会心理以及传统的民族心理角度分析了人际沟通中隐性冲突产生的诸种因素，分析了隐性冲突的外显特征，提出了控制隐性冲突的策略是把握人们的共性心理预期，个性心理预期以及通过家庭教育、学校教育、社会教育建立认知系统。

想了解更多具体内容，详见：彭贵川. 论人际沟通中的隐性冲突与控制[J]. 西南民族大学学报(人文社科版)，2003(11)：266-269.

2. 在人际交往中，了解一些心理学效应对于沟通成功有很大帮助，下面是张弋洋书中介绍的一些比较实用的心理学效应。

“暗示效应”“贝尔效应”“投射效应”“毛毛虫效应”，详见：张弋洋. 读心术：我知道你在想什么[M]. 成都：成都地图出版社，2019：2-6，14-20，36-40，58-62.

第七章　沟通中的时空场合

任何沟通者的任何沟通都要发生在特定的时间和空间,不存在脱离时空的沟通。时间和空间对沟通的影响和制约作用同样不可忽视。沟通的时空场合是看得见、摸得着的,是沟通的显环境;而沟通者的文化、思维、心理、情绪、人际关系等影响因素具有一定的隐蔽性特点,是沟通的隐环境。沟通无法摆脱这些共同作用的显性和隐性环境的制约,如果利用好这些显性和隐性环境,可以更好地提高沟通效果。

第一节　时空场合对沟通的作用与影响

顾客站在肉摊面前,问:“多少钱一斤?”卖家回答:“25(元)。”顾客指着一块儿肉,说:“这块儿,来二斤。”

这样的会话在生活中特别常见。如果没看到具体场景,你不知道买卖的东西是什么,也不知道“这块儿”指的到底是哪块儿。在这里,沟通场景起到了补充意义的作用。

任何沟通都发生在特定时空。时空场合,一方面对沟通具有补充意义的作用;另一方面对沟通也有多方面的影响和制约。

沟通中的时空场合既包括大的社会背景和时代背景,也包括具体的时间环境和空间环境,还包括在具体时空中的说话时机和沟通氛围。

不同的社会背景对沟通有不同程度的影响，所以我们才能看到莎士比亚作品中罗密欧与朱丽叶表达爱情时的直率；也能看到王实甫笔下张生和崔莺莺眉目传情时的含蓄。

一个时代也有一个时代的特征，反映在沟通中则呈现出不同的沟通特色。除了大的社会和时代背景，具体的时空场合对沟通的影响和制约也非常明显。这种影响和制约既有直接的，也有间接的。直接的制约包括对沟通内容、沟通方式和沟通进程的制约。

对沟通内容的制约有强也有弱。比如，在祝寿、庆生等喜庆场合，严禁谈“死”谈“伤”。鲁迅在《立论》一文中大致叙述了这样一个事：有一家孩子满月了，请了很多人，有人说这孩子将来要发财的，于是他得到一番感谢；有人说这孩子将来要做官的，于是他收回几句恭维；有人说这孩子将来是要死的，于是他得到大家一顿合力的痛打。从时空场合来看上面几个人的话，最后一个人得到一顿合力的痛打一定是意料之中的，因为在孩子满月这种场合说这个孩子将来是要死的，不是来找打又是来干什么呢？这属于时空场合对沟通内容的强制约。

有些时空场合对沟通内容的制约没那么强，但也具有一定的制约作用，这叫作弱制约。比如，在午餐时间电视播放肛肠类的药品广告，大家就觉得别扭，所以多年以来这类广告都不安排在这个时段播放了。再如，有一次笔者到学校食堂吃饭，看见一位同学买了份豆芽菜，旁边同学看到她吃豆芽菜，好像忽然想起什么，便开始和旁边另一位同学聊起无良商贩是如何制作毒豆芽的。不难想象，这位买了豆芽菜的同学是如何吃下这顿饭的。常言说，看到矮子不说短话；看到对方生病遭灾，不要说善恶有报；看见人家正在吃菜花，不要说十字花科的菜农药永远洗不净。这些都属于时空场合对沟通内容的弱制约。

再看看时空场合对沟通方式的影响。沟通方式包括很多方面，比如音量大小、沟通情态、词语选择、句式设计等等。比如在图书馆，大家都在安静看书，此时你若与别人交谈就要压低嗓音；如果在工地，环境嘈杂机器轰鸣，为了让对方听清楚你就必须抬高音量。这是时空场合对沟通方式中音量大小的直接影响。再如，在谈判场合，大家都严肃认真；在聚会场合，大家都轻松随意。这是时空场合对沟通方式中沟通情态的影响。又如，一个人作为法官，平时对人说话可以说“把你老婆带进来”；但是换作在法庭，只能说“传证人某某某到庭”。这是时空场合对沟通方式中词语选择的影响。

再如,在高速公路上,前面有个很陡的坡路,你通常会看到一个提示牌,牌上写着:“50 米,陡坡!”不能在牌子上写很多字,因为在高速公路上车速非常快,提示牌上的字越少越好,如果是一大堆字:“前面 50 米处有陡坡,请小心驾驶。”估计你还没看完车就已经开过去了。这是时空场合对沟通方式中句式设计的影响。

最后谈一下时空场合对沟通进程的制约。在沟通中,人们经常是时间宽裕就多说一些;时间不多就少说一点;如果没什么时间就马上结束谈话。也就是说,时空场合对沟通进程有制约作用。在这方面流传着一个非常著名的“一句话”演讲。那是 1936 年的 10 月在上海公祭鲁迅的大会上,新闻记者、出版家邹韬奋先生发表了著名的“一句话”演讲,他说:“今天天色不早,我愿用一句话来纪念先生:许多人是不战而屈,鲁迅先生是战而不屈。”邹韬奋先生的“一句话”演讲,被誉为最具有特色的演讲。

人们可以透过这个“一句话”演讲,体会其中蕴含的丰富内容——既有对当时政治战线、思想战线、文化战线上“不战而屈”的投降派的谴责,也有对鲁迅先生“横眉冷对千夫指”这样毫不屈服的可贵品格的赞赏。“不战而屈”和“战而不屈”,同样四个字的不同组合,成为衡量一个人有没有骨气的试金石。透过这“一句话”演讲,我们还可以知道当时已是天色不早,邹韬奋根据当时的时空场合,没有做长篇大论,只是用一句极为精练的话来完成演讲,迎合了当时的大众心理,真正做到了恰到好处。

上面我们谈到的是时空场合对沟通的直接影响和制约。除此之外,时空场合还往往通过影响沟通者的人际关系而对沟通产生间接的影响和制约。

每个人都有心情好也有心情差的时候,对方心情好时,你说一件事,沟通成功的可能性就大；对方心情不好时，成功的可能性就小。一个人也有闲暇和忙碌的时候，对方闲暇时容易答应你的请求，对方忙碌时就有可能拒绝你。所以与人交往和沟通，把握说话时机非常重要。把握说话时机，除了看对方的心理状态之外，如果是多人交谈，还要注意说话的上下文或前言后语。

比如10多年前我所在的教研室进行某主题学习和讨论。大家先学习文件，然后谈自己的感想体会。第一个谈感想的是一位老教授，他结合自己的科研和教学谈了自己的感想，谈得很实际也很深刻。接下来第二位老师谈，这位老师上来就说："我就不说那些空话大话了，我说点实际的。"她话音刚落，第一位发言的老教授马上说："我也没说空话大话，我说的也都是实际的。"这位老师马上意识到自己说错话了，慌忙道歉："哎呀，我不是说您，您说得非常实际，非常好，对不起，对不起。"

从这位老师慌忙道歉所表现出的诚意来看，她的话确实没有指向老教授的意思。她只是打算在自己发言之前为自己做个铺垫、定个基调，表明自己要说一些实际的内容。但她忽略了一件事，那就是前面已经有人谈了，所以她的铺垫就不仅有"启下"的作用，还有"承上"的功能，暗含着对上一位发言者的评价。如果这位老师是第一个发言的人，那么她的话就一点问题都没有。所以，同样一句话表达的时机不同，效果也就大不一样。

时空场合对沟通者的影响还表现为通过氛围对沟通者心情的影响来影响沟通本身。比如大家参加葬礼，整个氛围是肃穆哀伤的，人们也都是带着严肃和沉重的心情进行沟通；而在喜庆的婚礼或寿宴上，人们都是开心愉悦地交谈。

时空场合对人际关系的影响则主要表现在具有多重人际关系的双方在特定的时空场合下凸显为其中的某一种人际关系，从而导致沟通内容和沟通方式的不同。比如两个人既是父子又是师生，那么在家里，两人可以谈私事、聊家常，以父子的沟通方式来交谈。但如果在课堂上，他们呈现的只能是师生关系，那么与课堂内容不相关的事情就不适合在这里谈，而他们的问答方式也要以师生关系为基础。

综上，本节指出沟通的时空场合既包括大的社会和时代背景，也包括具体的时间和空间环境，还包括沟通的时机和沟通的氛围等，同时重点阐释了时空场合对沟通的补充意义作用和多方面的制约作用。实际上，时空场合除了对沟通有影响和制约作用之外，人们还经常通过对它的有效利用为自己的沟通服务。下一节讨论如何利用时空场合服务于我们的沟通。

第二节　沟通对时空场合的利用与创设

如果你是公司经理，在巡查的时候你发现某员工犯了错，那么你是当场就批评他，还是等巡查完之后把他叫到办公室里谈话呢？

现实生活中我们发现，如果一个人不注意沟通的时空场合，那么他很容易把事情弄糟。比如上面这个问题，懂得沟通技巧的经理通常会把这个员工叫到办公室谈话；不懂沟通技巧的经理则可能会当众批评他。

那么，为什么说前一种做法是懂沟通技巧，后一种做法就是不懂沟通技巧呢？首先我们看后一种做法会出现多少"副作用"。我们设想，因为经理的当众批评，很可能会导致如下几个局面：

(1)该员工觉得当众被批评很丢面子，索性破罐破摔，与经理顶撞，结果让经理也很没面子。

(2)该员工即使没有当面顶撞经理，却因此事怀恨在心，导致双方关系恶化。

(3)在场众人可能会同情被批评的人。因为一事当前同情弱者是多数人的惯常心理。即使弱者有错在先，大家也倾向于原谅他而去责备强势一方，所以他们会觉得经理太不讲情面。

(4)再试想，如果这位经理对批评对象的问题没弄清楚，或者干脆批评错了，那么这就更加危险，会导致自己毫无退路。

相反，如果经理把员工叫到办公室谈话则会产生很多好的效果：

(1)把员工叫到办公室谈话，显得郑重其事，给人感觉经理对这件事很重视，那么相应的，员工也会重视这件事。

(2)经理没有直接当众批评他,保住了员工面子,员工也许会因此心存感激。

(3)万一经理对事情没弄清楚,在办公室有更大的回旋余地,不至于双方都下不来台。

所以,沟通场合和时机的选择非常重要。这一节我们就来重点讲一讲如何有效地利用和创设时空场合。

一、有效利用和创设空间场合

沟通的空间场合按不同标准可以有不同划分。比如,按场合的公开程度来划分,可以分为公开场合和私下场合;按场合的氛围来划分,可以分为严肃场合和轻松场合;按场合与沟通者的关系来划分,可以分为居家场合和赴他场合;等等。

(一)公开场合和私下场合

前面谈到的例子中,经理批评员工就面临着两种场合:一种是公开场合,另一种是私下场合。当众批评是在公开场合,如果不是为了刻意“杀鸡儆猴”,我们不建议这样做。因为在众人面前批评别人容易让人怀恨在心。另外,如果批评错了也没有回旋余地。所以,若要批评下属,还是选择到办公室比较好,这样既保全了对方的面子,又让被批评者知道领导对这件事很重视,再次,万一领导有误解或认识失误的地方也有回旋余地。

所以,批评对方最好选择私下场合,但是批评的方式要郑重其事。这样,一方面可以让错误的负面影响控制在最小范围;另一方面也利于犯错的一方端正态度、认真对待,同时也不伤害双方关系。

相反,表扬对方最好选择公开场合。这样一方面可以让值得表扬的事情发扬光大,让正能量得到广泛传播;另一方面也能增强被表扬者的自豪感和荣誉感,使其干劲儿更足,同时其他人也会受到鼓舞和激励。

当然,批评的事情也要看是什么事情,以及你要达到什么样的目的。上面我们谈到的是一些平常的问题和错误,你希望对方能挽回或者改进,所以批评时尽量减小影响范围。如果是很大的错误,你需要杀一儆百,那么批评时就选择公开场合。所以,具体怎么做,选择什么样的场合,最终还要看具体是什么事情以及你想要达到的目的。

（二）严肃场合和轻松场合

场合还分为严肃场合和轻松场合。严肃场合，做事严肃而郑重；轻松场合，交流轻松而愉快。要想谈情说爱，别选择严肃场合，这种场合也谈不起恋爱来。试想，一个个正襟危坐、表情严肃，怎么能谈恋爱呢？气场不对，氛围不协调，就达不到想要的效果。因此，男女约会，要么选择幽静闲适的公园，要么选择浪漫优雅的餐厅，要么选择电影院，这是对时空场合的合理利用；如果是自己可以操纵的空间，还可以创设一些浪漫的场景，目的都是让你的沟通有一个更轻松的空间情境，进而更好地实现预期的沟通目的。所以谈恋爱时，大家选择和创设的都是轻松愉悦、充满浪漫色彩的场合，也都会找对方愉悦闲暇的时候。如果对方正忙得焦头烂额，你去试图谈情说爱，肯定会碰一鼻子灰。所以，场合不当或时机不对都不行。

（三）居家场合和赴他场合

在场合上，还分为居家场合和赴他场合。在家接待别人，自己会感觉轻松、自在；到别人家中拜访，多少会有些拘谨和约束。因此有人建议，如果与别人商量事情，不妨把他们请到家中，这叫作“居家优势”。

有研究认为，作为领导，发现问题后把下属叫到自己办公室来谈，也是在利用“空间场合优势”。因为领导办公室能够非常直接地给下属造成一种上下级的体验，下属这种直接的等级心理容易让其产生服从的心理映射。这就使得本来可以平等交谈的双方因为地点选择有利于领导而变成主动和被动的关系。

赴他场合在多数情况下因为陌生感而使人感到紧张和不适，因此人们常常有意避开这种场合。比如国际赛事，双方都愿意选择在自己国家进行；而对于谈判的双方，也都愿意将谈判场地设在自己公司。

人们之所以重视沟通场合的利用和创设，是因为沟通场合本身也是构成沟通的一部分，为了让沟通达到更好的效果。比如《三国演义》中“诸葛亮吊孝”一场之所以非常打动人，除了诸葛亮悼词精彩、悼念真诚之外，准备的相关道具、创设的场景气氛也起到了重要作用。所以，人们在选择和利用空间场合的同时，常常会通过对原有空间场合的改造来创设更为有利的沟通场景。

二、善于把握沟通时机

不管沟通内容多精彩，如果沟通时机把握不好，也不能达到好的沟通效果。就像上文谈到的，一个人要找另一个人谈情说爱，如果对方正忙得焦头烂额，这时不管你说什么、说得多好，也不一定会取得理想的效果，所以把握好沟通时机非常重要。若要把握好沟通时机，需要做到以下几点：

第一，要避开不当时机。

不当时机可以分为两类情况，第一类是“时间因素的时机”，比如对方可能正在忙碌，你向他提出某个问题或想与之谈论某个话题，对方可能顾不上回应你，这是一种不当时机。第二类是“非时间因素的时机”，这类时机涉及事前的准备和心理因素的把握。比如当人们自认为被重要的问题困扰时，常常会迫不及待地想找对方解决问题。但事实证明，这样的时候往往不利于问题的解决。如果沟通者能沉住气、周密思考之后，再专门找时间和对方郑重其事地谈论这件事，那么就可以更好地避开沟通的不当时机，更利于问题的圆满解决。

关于第一类“时间因素的时机”，一个学生描述了这样一个真实案例：“小组进行了第一次汇报后，老师提出了一些改进建议。因为在家的缘故，大家对完成小组作业不是很积极，经常性地拖延，需要我不断催促来完成。我把老师提出的建议发到群里，想让大家讨论一下。发完老师的建议后，我询问小组成员：‘要不要讨论一下下次的展示？’并没人回复我。紧接着我又发了一条信息：‘小白（小组成员）的问卷大家看看觉得还要添加什么问题吗？’仍然没人回复我。之后我@了小组成员，她们回复‘好’‘可以’‘嗯’（我当时有点着急，也有点生气）。但我又接着发信息说接下来的任务：‘咱们上次作业复盘一下？说清楚一点？’（我一直是商量口吻，感觉这样既可以听到大家的建议，也不那么生硬，不会让她们有被支配的感觉。）组员1回复：‘嗯。’我又发了几条建议，组员2回复：‘还加例子吗？’我想的是大家都来参与讨论，就回复说：‘我也不确定，看大家。’我等了大概10分钟一直没人回复，当时更生气，于是发信息说：‘大家啥时候有空啊，这有一搭没一搭地聊也太费时间了。今天下午大家有事吗？2点讨论一下？’（言语中已有谴责感和不耐烦）组员应该是看出我的不耐烦，紧接着都回复：‘OK’‘行’‘好’等。等到下午2点，小组再进行沟通时效率就有很大的提升，大家都特意留出时间来思考和交流，讨论得以顺利进行。在发完有谴责意味的信息后，正好是上‘语言沟通与表达’的课，也正好学习了时空场合与语言沟通。我就想到，是否这个时间是一个不恰当的交流时间。当时即将要上10点左右的课，有的组员没有课，有的组员有课，有课的组员也可能是需要为上课做准备(换位思考，如果我当时有很忙的事情，我参与讨论的积极度肯定也不高)。还有一种可能就是大家的作息不一，有的组员经常熬夜，早上起不来，对我个人而言其实早上的效率确实也没有下午高，这也是大家积极性低的一个原因吧。想到这些，组员没有积极回复给我造成的不快就消失了，我反思了一下自己的语气，然后也庆幸自己以改变沟通时间的方式来解决问题，并收到了很好的效果。可见，沟通时机的把握真的是特别重要。”

对于第二类“非时间因素的时机”，包括这样的情况：你的一名员工姗姗来迟，以前你一直想和他讨论关于迟到的问题，于是你紧抓这个机会对他说：“你又迟到了?”然而这种时候以这样的方式来说这件事，通常不会引起对方的重视。对方可能会想：今天真倒霉，让领导给撞见了，否则就不会挨批评。他以为这仅仅是个偶然事件，不一定能意识到其实你对这件事关注已久，并一直想找他谈话，他并没有感觉到这件事情的严重性。所以，如果你希望对方能重视这个问题，最好找个另外的时间和他严肃地谈，不要让他觉得你只是随便一说。因此，当你要说的时候，不是随口而出，而是先计划好需要10分钟还是半小时。因为你不可能在30秒之内就解决好一件重要的事情，这不是真心讨论，也不可能获得理想的效果。“非时间因素的时机”，也包括考虑对方的心情或情绪。人的心情都会有好坏，心情好的时候，无往而不乐；心情差的时候，无往而不愁。所以，与他人沟通必须要把对方当时的心情作为一个重要的考量因素。比如你来找朋友，希望她今天能还你钱，结果你看到她刚从医院回来，精神萎靡、沮丧悲观，说过两天要动手术。那么，不管你现在多么需要钱，都不适合在今天提及让她还钱的事。如果对方正处于愤怒、悲痛、烦躁或狂热的状态中，也不是沟通的好时机，你首先要做的是让他平静下来。

第二，要注意顺应生物钟规律。

顺应生物钟规律提示我们，尽量不在一天中的“body time”向他人传递不愉快的信息。现代生理学、心理学研究实验表明，每天下午的4点至6点是人体所谓的“body time”。这时，人们在心理和生理上的疲劳指数都达到顶峰，开始出现倦怠、焦躁、情绪低落、思考力减退等情况。因此，在这个时间尽量不要向他人提要求、诉辛苦或谈论非常重要的事情，而是应该多说一些快乐的消息或关切的话语。

总之,在沟通中,作为沟通者既要认识到时空场合对沟通的重要作用,避开时空场合的不利影响;又要积极利用和创设有利的空间场合和沟通时机,从而让自己的沟通达到更理想的效果。

相关资源与习题自测

◆ 课程资源

视频:如何有效地利用时空场合?(二维码)

更多与本章内容相关的课程资源(含文字内容、案例小视频、主客观试题、问题讨论等),详见:刘艳春,中国大学慕课《语言交际概论》第6单元,网址 https://www.icourse163.org/course/CUC-1454885178。

◆ 习题自测

2020年12月20日,因为一个视频拍摄作业要到最后期限了,所以我和室友只能连夜预备道具为第二天的拍摄做准备。在经过一天疲惫的拍摄之后,大家的情绪逐渐低落,整个剧组昏昏沉沉。制片人A在旁边提议要不要定夜宵给剧组,提高士气。在讨论过程中,由于状态不好每个人都只说了个大概意见,关于夜宵提高预算和想要对剧组成员进行关心产生了一点矛盾,最后也没讨论出个结果。随后导演过来和我们一众人讨论之后的拍摄问题,我这时主动提出了刚才说过的夜宵问题,制片人A反转口风说我不考虑预算。我当时很生气,心想:“明明是你刚才主动说的,我现在说出来,你又反驳我?”当时我也很委屈,脸色变得不好,后续的拍摄过程中也表现得很不耐烦。随后的安排中,在一个只有我和制片人A的场合中,我说:“你凭什么这么说我?我不过是把你的话重复了一遍,你还在大家面前反驳我!”随后对于她的一些行为也表达了嘲讽和我的愤怒。制片人A此时也生气了,面对我的嘲讽她并没有多说,只是回答了一句:“你别那么极端行不行?”我冷笑一声说:“我极端?”再之后,我们回到宿舍一起洗漱,A说:“你刚才那样我很伤心,我不知道哪里惹到你了。”我说:“我只是重复了你刚才的话,为什么下一秒你要当着大家的面反驳我?”后续A说她并没有意识到我说的这种情况。我仔细思考之后觉得大家是舍友,平时低头不见抬头见的,关系也不错,因为这么一点事就闹掰实在不值得。于是我也做出妥协,上前拥抱了她,并说："对不起，是我错了。"A 笑了笑，表示没事。一场冲突以相对和平的方式结束。

请你结合本章的"时空场合"以及前几章的相关知识分析上面的沟通。

◆ 学习资源

1. 孔子在《论语·季氏篇》里说："言未及之而言谓之躁，言及之而不言谓之隐，未见颜色而言谓之瞽。"这句话的意思是说，不该说话的时候却说了，叫作急躁；应该说话了却不说，叫作隐瞒；不看对方的脸色变化便贸然开口，叫作闭着眼睛瞎说。这三种说话都没有审时度势把握住说话的时机与时境。要想把话说得恰到好处，把握说话的时机与时境非常重要。

赵寅以文学作品中的相关人物对话为例，阐释了把握时机和时境对沟通的重要影响。想了解更多具体内容，详见：赵寅. 审时度势　因势利导——在交际语言中如何把握时机与时境[J]. 金筑大学学报(综合版)，1998(4)：57-58+25.

2. 交际的时空场合是指交际的时间和空间环境，时间环境包括交际的时间和时机，空间环境包括交际所处的特定场所的自然环境、人文环境以及笼罩该场所的交际氛围。时空场合与交际者心理情绪之间会产生相互作用，一方面，交际的特定时空场合会在一定程度上影响交际者的心理情绪；另一方面，交际者的特定心理情绪反过来也会通过影响交际氛围，在一定程度上影响沟通的时空场合。交际的时机准，交际的空间环境好，会促成交际者的良好心境，也会促进交际的顺利进行。因此，主动选择有利场合，善于把握有利时机，就非常重要。当然，有利的场合与时机并不是一味坐等来的，而是要积极创设的。在这方面，触龙可谓高人一筹。本来，同僚劝说未果在先，赵太后又继之以警告，这就意味着劝说时机极为不利。触龙前去见太后，太后尽管不能肯定他葫芦里卖的是什么药，但不可能不将这与劝说联系起来，从而心存戒备。

那么触龙是怎么通过营造气氛说服太后，完成了劝说任务的呢？想了解更多具体内容，详见：曾建生. 触龙挽狂澜 攻心巧垂范——《触龙说赵太后》劝说艺术摭谈[J]. 名作欣赏，2014，481(29)：155-156.

第八章　沟通的基本原则

如果我问大家，沟通最重要的原则是什么？相信各位的回答肯定是五花八门，但我要告诉各位的是，沟通最重要的原则是合作原则。人类产生语言是出于合作的需要；人类用语言进行沟通和交流，目的是为了合作；而沟通的本身，也是合作的体现。

第一节　合作原则

“合作原则”作为一个学术概念，最早由分析哲学家格赖斯（H. P. Grice）提出。1975 年，他在《逻辑与会话》（*Logic and Conversation*）一文中提出了“合作原则”。

一、格赖斯的四准则

格赖斯认为，人们在沟通中应该遵守“合作原则”，这一原则包括如下四个准则：

（1）量的准则（Quantity Maxim）：“给出适量的信息”，不多也不少。

（2）质的准则（Quality Maxim）：“说真话”，不说虚假和缺乏证据的话。

（3）关联准则（Relevant Maxim）：“扣住主题来说话”，前后话语要有关联。

（4）方式准则（Manner Maxim）：“表达要精确”，避免晦涩和歧义。

格赖斯接着提出违背“合作原则”的四种情况及其产生的会话含义。在实际会话中，人们经常违背“合作原则”，具体表现为如下四种情况：

第一，说话人悄悄违背合作原则，让听话人上当受骗。比如说谎，这是违背合作原则中的“质的准则”。就动机而言，有好的，也有不好的。好的动机，比如医生担心病

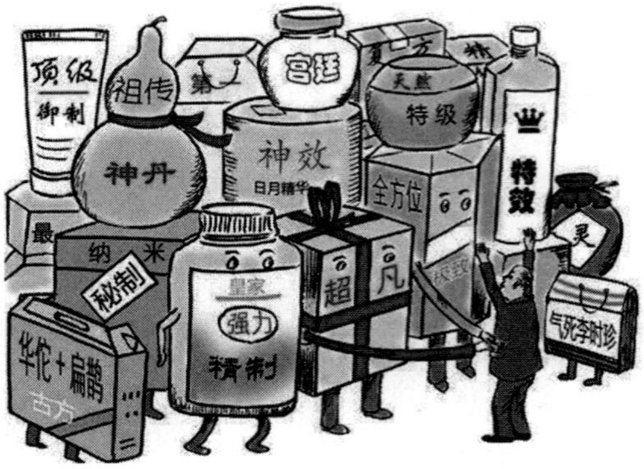

人知道病情后会对康复产生负面影响，因此对重症患者隐瞒病情；不好的动机，比如商品推销中为了获取暴利而发布的不实广告。

第二，说话人公开宣布不合作，不遵守某一准则。比如不回答对方的提问、不提供适量的信息，这可能出于不能提供和不愿提供两种情况。不能提供，比如某些事情需要保密；不愿提供，比如说话人不想告诉听话人某些信息。

第三，说话人可能面临两难境地，顾此失彼。比如，遵守了“质的准则”就会违背“量的准则”。请看下面的对话：

甲：明天北京有雨吗？

乙：有吧……不，不，我不知道，明天很多地方有雨，但预报员说到北京的时候我正好出去了。

甲问：“明天北京有雨吗？”如果遵守“量的准则”，乙的回答应该是“有”或者“没有”。可是乙为了遵守“质的准则”进行了详细说明，结果超出了适量的信息，违背了量的准则。

第四，说话人有意不遵守某一准则，但他相信听话人能觉察到这一点并认为他仍然是合作的。比如下面这个对话：

小李：丽丽，我买了两张《英雄》电影票，咱俩一起去看吧。

丽丽：好啊，谢谢。

（小王出现）

小王：小李，听说你买了两张《英雄》电影票。

小李：今天买票的人可多了，人山人海的。对了，你去哪儿啊？

在对话中，小李对丽丽说他买了两张电影票，并邀请丽丽一起去看电影，丽丽欣然答应。这时小王出现，小王问小李是不是买了两张电影票。小李顾左右而言他，说买票的人多，并岔开话题问小王去哪。这明显违背了合作原则中的“关联准则”。在场的小王和丽丽都能察觉到小李没有遵守合作原则。小李之所以这样做，原因可能有以下几种：第一，小李想和丽丽一起去看电影，又不希望其他人知道（包括小王）。第二，小李和小王关系一般，不希望小王知道他买到了两张票，以免小王想占用其中的一张。第三，小李认为只有两张票，不可能三人一起去看电影，所以不如不说自己买到了票。

以上几种可能的原因，也就是违背合作原则而产生的几种可能的会话含义。所以人们在交往中，如果沟通一方故意违背合作原则，人们就会去推导他话语背后的会话含义。

上面介绍了格赖斯的合作原则及其所包含的四个准则，以及违背四个准则而产生的会话含义。下面，我们说一说格赖斯提出合作原则的意义。格赖斯提出的合作原则，其伟大之处在于他提出交流不是由一系列不相关的话语组成的。在合作原则中，合作是基础，会话准则是参照。这些准则不同于法律和道德范畴的准则，因此对人们的具体会话行为不具有明确的强制性。所以，我们也无法机械地套用格赖斯的准则来判断一个会话中某一方是合作的还是不合作的。

那么，我们该如何去判断沟通中的双方是合作还是不合作的呢？

二、沟通中是否合作的判定方法

事实上，判断沟通双方是合作还是不合作的状态，要从会话的整体内容和内在逻辑上来综合考量。比如余华短篇小说《星星》里一个人与孩子问答的例子：

"你爸爸妈妈不喜欢你。"

"喜欢的。"

"那为什么给你穿这样的破汗衫？"

"我有西装呢！"

在这个会话里，孩子的第一句回答按照格赖斯的准则来看，没有问题，符合其中的任何一个准则。但孩子的第二个回答，则违背了格赖斯的关联准则。因为孩子并没有回答"那为什么给你穿这样的破汗衫"，而是回答了"我有西装呢"。所以，从字面上看违背了关联准则，继而违背了合作原则。

但实际上，如果从整体内容和内在逻辑来分析，孩子没有违背合作原则，因为他跳过字面的纠缠直接抓住了问题的本质。孩子知道，对方之所以问他"为什么给你穿这样的破汗衫？"，是因为他们不相信孩子的第一个回答，即他爸爸妈妈喜欢他。这也正是他们对孩子说"你爸爸妈妈不喜欢你"的理由。因为看到了他穿这样的破汗衫，所以猜测他爸爸妈妈不喜欢他，但是孩子却否认，所以才有了第二个问题。孩子直接回答"我有西装呢"来证明爸爸妈妈是喜欢他的。因此说,这个孩子很聪明,他直接抓住了问题的关键并进行了回答。所以在本质上孩子的回答是符合合作原则的。对于合作原则中质的准则、量的准则、关联准则和方式准则,有时看似表面上不遵守,但不一定是实际沟通中不合作,就像上面的例子。

合作原则是沟通的最高原则,合作和礼貌是不同的,有的交际可能缺少礼貌却是诚意要合作的,有的交际礼貌有加,却不是合作的态度,甚至有时候越是礼貌越是有一种不合作的内在心理。我的导师于根元曾经说:"我对你客客气气了,你可能就危险了,是我对你不满意了。"

合作有时是一种发自内心的善意和关怀。《演讲与口才》杂志2001年第10期上曾有这样一篇文章,题目是《学会合作》。文章内容是这样的:

加拉帕戈斯群岛中有一个叫品左恩的岛屿,岛上生存着一群莺鸟,它们以仙人掌的花粉、果实和种子为食,故名食掌莺。

仙人掌开花的季节,有些食掌莺把公共区域那些尚未开放的花瓣用爪子撕开,然后用嘴扯开柱头,这样就可以吃到藏在花蕊里的花粉了。当然,它们并没有破坏自己地盘上的仙人掌。

柱头断了,仙人掌不能结果,无法形成种子,食掌莺也就有了断粮的危险。品左恩岛上只有十几只这样"聪明"的莺鸟,它们捷足先登,只是为了品尝其他莺鸟吃不到的花粉,它们竟以这种方式自取其亡。有一年大旱,再加上大面积的仙人掌因断了柱头不能结果,这导致品左恩岛上的食掌莺全军覆灭。

食掌莺的悲剧让人深思,而另一个故事则令我感动。在沙漠中有一口摇水井,它奇迹般地成为旅行者的生命之泉(沙漠之中水就是生命啊),这一切都缘于它有一条不成文的规则——为后来者留足一碗水。一碗水足可解燃眉之急,但人们总是把它灌进摇水机引水,吸上水后再留一碗。来来往往的旅行者都自觉地遵守着这一规则,因此一碗水就成了永不枯竭的水源。

生存是一门艺术,它的第一法则就是合作。急功近利、因一己之私而践踏合作法则,从短时间看是损人利己,从长远看却是害人害己、自取灭亡,比如食掌莺。学会合作不仅照顾、维护了别人,别人也会感恩并回报你一份善意,你因别人而受益,别人也会因你而受益。学会生活,必先学会合作。合作其实是一种发自内心深处的善意和关怀,与表面的礼貌完全是两码事,也不是遵守了什么准则就意味着合作。比如下面的

对话:

妻子:你看,我穿那件衣服,粉红色的那件,怎么样?

丈夫:哪件?

妻子:那边,从左边数,第五件。(边说边走到近前)

丈夫:挺好。

妻子:好像颜色太刺眼了。嗯……这件怎么样,天蓝色的这件?"

丈夫:不错。

妻子:要不,这件?半边红半边黑,挺新颖,你说呢?

丈夫:可以。

这是一对夫妻在商场里的对话。我们看到,丈夫对妻子的问话一律给予了肯定的回答,四个准则都符合,而且也很符合礼貌原则。利奇(Leech)提出的"礼貌原则"中的赞美准则要求说话人尽量减少对别人的贬损,尽量增加对别人的赞誉。有时夫妻吵架就是因为一方说话太尖酸刻薄,吝于赞美,伤了对方的自尊。但上述例子中,在这个场合下妻子需要合作。夫妻两个一起出来买衣服,妻子当然想听听丈夫的真实意见,而丈夫简单的赞美和肯定对妻子来说显然是不够的。

在人际沟通中,如何根据沟通目的和沟通对象选择合适的语言是非常重要的。上面的对话中,这对夫妻是一对特殊的沟通对象。说特殊,是因为他们关系很亲近,因此说话时不需要客套,完全可以有话直说。其次,妻子向丈夫提问的目的显然是想得到丈夫的明确意见,而不是浮于表面的赞美。在这种情况下,丈夫应真实诚恳地表达自己的意见。比如"我觉得那种款式不太适合你""你穿红色的更好"等等。这样的回答虽然有时候并不是正面肯定,但对妻子来说是明确、积极的,表现了合作的姿态。

合作原则和礼貌原则都是人们在人际沟通中的重要原则。合作原则要求沟通者在沟通过程中尽量配合对方。礼貌原则是指人们在沟通中应当遵守社会礼貌规范。在沟通中我们最好是做到既遵守合作原则,又坚持礼貌原则。但如果二者发生矛盾,就要根据双方的关系和沟通目的来决定以哪条原则为主,这也正是我们在下一节中要强调的"得体原则"。像上面的对话,丈夫就应该舍弃礼貌原则而遵守合作原则,真实地表达自己的想法,其实这是一种更高层次上的合作,这才是得体。当然,在表达自己的想法时要注意说话的语气和方式,不能太尖刻;不能与别人说话时和声细语、满是尊重,与自己家人说话时则经常言语带刺、不懂尊重。

当双方对话陷入僵局时，常常要首先遵从礼貌原则，或者更准确地说是在坚持合作原则的基础上增强语言的礼貌性。如上例的继续，由于买衣服时的不快，这对夫妻从商店出来后开始舌战，并逐步升级：

妻子：你变了。

丈夫：你才变了呢！

妻子：你变得心不在焉、冷漠无情，5年前你是这样的吗？

丈夫：你变得患得患失、无理取闹，5年前你是这样的吗？

妻子：早知你这么无情，我才不嫁给你呢！

丈夫：早知你这么难缠，我才不娶你呢！

妻子：谁让你娶的？

丈夫：谁让你嫁的？

……

当夫妻间的对话出现这种情况时，针锋相对会使冲突更加尖锐。这时就需要在合作原则基础上更注意礼貌原则的重要性，避免针锋相对，此时一方的主动退让是止息冲突的最好办法。其实夫妻争吵大多是因为生活琐事，无关大的原则问题。一方主动认错，平息一场冲突，有什么难的呢？可惜的是，有很多人认识不到这一点。

总之，是不是合作要综合沟通的具体情况来进行分析和判断，而不是简单地套用格赖斯提出的四个准则。

三、俯就准则

在人际沟通的合作原则中，还有一个非常重要的准则，即笔者提出的“俯就准则”。所谓的俯就，就是指在具体沟通中权势、地位、能力高的一方向低的一方看齐，从而实现双方的顺利沟通。比如在沟通中，双方的身份不对等，沟通一方位高权重，另一方是普通人。那么，双方要想顺畅交流，权位高的一方就应该主动俯就下来、放低身段，给人一种平易近人的感觉，那么双方的距离就会拉近，沟通也就容易更好地进行。

有文献记载，美国作家马克·吐温在成名之前，有一次，有人把他介绍给后来成为美国第18任总统的格兰特将军。见到将军后，马克·吐温竟想不出一句可说的话，而格兰特将军也仍然保持着平时的庄重和严肃，不说一句话。最后马克·吐温只能说：“将军，我感到尴尬，您呢？”在这样的沟通局面中，格兰特将军不懂得自己应该主动放低身价与马克·吐温搭话,才导致了如此尴尬的局面。

此外,如果大人和小孩儿沟通,大人无论在身高还是在知识、能力等方面都要高于孩子,所以大人和孩子交流时就应该主动去俯就孩子。比如,在个人高度上,尽量保持和孩子视线一样的高度。我们看到很多主持人在采访孩子时主动蹲下来,就是一个很好的俯就行为。这个俯就动作,既方便双方之间的沟通(否则一高一低沟通起来不舒服),也是尊重孩子的表现,还是和孩子拉近心理距离的好办法。同时,因为大人在知识、能力方面比孩子水平高很多,所以在具体的沟通内容和沟通方式上,也要俯就孩子。

比如一个上幼儿园的小朋友见妈妈挽留客人吃饭,便也拖着客人的衣角不让走。客人问小朋友:“你有什么招待阿姨的啊?”小朋友瞪着眼睛,她听不懂什么叫“招待”。客人忙改口说:“你有什么好吃的给阿姨吃吗?”小朋友这回明白了,兴高采烈地回答说:“有好多啊。巧克力、旺旺雪饼、冰激凌。”

在这个对话里,大人根据小孩的理解能力及时调整了自己的言辞,采用的也是语言上的俯就准则。

综上,本节介绍了格赖斯的合作原则及其四个准则,也介绍了违反四个准则的情况以及由此而产生的会话含义。同时结合具体案例,阐释了判断语言沟通中某方是否真正合作的方法。最后介绍了合作原则中的俯就准则。下一节将要谈谈沟通中的礼貌与尊重原则。

第二节 礼貌与尊重原则

在第三章中我们谈到了由“权势”和“距离”形成的三种礼貌体系。利奇也谈到过“礼貌原则”,这一概念在语用学中提及比较多,我们在上一节中也有所提及。这一节要谈的礼貌原则不从前两者出发,而是主要从传统的礼貌观念出发,探讨沟通中的礼貌原则。

一、礼貌原则

我国素有“礼仪之邦”的美誉,自古以来对“礼”非常讲究。顾曰国在《礼貌、语用与文化》一文中将我国的传统礼貌准则进行了归纳,我们借鉴顾先生的观点归纳为如下五个方面。

(一)从“自卑而尊人”到“自谦而尊人”的准则

传统的中国式礼貌,最大的特点就是“夫礼者,自卑而尊人”。到了现代,“卑”的成分逐渐被“自谦”取代。因此,在现代沟通中就演变成为“自谦而尊人”的礼貌准则。

这种自谦和尊人集中体现在自称和他称上。也就是说称呼自己或与自己相关的事物时,要谦虚;称呼他人或与他人有关的事物时,要尊重和抬举。比如,刚一见面,人们经常会有这样的对话:“您贵姓啊?”“我免贵姓王。”其中,一方问“贵姓”,加个“贵”字,就是在尊重和抬举对方,使其有被抬举的感觉。另一方回答“免贵,姓某某”,把“贵”字免去,就是谦虚和辞让,使双方的关系重新恢复到平等的状态。这样的对话双方都很礼貌,也都很舒服。

在其他方面,涉及自称和他称时也是一样。涉及他称的,要“尊”、要“举”;涉及自称的,要“谦”、要“让”。比如说涉及意见,自称就是“拙见”,他称就是“高见”;涉及作品,自称就是“拙著”,他称就是“大作”;涉及探望,自称就是“拜访”“拜见”“拜会”,核心在“拜”字上,带着谦恭,他称则是“光临”“赏光”“赏脸”,核心在“赏”字上,抬举对方。这些自谦和尊人的礼貌方式,是我国古代“自卑而尊人”礼貌准则在当今社会沟通中的遗留和发展。

(二)“上下有义,长幼有等”的称呼准则

“上下有义,长幼有等”,从表面上看,这是我国早就过时的礼制,但是却给现代人留下了深刻的印记。在我国,人和人之间的称呼不像西方那样在父子之间、上下级之间、兄弟姐妹之间直呼其名,我们仍然遵守上下有义,长幼有等的区别。

比如,父母可以直呼子女的名字,但子女不可以直呼父母的姓名。下属对领导,也只能用姓+官称的方式,比如王主任、李院长,不可以直呼其名,但领导可以直呼下属的名字。兄弟姐妹之间也是如此,哥哥姐姐可以直呼弟弟妹妹的名字,弟弟妹妹则不可以直接叫哥哥姐姐的名字,只能用哥哥姐姐这样的亲属称谓来称呼。

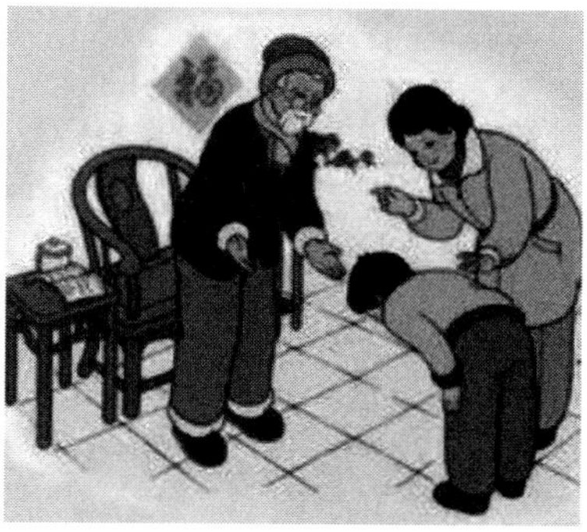

(三)"彬彬有礼"与文雅准则

一个人如果语言粗秽,他会被认为粗俗、缺乏教养。反之,如果一个人文质彬彬、出言高雅,他会被认为是一个彬彬有礼和有教养的人。

文雅准则要求人们在沟通时尽量选用雅言,不用秽语;即使是不文雅的事物,也尽量要用文雅的方式表达出来。比如对于死亡,一般不直说"某某死了",而是说"某某去世了""某某走了""某某永远离开我们了"。这种委婉的表达方式既文雅又饱含对逝者的深情与尊重。"排泄"也是不文雅的行为,所以人们通常不直接用"拉""尿"等表示排泄的字眼儿,而是使用"我去一下洗手间"这样比较文雅的方式来表达。

近些年来,大学校园里出现一些不文明、不健康的语言现象,很多大学生不注意自己的语言,经常说一些污言秽语,甚至认为嘴里带着骂詈语是一种洒脱和时尚的表现。这是极其错误的观念,也会降低自身在他人心目中的形象。人类文明不能倒退,"出口成脏"永远都是低俗、粗鄙的表现,也永远成不了被人推崇的行为和时尚。

(四)"脸""面子"与求同准则

与"脸"有关的词语,人们常说的是露脸、赏脸、丢脸、没脸、不要脸等等;与"面子"有关的词语,则是要面子、给面子、有面子、没面子、面子大、面子小等等。

这些说法中反映的"脸",指的是一个人与其社会身份地位相匹配的社会正价值。当个人的所作所为符合并加强了这种正价值,他就"露脸";当个人的所作所为与这种正价值相悖离,他就"丢脸""不要脸"。

"面子"和"脸"有一定的差别。说某人做了某事"丢脸"或"不要脸",是说这件事几乎成了丑闻。说某人做的事"丢面子""没面子",则是说这件事还算不上丑闻。在日常沟通中,“面子”和“脸”的区分并不十分严格。人们有时把脸与面子放在一起,比如说“给他留点脸面”。

从沟通来看,“脸”与“面子”通常和两类事情联系在一起:(1)批评指责类;(2)给予邀请类。对于批评指责类,人们采用的策略往往是“先褒后贬”。也就是说先肯定对方,给对方一个面子,然后再说批评的内容。这样,虽然“批评”作为沟通行为是不礼貌的,但却能以比较礼貌的方式表达出来。也有一种“三明治”谈话法,即先说好的,再说不好的,再说好的,把批评夹在中间。其原理是一样的,都是为对方保留一些面子,让批评行为变得不那么让人难堪和不好接受。

与批评指责类不同,给予邀请类,对于说话人来说不是不礼貌行为,而是把自己的“脸暴露给对方”,把自己的面子舍出去。对方如果不满足说话人的要求,就是驳面子、不赏脸。这时,求同准则就要求对方“恭敬不如从命”。生活中有很多这样的情况,比如我邀请你吃饭,我把面子舍给你,你来了,就是赏脸、就是给我面子;你不来,就是不给我面子、不赏脸。酒桌上有人给你敬酒,你喝,就是给他面子;你不喝,就是驳他面子。所以,在这种情况下,不管你是否有酒量,出于礼貌你都得尽量喝。这就是礼貌中的“求同准则”。

(五)“有德者必有言”与德、言、行准则

在儒家学说里,言与德紧密相连。孔子认为:“有德者必有言”(《论语·宪问》)。《礼记·表记》里更是指出:“君子……耻有其辞而无其德,耻有其德而无其行。”①

“有其辞而无其德”,意思是说有这样的言辞却没有这样的品德,等于是嘴上那么说,心里却不那样想。“有其德而无其行”意思则是有那样的品德,却没有那样的行为,等于是心里那样想,行为上却没有那样做。

沟通中的德、言、行准则,是指在行为动机上尽量减少让他人付出代价,尽量增加对他人的益处(可谓大德)。在言辞上尽量高举别人给自己的好处,尽量把自己付出的代价说小(可谓君子)。比如下面的会话:

甲:鸡蛋我帮你买。

乙:行吗?太麻烦你了。你不是要到邮局去吗?

甲:顺便,不费事。

① 于民.中国美学史资料选编[M].上海:复旦大学出版社,2008:72.

乙：那太谢谢你啦。

从会话中可以看出，甲要帮乙买鸡蛋，所以他说“鸡蛋我帮你买”。在行为动机上甲想增加对他人的益处，体现在言辞上便是主动说帮对方去买鸡蛋。乙说“行吗？太麻烦你了”在行为动机上想减少对方付出的代价，在言辞上抬举对方的付出。甲说“顺便，不费事”，在言辞上尽量把自己付出的代价说小。最后，乙接受了甲的帮助，并说“太谢谢你啦”，在言辞上抬举了对方给自己的益处。自此，乙欠了甲一个人情，待机偿还。这就是人与人之间的礼尚往来，也是日常沟通中的“礼”。

二、尊重原则

在人际沟通中，彼此尊重非常重要。尊重是礼仪之本，也是待人接物之道的根基。不管是让座还是上茶，都是通过礼貌的形式向他人传递尊重的信息。

在美国，一个颇有名望的富商在路边散步时遇到一个衣衫褴褛、骨瘦如柴的摆地摊卖旧书的年轻人在寒风中啃着发霉的面包。有着同样苦难经历的富商顿生怜悯之情，便不假思索地将 8 美元塞到年轻人手中，然后头也不回地走了。没走多远，富商忽然觉得这样做不妥，于是连忙返回来，从地摊上捡了两本旧书，并抱歉地解释说自己忘了取书，希望年轻人不要介意。最后，富商郑重其事地告诉年轻人说：“其实，您和我一样也是商人。”两年以后，富商应邀参加一个商贾云集的慈善募捐会议时，一位西装革履的年轻书商迎了上来，紧握着他的手感激地说：“先生，您可能早忘记我了，但我永远也不会忘记您。我一直以为我这一生只有摆摊乞讨的命运，直到你亲口对我说，我和你一样都是商人，这才使我树立了自尊和自信，从而创造了今天的业绩……”这就是尊重的力量。

尊重在沟通中既包括自尊自爱，也包括尊重他人，来有迎声、问有答声、去有送声是生活中表示尊重的基本方式。作为接待，如果来了客人，首先要问先生/女士好，然后再说事，不能见面就问：“找谁？”电话沟通也是如此，接听单位座机电话，拿起话筒首先要问好，并言明身份或单位，这是起码的礼貌也是起码的尊重。拨打电话也要首先回应对方的问候，相互之间如果不熟要通报自己的姓名、身份或单位，不能上来就“喂喂喂”“有人吗”，这是基本礼貌，背后体现的是个人教养和对别人的尊重。

温文尔雅的周恩来总理是待人礼貌的榜样，他尊重任何人，无论是农民还是掏粪工，无论是清洁工还是机组乘务员。他对客人关怀备至、礼貌周到，他全身散发着独特的人道主义光辉，赢得了全世界朋友乃至敌手的敬重。

合作、礼貌、尊重和真诚是沟通中应该积极倡导和努力追求的美德和修养。我国是礼仪之邦，古代讲“仁、义、礼、智、信”，现在说“明礼诚信”。“礼”是什么？“礼”应该以尊重为支撑，它的背后应该是真诚、善意、宽容和理解。礼貌是“诚于中而形于外”，因此有礼之人不会使人感到可畏、可恶，而是让人觉得可亲、可爱、值得信赖。礼貌的真正内涵和本质体现应该是敬人和自尊。比如，你随便走入商店，导购小姐说：“先生，您想看点什么？”你回答说：“哦，随便看看。”导购说：“好，您请。”

导购小姐在用语中不说“买点什么”“要点什么”而说“看点什么”，让人自由了许多，这是礼貌，更是尊重。顾客看着货架上的光盘，从上面看到下面，于是蹲下来看。这时导购小姐也十分自然地蹲下来，随时准备回答顾客的咨询，顾客感到十分舒适。最后，顾客还是没有什么可买，回头抱歉地笑一笑说：“真是不好意思。”导购小姐说：“您太客气了，欢迎您下次再来。”

导购小姐的问话（“您想看点什么”）和动作（也十分自然地蹲下来，随时准备回答顾客的咨询）让人觉得可亲、可敬，这种尊重和礼貌使交流变得温暖而美好，也让人感到愉悦和幸福。

三、礼貌与尊重的关系

据前文所述，我们似乎可以推断出礼貌的背后包含着尊重，但是在现实的人际交往和沟通中并不尽然，有些“礼貌”的背后并不是真正的尊重。

比如，在小说《遥远的救世主》中有这样一段情节：芮小丹自知爱上了丁元英，于是她来到北京找丁元英的朋友韩楚风，想通过他来了解丁元英。自芮小丹到车站开始，“豪车亲自接站”“提前安排好豪华酒店”“商场里她留意过的衣服全部买回赠予”

“亲自开车接到贵族宫殿般的高级饭店用餐”，芮小丹接受的是正天集团老总韩楚风最高规格的礼遇，然而这种礼遇背后并非尊重，这可从他们用餐时的对话中体会出来：

韩楚风点过菜，然后随意地说：“芮小姐，这里是……今天请你来没有别的意思，就是为了让你吃好。你来北京就是客，我自然得尽到东家的厚道。”芮小丹说：“韩总，我来北京，是想向你了解点丁元英的情况。”韩楚风用一种淡然的口吻说道：“芮小姐，你是客人我是东家，让你住好吃好，这没有问题。但是，你要和我在一张桌子上谈论丁元英，你凭什么？”芮小丹沉默了片刻，平静地说：“我以为丁元英第一个能想到的可以开口借钱的人该是君子之交，却原来也是个攀龙附凤的角色，是我想象力丰富了。我既来了，自当尊重您的高贵，只是我无以为凭，知趣了，告辞。”说完起身就走。“慢！”韩楚风叫住了她，点了一下头说，“此无以为凭正是一凭，请坐，请！”芮小丹思忖一下，重新回到座位。韩楚风的语气缓和了一点，说“元英这人不太容易说明白，不凭点什么，就只能是一个越说越大的问号，不是我存心要刁难你。”芮小丹淡淡地说：“住饭店，给衣服，到这儿吃饭……我还没给丁元英脱呢，您就给我扔了一块骨头，很有上流社会风度。如此一说我不如一只花瓶，充其量当了一回你们男人之间挥洒交情的酒瓶。”韩楚风沉默着，一言不发，他的目光和神态渐渐发生着变化。这时，酒水、菜品上桌了。但是，两个人谁也没有动餐具。韩楚风思考了许久，终于开口了，说：“是花瓶还是红颜知己，得称称斤两才知道。礼数不周的地方，我这儿向你道歉了。衣服退掉，房费你付，这顿饭我请客，如何？只是你那个‘您’字还请改回来。”芮小丹说：“谢谢。如果以后还有机会，也请韩总体谅我们穷人的难处，这种酒店我吃不起，那种饭店我住不起。”“是我不上道儿了，对不起。”韩楚风呵呵一笑，刚才的不愉快顿时烟消云散，他拿起餐刀餐叉说，“去年马主任和小赵送元英去古城，回来就说看见了一个女警官，说那叫漂亮啊，今天一见果不其然。来，咱们边吃边聊。”芮小丹尝了几道菜，喝了一口饮料，然后停下来等着韩楚风切入正题。

小说中，韩楚风对芮小丹的礼遇背后正像肖亚文说的那样：“你等着看，韩楚风接待你的规格会很高。但是，你要真觉得你值这个规格那就错了，值这个规格的不是你，是丁元英。对于你，这个规格只能会把你推向极端，要么让你自卑，要么让你像个贪便宜的小市侩，根本不给你恰如其分的选择。即便是你看透了这一点，人家待你好总没错，你诉苦都找不着地方。那个圈子不是你给人家过筛子，而是人家给你过筛子，本来你还有点自信，经他这么一关怀也就摧残得差不多了。”当然，芮小丹并非一般人，她有自己的风骨和行为方式，所以最终赢得了韩楚风的尊重和肯定。

所以，礼遇背后不一定都含着尊重。在人际沟通中，我们要有辨识能力，体察礼貌和礼遇背后的真意所在，只有这样才能在沟通中维护好尊严，立于不败之地。

第三节　得体与真诚原则

一、得体原则

得体原则，是指在沟通中话语内容得当，表现方式得体。而话语内容和表现方式是否得当和得体，要结合具体的沟通目的、人际关系、沟通对象以及沟通的时空场合等因素来判断。

(一)内容得当

从沟通目的来看，本书在第一章中就谈到，任何沟通都有目的，目的分为两种，一种为求和，一种为求成。

所谓“求成”目的，就是你通过沟通完成一件事或达成一个目标。这时沟通带有明确的目的性，所以人们通常都会感受到。而“求和”目的，很多人则感受不到，因为他不是某一个具体的目的，也不是十分明确，所以说话人有时候自己都不知道。就像有人说，他们纯粹是闲聊，没有啥沟通目的。其实，闲聊也是有目的的，目的是“求和”，就是通过交流和对方进一步熟悉、进一步拉近距离、进一步协调关系，否则你为什么要和他闲聊而不是选择与别人闲聊呢？有些人闲聊不是想协调双方关系，而是需要找一个人倾诉，那么这个时候的闲聊就带着“求成”的目的了。所以，即使是看上去没有目的性的闲聊，实际上也有沟通目的。

比如，如果一个学生今天想向妈妈要钱买个新电脑，那么他通常会对妈妈格外殷勤，做讨妈妈喜欢的事、说妈妈喜欢听的话。妈妈开心了，才更有可能答应他的请求。也就是说当沟通内容与沟通目的相一致时，沟通才可能是得体的，达成目的的可能性也才比较大。

从人际关系来看，有些沟通内容和方式在一种关系中是得体的，然而在另一种关系中则是不得体的。比如,一个人的私房话或情感生活,对亲人或知心朋友说,就是得体的;而对一个不太熟悉的人说就是不得体的。再如你想喝水,你可以直接跟妈妈说:“妈,递我杯水。”如果是恋人或好朋友,关系密切到一定程度,你也可能直接说“递我杯水”,大家觉得这很自然,也很正常。但是,如果面对你的同学、同事或领导,你们关系一般,你还这样说,对方就会反感,心里会想:“你是谁啊? 你老几啊,凭什么那么不客气地支使我给你递水?”因为你们的关系没到那个程度,说这样的话就是不得体的。

本书前面提到过鲁迅在《立论》里的一个故事。说一个孩子满月,第一个人说他能发财,第二个人说他能做官,第三个人说他一定会死。只有第三个人说的是真话,但是在这种场合说这种真话就是不得体的,所以他遭到大家一顿合力的痛打。

又如,你刚刚得知某位同事得了癌症,你在路上遇到他,他情绪低落、面容憔悴,你对他说:“我知道了你的病情,没关系的,想开点,好好休养,会康复的。”但随后你又说:“随便提一下,你还欠我2000块钱呢。”这样的话也是不得体的,即使他早该还钱,或者你前几天就打算找他要钱,此时你也不应该再提钱的事,否则当他处于这样的境遇时你还说这样的话,就有些不厚道。

(二)方式得体

上面谈的主要是沟通内容是否得当。沟通方式也是如此,方式是否得当也要结合沟通目的、人际关系、沟通对象和时空场合几个方面来看。

带着“求和”的目的,说话就要语气缓和、积极热情,避免争论或冲突。带着“求成”的目的,就要根据具体的目的选择恰当的方式。

人际关系不同,同样的事情也要采取不同的沟通方式。你想喝水,暂时自己又不能动,对关系亲密的人,无须太客气,可以直接说出你的需求;对关系一般的人,就要比较客气地请求别人来帮助你。在日常交往中,既要采用与人际关系相一致的沟通方式,又要避开与人际关系不一致的沟通方式。比如,与长辈、领导交往,用尊称或官称,采用尊敬或等级性礼貌体系、归纳式话语模式和独立性话语策略,这是合适的方式。面对晚辈或下属,主动降低身份,运用俯就准则,消除双方心理势位差,采用一致性礼貌体系和关联性话语策略,这也是合适的沟通方式。避开不合适的沟通方式,比如面对长辈和领导,不分大小地乱开玩笑、言谈举止不礼貌;面对晚辈或下属,言行不自重、举止轻佻暧昧;等等,这些都是不合适的沟通方式。

方式得体与否，也要看沟通对象。比如，各行业的专业人员探讨业务，就要使用专业术语。但如果要把一个专业知识讲给非专业人士，就要把专业术语转换成生活用语，否则就是不合适的。比如，一个农村老爷爷去医院看病，说自己浑身不舒服，医生就问他："你头疼吗？脖子疼吗？前胸疼吗？"这些老爷爷都明白。但是，当医生问道："你胁疼吗？"老爷爷困惑不解，他觉得从上问到下，医生应该问他脚疼不疼啊？为什么要问"鞋"呢？实际上，这里的"胁"，不是穿鞋的"鞋"，而是指人体从腋下到肋骨尽头的部分。医生用这样的词来问一个农村老爷爷，显然就是不合适的。

方式的得体与否与时空场合也密切相关。在严肃场合，认真严肃是合适的，嬉皮笑脸就是不合适的；在轻松随意场合，正襟危坐是不合适的，自然随意甚至开开玩笑都是合适的。

在沟通中要做到得体，有时候比较容易，有时候却很难。很难能做到得体的时候仍然能够做到得体，考验的是沟通者的综合素质和语言智慧。

比如，美国前总统罗斯福交际面很广，也很健谈，对手们常常想利用他的这个特点去刺探情报。有一次，他在和朋友们谈海军建设的前景，谈得很有兴致时，一位朋友就趁机问他关于美国新建潜艇基地的情况。这是军事机密，是不可能说的。但是，如果他严词拒绝，朋友会下不来台，将来他们可能连朋友都做不成了。那么换作你，你该如何应对呢？

我们看看罗斯福是怎么应对的。他不好正面拒绝，于是就问他的朋友："你能保密吗？"朋友说："能。"罗斯福笑了，说："我也能。"在这里，罗斯福以非常机智、巧妙的方式回答，可谓是"四两拨千斤"，既回绝了对方又避免了尴尬，真是非常得体。

得体讲求的是在考量沟通目的、人际关系、沟通对象以及沟通的时空场合等因素的基础上，以恰当的方式说出该说的话。得体追求的是"恰当"，是依据此情、此景、此目的把话说得恰到好处。恰到好处强调的是"度"，不能"过"也不能"不及"。比如在表示礼貌时，什么程度的礼貌最得体，需要结合双方关系来判断，并不是越礼貌越得体。例如：

(1)你一会儿出去顺便帮我拿一下快递！

(2)你一会儿出去能顺便帮我拿一下快递吗？

(3)你一会儿出去啊？我想麻烦你帮我拿一下快递，方便吗？

(4)您一会儿出去啊？嗯，我有一个快递，不知道您是不是方便，能不能帮我拿一下?

(5)您一会儿出去啊?嗯,我有一个快递,不知道您是不是方便,可不可以请您帮我拿一下?

很明显,从(1)到(5)越来越客气、越来越礼貌;或者说(1)最不礼貌,(5)最礼貌,但这并不意味着(1)就是不得体的,(5)就是得体的,关键要看双方关系的密切程度。对关系一般的人使用(1),显得没礼貌;对关系很近的亲朋好友使用(5),则显得你太过生分。所以,所谓的得体,就是结合对象、关系、具体情境等因素,做到语言表达的"适切"。

二、真诚原则

曾经打败拿破仑的库图佐夫在给某位公主的信中说:"您问我靠什么魅力凝聚着社交界众多的朋友?我的回答是:真诚。"真诚是"杀手锏",胜过沟通中的其他所有技巧。

沟通强调方法,方法和技巧是重要的,但也不能太夸大方法和技巧的作用。方法有用,但作用有限,要想沟通得好,要想达到长久的友好合作,缺少不了尊重、礼貌和真诚。中国移动通信曾经有一句广告语——沟通从心开始,表现了对沟通本质的思考。始于心,达于心,心与心的交流,是沟通的出发点,也是沟通的目的地;是沟通的原生态,也是沟通的最高境界。因此在追求沟通艺术,强调表达技巧的同时,不能忘了真诚的重要。真正的合作需要真诚,心与心的交流需要真诚。

美国前总统林肯有一句名言:"你能在所有的时候欺骗一些人,也能在一些时候欺骗所有的人,但是不能在所有的时候欺骗所有的人。"这句著名的政治格言不仅是林肯的座右铭,也成了当今许多人的座右铭。事实上,也只有真诚才能真正激荡人的心灵,才能使人的信任和威望得以在大众面前长久存在。日常生活中,真诚也常常能收到意想不到的良好效果。下面是一个学生的亲身经历,他说:

2020年11月,我去理发店打算修剪一下头发。以前去的理发店,理发师总是忽悠我办卡或者做护理。今天选择这一家,我暗下决心,不管他怎么忽悠,绝不办卡,只是剪个头发。

理发师:您好,请问需要什么服务?你第一次来我们店里吗?

我:忘记来没来过了。(心想肯定是看我新面孔,想让我办卡。)

理发师：哦，你是在这附近住吗？

我：没有，我就是刚好路过。（如果说住这附近，对方肯定劝我办卡。）

理发师：哦，我看你这头发有点少啊，网上不是好多人说去做头皮护理很有用吗。

我：（肯定是想让我在他们店里做头皮护理吧……他咋不说呢，哼，看我先发制人。）你们店里有头皮护理吗？

理发师：我们店里没有。

我：（有点好奇，这理发师竟然没按常规套路走。）

理发师：平时染发烫发吗？

我：（肯定要忽悠我烫染了）从来不烫不染，没兴趣。

理发师：嗯嗯嗯。

我：（这下没话说了吧）

理发师：你这头发发量不太多，最好别整那些，对头发不好。你这发质偏干呀，平时做保养吗？

我：（开始了，肯定要做推销了。）不做，太麻烦了。

理发师：可以去超市买点精油，洗完往头发上面抹一抹，我们店里也有，不过其实你网上买了，自己回家弄也一样。

我：（这个理发师怎么跟我想的不一样呢，太奇怪了吧。）

理发师：好了，头发剪完了，您去柜台结个账就行了。

我：（这家店好棒啊，没有推销，技术也不错，感觉以后可以常来呢。）哎，问一下，你这边办卡有优惠吗？

我走出理发店，看着手里的卡……这里的理发师不像之前碰到的那些人那样强力推销，他的体贴和真诚打动了我，以至于我忘记了我来理发店的最初目的是仅仅剪个头，万万不办卡。

前面讲过，任何交际都是有目的的，交际目的分为“求和”和“求成”。“求成”目的，往往带有明确的目标，人们往往也会比较明显地感知到；“求和”目的，是通过交流与对方进一步熟悉、进一步拉近距离、进一步协调关系。在这一过程中，你表现出的尊重、真诚、关心和爱护，往往会像春风一样润泽对方的心，使其不自觉地开始交付自己的信任和好感，一旦这样的心态达成，你所要实现的求成目的也就不再遥远了。

下面是发生在大学宿舍里的真实案例：

周六早上小 A 的闹钟果然又早早响起，隔几分钟就有一次，大家都被吵醒，陆陆续续起了床，然而小 A 自己却没醒。大家感觉小 A 是个敏感的人，所以不知道如何跟她沟通，害怕小 A 觉得别人联合起来排挤她。

我一直做自己的事没说话，直到小 A 起床。

小 A 从床帘里探出头和我打了个招呼。

我假装有点惊讶的样子，说："你还在宿舍呀？听你闹钟响那么早我还以为你早就出门去图书馆了。"（暗示小 A 她的闹钟很早吵醒了我）

小 A 一愣，支支吾吾地说："唉，我怎么一次闹钟都没听到呀。"

我用关心的口气回答小 A："可能是昨天你睡得太晚了，睡得比较沉。宝你要少熬夜呀，对身体不好的。"（先向小 A 真诚地表达我对她的关心，让小 A 感受到我们之间的友情。）

小 A 好像有点小感动，说："嗯，谢谢你。我也觉得这样不健康，我会试试调整作息的。"

我接着就说："小 A 你上了几个闹钟呀？我好像听见了好几次呢。"（我故意增加了语气词，让我的语气显得更和缓，不会太生硬。）

小 A 掏出自己的手机看了看说："我上了 5 个，还有每隔 5 分钟的自动响铃。"小 A 说话底气不足，好像察觉到了自己的做法有些不妥。

我继续说："上那么多呀，周六不就应该好好休息嘛，你睡得那么晚干嘛不多睡会？"（再次表达关心，而不是指责小 A，不会在她本来就产生愧疚感的时候伤害她的内心。）

小 A 表情又放松下来，主动问："是不是我的闹钟吵醒大家了？"

我说："也不是吵啦，本来你闹钟也不算太早，但周末了总会有人想多睡会嘛。你可以少定几个闹钟嘛。或者你也多睡一会，我可以叫你。"（委婉得体地指出小 A 打扰大家的问题，向小 A 抛出解决方案，而不是指责她。）

小 A 明显意识到了自己的问题，很诚恳地说："确实，我总听不到闹钟，其实也起不了那么早。下次我不把闹钟定在这么不合理的时间段了。如果有事还得拜托你叫叫我。"

结果：最终小 A 闹钟不断打扰大家的问题得到了解决，小 A 调整作息不再熬夜，修改了闹钟时间和频率，尽量让自己早上听得见闹钟响，也不会让闹钟不停地响了。

分析:沟通的基本原则是合作原则、礼貌与尊重原则和得体与真诚原则。在我和室友小A的沟通中,我主要践行的是得体与真诚原则。首先是得体,我带有求和目的,不能伤害小A,也不能破坏我们的关系,所以采取语气和缓、积极热情、避免争论的方法与小A沟通;同时我也需要求成,让小A做出改变,我和小A的关系是室友,平辈且较为亲密,沟通场合在氛围比较轻松的宿舍,所以在称呼上和语气上我都拉近了距离。同时在得体的言辞和体态背后,我真心在乎小A的感受,不想伤害她敏感的内心,同时也在生活上表达了对小A的关心,遵循了交际中的真诚原则。

总结:从这个实验中,我更加体会到得体与真诚原则在沟通中的重要性,如果我在与小A的沟通中没有遵循这一原则,而是指责、埋怨她的行为,很可能不但小A不会改变,还破坏了我和小A之间的关系。根据交际对象、交际关系、交际目的、时空场合等,选择得体的沟通方式非常重要,这样才能让我们达成良好的沟通效果。同时,我们待人一定要真诚,得体背后没有真诚的支撑也很难成功交际。

建立在真诚基础上的沟通,能够让双方逐渐敞开心扉,促进亲密关系的建立。最好的人际关系与真诚分不开。曾有这样一个故事:

一个女孩,生下来就是难看的兔唇,弯曲的鼻子,向外倾斜的门牙,说话也结结巴巴。上学时,同学问她:“你的嘴怎么变得这样?”她撒谎说,小时候摔了一跤,被地上的玻璃割破了嘴。她觉得这样说比告诉他们她生来就是兔唇要好受些。她想除了家里人没有人会爱她,没有人会喜欢她。二年级时,她进了一个女老师的班级。这个老师很胖,很美,温馨可爱。她有着金光闪闪的头发,有一双黑黑的笑眯眯的眼睛。每个孩子都喜欢她、敬重她。在低年级每年都有“耳语测验”的题目。孩子们依次走到教室门边,用右手捂着右边的耳朵,然后老师在讲台上轻轻地对你说一句话,再由那孩子复述出来。可是这个女孩左耳先天失聪,几乎听不见任何声音。她不愿意把这件事说出来,因为她想,那样的话大家更会嘲笑她。

不过她有个办法对付“耳语测试”,因为她发现没有人看你是不是真的捂住耳朵,只注意你重复的话对不对,所以她准备假装用手盖紧耳朵。终于轮到她了,老师会说什么呢?是说“天是蓝色的”呢?还是“你有没有一双新鞋?”小女孩心里盘算着。她把左耳对着老师,同时用右手紧紧捂着右耳。然后,稍稍把右手抬起来,因为这样她就足以听清老师的话了。

她等着,等着……然后,老师说了八个字。这八个字仿佛是一束温暖的阳光,直射她的心里;这八个字抚慰了她受伤已久的幼小心灵;这八个字改变了她对人生的看法!

这位很胖、很美、温馨可爱的老师轻轻地说:“我希望你是我女儿!”

师生之间除了传道、授业、解惑之外,还有尊重、理解、关心和爱护。及时真诚地将内心的爱传达出去,会温暖一颗心、挽救一个人。

人与人之间的沟通,不管是合作原则、礼貌原则,还是得体、真诚、尊重原则,都应该从爱和善意出发,始于心、达于心,这对于任何沟通都是重要和珍贵的。

相关资源与习题自测

◆ 课程资源

视频:得体与真诚原则(二维码)

更多与本章内容相关的课程资源(含文字内容、案例小视频、主客观试题、问题讨论等),详见:刘艳春. 中国大学慕课《语言交际概论》第 7 单元,网址 https://www.icourse163.org/course/CUC-1454885178。

◆ 习题自测

2002 年 9 月期《交际与口才》上有这样一则故事:

一对小夫妻和另一对小夫妻正在进行羽毛球双打。打着打着,夫妻之间就开始不断地争吵,这个嫌那个傻,那个嫌这个蠢;这个嫌那个慢,那个嫌这个笨。就这么吵着吵着,一会闹翻了天,丈夫气红了脸,妻子噘起了嘴。自然,双打只好不了了之。奇怪的是,第二天,同是双打,气氛却和谐至极。还是那四个人,还是那个场地,但个个彬彬有礼,别说争吵,连说话的声音都低了八度! 两个男士都成了绅士,动作极其典雅,总是小心翼翼地关照着身边的那位异性;两个女士也都成了淑女,动作极轻柔,总是笑容满面地配合着身边的那位男士。人们吃了一惊,再一细看才发现,原来双方对换了一个人:A 家的妻子与 B 家的丈夫合作,B 家的妻子与 A 家的丈夫合作。奇迹也正在于此,只因为换了一个人,便立即开拓了一个全新的局面:四个人个个笑容可掬,个个温文尔雅。在球场上飞来飞去的,不仅有轻灵的羽毛球,还有比那羽毛球更轻盈的笑声。

就上述内容,请你分析一下为什么会发生前后如此明显的变化?

◆ **学习资源**

1. 本书《沟通的科学与艺术》主要从现实生活出发，以实用和指导实践为主要价值取向，阐释了沟通的几个基本原则及其下位准则。在阐述礼貌原则时，侧重从我国传统礼貌观念和礼貌行为出发加以介绍。从理论研究来看，语用学领域有关礼貌原则的研究有很多，其中利奇提出的一系列观点最具代表性。比如：

利奇认为礼貌具有交际利他性(communicative altruism)。这种利他性体现在言者为维系良好人际关系，确保听者在交际中合作，主动运用言语行为将自身价值转移至听者。然而这一过程并不蕴含言者内心真诚表达礼貌，而是言者为达到交际目的使用的言语策略。向明友、贾勉以语用礼貌研究历程中具有代表性的利奇礼貌模型为线索，对比分析了当前的主流礼貌模型。

想了解更多具体内容，详见：向明友，贾勉. Leech 的语用语言礼貌观[J]. 外语教学，2020，41(4)：1-6.

2. 社交语用研究多关注言语交际中的真实礼貌，却忽略虚假礼貌现象。基于礼貌原则和人际关系管理论，李成团、冉永平发现人际交往中虚假礼貌的三种实施方式：先礼后兵、象征性移情和指桑骂槐，以及自我身份构建与人际和谐维护的语用依据；同时该文也总结了虚假礼貌的四个基本特征：(1)遵循与违背礼貌准则的矛盾性；(2)受制于特定目的的蓄意操纵性；(3)移情站位的表面性；(4)心理期待的不对等性。最后，该文还尝试融入虚假礼貌概念，重构人际礼貌观。

想了解更多具体内容，详见：李成团，冉永平. 虚假礼貌的实现方式及语用特征分析[J]. 外国语(上海外国语大学学报)，2014，37(2)：42-51.

3. 于林龙提出：交往理性不同于合作原则之处还在于交往理性是在生活世界视域内运行的，交往理性首先是生活世界的交往理性，考察交往理性不能脱离生活世界的概念；而格莱斯的合作原则并没有触及到生活世界的问题。这恰好从另一个侧面说明了经验语用学的局限性。

想了解更多具体内容，详见：于林龙. 超越合作原则的交往理性——哈贝马斯语言哲学意义理论的范式转换之思[J]. 吉林大学社会科学学报，2011，51(4)：31-36.

第九章　提高沟通能力：基础篇

沟通能力不仅是一个人驾驭语言能力的体现，更是一个人才华、学识、思维、心理等综合素质的展现。沟通者若想具有较强的沟通能力，就必须以相应的素质、能力和修养为基础。

第一节　文化素质与心理素质

一个人拥有口才，从外在形式看是能讲一口流利、符合逻辑且生动形象的话，从深层内涵看是拥有广博的知识和驾驭这些知识的能力。文化素质是沟通能力的重要基础，心理素质则是这个基础能否得以稳定发挥进而使其外化为沟通能力的决定条件之一。

一、文化素质

文化素质是指人们在文化方面所具有的较为稳定的、内在的基本品质，表明人们在这些知识及与之相适应的行为、情感等方面能力的综合发展的质量水平和个性特点。一个人的文化素质越高，他的沟通内容就越丰富；对话题的理解、分析和阐释也就越全面深刻。有些人常因相关知识欠缺、文化素质低下而逃避沟通、沉默寡言。

有一个姑娘经人介绍结识了一个小伙子。几次约会之后，姑娘对小伙子的印象非常好，因为小伙子特别健谈，而且见多识广。天文地理、花鸟鱼虫、西方哲学、东方禅道，他似乎无所不知。正巧，姑娘有一个哲学考试，她想，既然小伙子那么博学，就请他帮自己补补课吧。不料,这次面对姑娘的突然请教,小伙子却变得笨嘴笨舌,当姑娘问他如何解释"形而上学"时,他更是支支吾吾答不上来。后来他不得不向姑娘"交代":为了给姑娘留下好印象,每次约会的前两天他都去图书馆翻阅报刊,然后现学现卖说给姑娘。

这件事说明,沟通能力不是"包装"出来的。古今中外,但凡有杰出沟通能力的人,无一不是博览群书、学识渊博,这是拥有良好文化素质的重要基础。

二、心理素质

良好的心理素质对沟通也非常重要,尤其在意外、紧急或突发事件面前,特别考验沟通者的心理素质。沟通者只有临危不乱、控制好情绪,才能完成好沟通。

战国时期的庄子家境贫寒,有一天家里又没吃的了,妻子催他去借粮,他决定到好朋友监河侯那里求借,以解燃眉之急。不巧,监河侯正收拾行李外出,见庄子寒暄道:"多日不见,庄兄大驾光临,不知有何见教啊?"庄子直接说明了来意。监河侯说:"借粮好说,我正要进城收租,等我收回来,借给你三百两银子,说完就准备上路。"庄子心想:你到城里来回一趟要半个多月,等你回来我一家老小不是全饿死了吗?心里又气又急,但是庄子马上控制好情绪,对监河侯说:"仁兄且慢,你陪我喝完这杯茶再走好吗?"监河侯不好意思拒绝,只好又坐了下来。庄子一边喝茶一边对监河侯说:"昨天来的路上,我听见有呼救声。四处一看,发现在曾经积过水的干车沟里,有一条快要干死的小鱼在那里大声呼救。于是我就问他:"小鱼呀,你从哪里来,怎么变成这个样子了呢?"小鱼说:"我从东海来,现在快要干死了,你能不能给我一小桶水,救我一命呢?"我回答说:"要水吗?这好办,你等着,我去见吴越的君王,请他们堵住西江的水,然后用西江水来迎接你回东海。”小鱼生气地说：“我在这车沟里快要干死了，只要一小桶水就能活下去。等你引来西江水时，就只能到卖干鱼的货摊上找我了！”听到这里，监河侯羞得满脸通红，立即喊来家人，到粮仓去满满地装了一袋粮食，借给了庄子。

试想，如果庄子心理素质不好，一听监河侯的话就生气走了，不但借不到粮，朋友也没办法做了。这就是心理素质的重要性。

第二节　观察能力与思维能力

沟通总是包含着人们对事物、现象的观察和理解，因此，人们的观察能力和思维能力也就成了沟通能力的重要基础。

一、观察能力

一个人的观察能力越强就越能抓住事物的细节和本质，也就越能提高沟通的质量。在沟通中，判断一个人说话是真是假，需要仔细观察对方的动作细节和细微表情，此时较强的观察能力能够让沟通者迅速捕捉到对方的蛛丝马迹，继而做出正确的判断。

比如，北京一个生意兴隆的房产经纪人，他把自己的成功归结于如下因素。他说，不要满足于听客户所讲的表面情况，还要注意观察他们讲话时的表情，将心比心，察觉出客户的真实想法。他说，有一次当他告诉一位客户某幢房子的价格时，那人淡然一笑，说：“对我们家来说，价钱高低无所谓。”然而，房产经纪人注意到了他的语气中流露出的沉吟和尴尬，便准确推断出他分明是想买但是钱不够。于是便跟他说：“我们还有其他几个房子，价格没那么高，但格局都非常好，我们多看看吧？”结果，双方最终都达到了自己的目的。客户买到了他有能力支付的房子，房产经纪人也做成了一笔生意。

二、思维能力

思维能力强是沟通能力强的必要不充分条件。第五章“沟通中的思维”介绍过思维方式包括形象思维、抽象思维、灵感思维、直觉思维等。

在人际沟通中,听和说都离不开思维能力。从听话人角度来看,思维能力越强,就越能准确快速捕捉到对方的有效信息,从而正确地理解对方的话语含义,做出回应。从说话人角度来看,形象思维越发达,语言表达越生动形象;抽象思维越发达,语言表达越有逻辑、有条理;灵感和直觉思维越发达,语言表达越灵动。这是思维能力在语言表达特征方面的基础性作用。思维能力还包括思维的敏捷性、灵活性和创造性等方面。思维越敏捷,越能快速做出问答反应;思维越灵活、越有创造性,则越能给人以出人意料、出奇制胜的沟通体验。

比如,加里宁是俄国布尔什维克党的一位杰出的宣传演讲家。有一次他向某州农民代表讲解工农联盟的重要性。讲了半天,大家还是没明白为什么工农联盟很重要。于是有人递上一张纸条,问:“什么对苏维埃政权来说更重要?是工人还是农民?”这个问题非常棘手,稍不注意就会犯错。如果是你,你该如何回答呢?

回答“都重要”,跟没说一样,因为大家就是想知道为什么都重要。回答“工人重要或农民重要”那就更糟糕。回答工人重要,会伤害农民;回答农民重要,会伤害工人。所以,这不是一个容易回答的问题。那么加里宁是怎么回答的呢?

他的回答非常精彩,他机智地反问:“对一个人来说,什么更重要,是右腿还是左腿?”全场静默片刻,继而爆发出雷鸣般的掌声。农民和工人代表们都满意地笑了。加里宁没有按常规模式回答对方的问题,而是运用类比推理,机智巧妙地以问代答,收到了非常好的沟通效果。由此可见,灵活、敏捷的思维能力对于沟通的重要性。

第三节　思想深度与表达修养

思想深度决定表达内容的深刻程度,是一段表达能否给人以滋养的基础。表达修养则是导致表达内容以什么样的方式呈现出来的重要因素,好的表达修养能让沟通如冬日暖阳,给人以温暖;不好的表达修养则将沟通推进战火硝烟,导致双方关系破裂。

一、思想深度

思想是话语的灵魂,一个人只有思想深刻,才能表达深刻。《遥远的救世主》第二十章有一个情节，讲的是丁元英和韩楚风去五台山请教智玄大师。二人先是递进去一个装有5万元的信封，大师不见；接着又递进去一个装有10万元的信封，大师还是不见；第三次丁元英拿出自己写的一首词递进去，大师才同意见面。然后三人展开了一场思想深刻的论道。

智玄大师把信纸和信封轻轻往前推了一下，说："敢问施主什么是真经？修行不取真经又修什么呢？"韩楚风不知道这首词的内容，就势拿过看了一遍，其中上阕写道：

悟

悟道休言天命，
修行勿取真经。
一悲一喜一枯荣，
哪个前生注定？

韩楚风马上明白了智玄大师为什么要提这样的问题。丁元英回答道："大师考问晚辈自在情理之中，晚辈就斗胆妄言了。所谓真经，就是能够达到寂空涅槃的究竟法门，可悟不可修。修为成佛，在求。悟为明性，在知。修行以行制性，悟道以性施行，觉者由心生律，修者以律制心。不落恶果者有信无证，住因住果、住念住心，如是生灭。不昧因果者无住而住，无欲无不欲，无戒无不戒，如是涅槃。"

智玄大师又问："不为成佛，那什么是佛教呢？"丁元英说："佛乃觉性，非人，人人都有觉性不等于觉性就是人。人相可坏，觉性无生无灭，即觉即显，即障即尘蔽，无障不显，了障涅槃……从众生处说是以贪制贪、以幻制幻的善巧，虽不灭败坏下流，却无碍抚慰灵魂的慈悲。"智玄大师说："以施主之文笔言辞断不是佛门中人，施主参意不拘经文，自悟能达到这种境界已属难能可贵……"然后三人到茶室继续品茶论道。

最后，丁元英和韩楚风随智玄大师走到书案近前，只见智玄大师在书案上展开一张一尺见方的宣纸，把丁元英的那首词放在旁边，研墨提笔，写道：

悟道方知天命
修行务取真经
一生一灭一枯荣
皆有因缘注定

写完之后智玄大师放下笔,说:“此‘天’非彼‘天’,非众生无明之天,亦非众生无明之命,此乃道天,因果不虚,故而改字‘方知’。修行不落恶果虽有信无证,却已无证有觉,已然是进步。能让迷者进步的经即是真经,真经即须务取。悲喜如是本无分别,当来则来,当去则去,皆有因缘注定,随心、随力、随缘。”智玄大师信手把原句的“休言”改成了“方知”,把原句的“勿”改成了“务”,把原句的“悲、喜”改成了“生、灭”,把原句的“哪个前生”改成了“皆有因缘”。九个字的改动,使意思、意境、意气全然不同。韩楚风看后赞叹地点点头,说:“精妙!九字之境,无证而证。”丁元英再度给智玄大师恭敬行了一个佛礼,说:“谢大师开示。”①

丁元英和智玄大师都是思想深刻、富有智慧之人,二人在论道中也展现出玄妙而又高深的见识。可见,只有思想深刻才能使得表达深刻。

二、表达修养

表达修养是指表达者以口头或书面的语言形式表达思想、抒发感情的良好修养。同一个事,不同表达修养的人来表达,效果会截然不同。

雅克·玛丽曾回忆自己第一次给马蒂斯当绘画模特时的情景,她说:“我眼睛瞟了一下画布,不禁大吃一惊,看见画布上的画根本不是我。我问马蒂斯:‘您为什么不画那种与我的照片非常相像的肖像呢?’”马蒂斯回答说:“因为画那种画没什么价值。我的画里只用三件东西,模特儿、我自己和模特儿使我产生的激情。”

正是玛丽良好的表达修养,采用委婉、友好的问话,才使得她和马蒂斯的对话愉快而圆满。否则,可能完全是另一种景象。

19世纪,油画家惠斯勒在没有成名之前以替人画肖像为生。有一次,他替一个富商画完肖像后,那人把自己的画像看了好久,然后愤怒地质问惠斯勒:“你说,你能把这幅画称为艺术吗?”惠斯勒冷笑一声,反唇相讥:“你说,你能把自己称为一个人吗?”

同样是画肖像,同样是被画的人觉得画像不符合自己的预期,但是由于表达修养不同,对话结果也截然相反。有好的表达修养的人,即使面对挑衅予以回击时,也总能恰到好处,不失教养和风度。

有一次,周总理接受一位美国记者的采访。那个美国记者见周总理桌上放着一支

---

① 豆豆. 遥远的救世主[M]. 北京:作家出版社,2005:235-243.

美国的派克钢笔,有些不敬地说:“请问,总理阁下,你们堂堂中国人,为什么还要使用我们美国生产的钢笔呢?”周总理听后笑了笑,朗声答道:“提起这支笔啊,这是一位朝鲜战友在抗美援朝战争中的战利品,他作为礼物送给我的,朋友一再坚持要我留下来做个纪念,我也觉得有意义,就收下了这只贵国生产的钢笔。”

这位记者听后,窘迫得面红耳赤,一句话也说不出来。这位记者关于派克钢笔的提问显然是一种挑衅,即使对其严词驳斥也不为过,但周总理以委婉的表达予以回击,含蓄犀利又不失风度。

爱尔兰作家萧伯纳的剧本《武器与人》首演成功,许多观众在剧终时要求萧伯纳上台接受大家的祝贺。可是,当萧伯纳刚刚走上舞台,突然有人在下面挑衅道:“萧伯纳,你的剧本糟透了,谁也不会看呵,收回去吧!停演吧!”萧伯纳听后向那人深鞠一躬,彬彬有礼地说:“我的朋友,你说得好,我完全同意你的意见。遗憾的是,我们两个反对这么多观众有什么用呢?我们能禁止这剧本的上演吗?”一席话,将那人说得瞠目结舌,半晌说不出话来。

好的表达修养总是能起到减少冲突、优化表达效果的作用。

相关资源与习题自测

◆ **课程资源**

视频:交际或沟通能力的基础(二维码)

◆ **习题自测**

在《我是歌手》第三季总决赛中,孙楠临时退赛,导致场面险些失控。然而主持人汪涵的机智救场,却圆满地控制了局面。下面是汪涵的救场全文:

既然我是这个舞台的节目主持人,接下来就由我来掌控一下。

首先请导播抓紧时间为我准备一个三到五分钟的广告时间,谢谢!我待会儿要用。接下来我要说的这段话有可能只代表我个人的观点,而不代表湖南卫视的立场。我从21岁进入到湖南广电,所以我觉得我自己身上的很多优点和很多缺点似乎都打上了湖南广电的烙印,包括所谓没事儿不惹事儿,事儿来了也不要怕事儿。

对于一个节目主持人在这么大一场直播当中，一个顶尖的歌手，一个顶梁柱一样的歌手，突然间宣布退出接下来的比赛，我想应该是摊上事儿了，甚至是摊上大事儿了。但是说实话，我的内心一点儿都不害怕，因为一个成功的节目有两个密不可分的主体，除了这个舞台上的七位歌手之外，还有电视机前的亿万观众和现场的这么多观众。

我之所以不害怕是因为你们还真诚地、踏踏实实地坐在我的面前，我还可以从各位期待的眼神当中读到你们对接下来每一位要上场的歌手，他们即将演唱的歌曲的那一份期许。我还可以从各位的姿态当中感受到你们内心的那种力量，这个力量足够给楠哥、给红姐、给“The One”、给李健、给维维、给黄丽玲，给所有的歌手，给彦斌，已经准备好了，会有千万个掌声要送给他们。楠哥，不信你听。这是我要说的第一层意思。

第二层意思我想表达的是，我虽然不同意楠哥的一些观点，但是我誓死捍卫您说话的权利。所以刚才我由话筒听到那一段的时候，我并没有试图打断您要说的话，虽然我可以这么做。其实每一位歌手到这个舞台，他都有权利选择我来或者是不来。

当然，您自然也有权利选择在您认为是对的时刻，依着自己认为对的那个心情做出你要离开的这个决定，所以我相信我们应该尊重一个成熟男人在这一刻做出的决定。当然，我们在这里提出一个希望和请求，就是希望您以一个观众的身份继续坐在这个地方，来看你最爱的弟弟妹妹们向歌王的舞台进军，我也相信我们现场的 500 位大众评审已经做好了准备，用掌声来接纳这位不期而至的观众，不信，你听。

后来网上评价说“汪涵的救场无人能及”。你认为，在这一事件中体现了沟通能力的哪些基础?

◆ **学习资源**

1. 在影响沟通的诸多因素中，心理因素的影响最大、最直接。人们的心理若处于波动时期，是不平衡的，正常的心理平衡被打破，就形成了严重的心理障碍，从而影响到语言的表达。人际沟通的心理障碍是在其主观、客观因素的共同作用下形成的。这种主客观因素主要包括印象、环境、情感及个性等方面。

想了解更多具体内容，详见：马志强. 谈谈影响口语交际的心理因素[J]. 语言文字应用，2005(S1)：81-83.

2. 语言表达能力是大学生综合素质的突出体现,也是素质教育不可或缺的重要方面。由于受应试教育以及学生自身的影响,学校在教与学的过程中对学生语言表达能力的培养重视不够,既缺少系统的培养计划,也缺乏必要的实践训练,致使学生的语言表达能力存在一定的缺陷或不足。大学生语言表达能力的不足表现在哪些方面?大学生语言表达能力的影响因素有哪些?大学生语言表达能力的提高对策是什么?

想了解更多具体内容,详见:张国民,武英耀,赵付明.应重视大学生语言表达能力的培养[J].山西农业大学学报(社会科学版),2003(3):268-270+274.

第十章　提高沟通能力：实践篇（一）

沟通包括“说”和“听”两个方面”，倾听与表达同属沟通活动中不可或缺的重要环节。

第一节　提高倾听能力

“听”在沟通中占有重要地位。有资料表明：人们在日常活动中，“听”占45%，“说”占30%；“读”占16%，“写”占9%。也就是说，人们有近一半的时间都在听。

一、倾听的作用

首先，良好的倾听能力是人们获取知识的主要途径。学生在学校学习，除了阅读以外主要是通过听讲和记笔记来获得进步。日本的语文教育界称这种能力为基础“学力”。调查表明：凡是成绩优异的学生，大都能在听课时，准确而快速地捕捉到知识要点，一边听、一边思考、一边做记录。他们能准确地从老师讲授的众多材料中鉴别出哪些是重要的，哪些是不重要的，因此能够进行有选择的重点记忆。而那些成绩比较差的学生大都是听的时候不会鉴别、不能抓住重点。所以，训练倾听能力是培养学习能力的一个重要手段。

其次，倾听也是做好人际沟通的重要手段。在人际沟通中，大多数人都认为成功的社交主要取决于个人的口才，其实并非完全如此。我有一个朋友，她是个可爱的女孩。之所以很多人都喜欢她，并非因为她长得漂亮，也不是因为她有多么诙谐幽默，而是当她听你说话时，总是那样专注，会让你觉得自己是世界上最风趣、最有价值的人。所以，一个出色的倾听者，往往具有一种强大的感染力。

最后，作为语言交际的组成部分之一，倾听不仅是理解对方的有效手段，也是尊重对方的表现。比如下面爸爸接孩子放学回家，父女在车上的会话：

孩子：我今天把手机带学校去了。

爸爸：啊？学校不是不让带手机吗？不是上周签的承诺书吗？怎么刚签完你就带去了！

孩子：……

爸爸：你咋不说话了？

孩子：你总是这样，我刚开个头，你不听完就插话，然后一顿评论。

爸爸：我不插话了，你说吧，咋回事？

孩子：你总这样，我不想说了。

爸爸：好闺女，我道歉，下次我一定注意。快说说，咋回事？

孩子：昨天晚上，科技老师说今天中午要找我开会讨论科技复赛，有可能需要录音，我就把手机带过去了。结果下午班会时，我们班讨论清明诗会的事，要缩短好几个领诵人的时间，有一个领诵人没来，所以一直定不下来。有的同学说要缩短他的时间；有的同学说他没来，没有征得他同意就不能缩短。大家争论了 40 多分钟，我觉得应该马上联系那位学生来尽快确定这件事，就到外边拿出手机给他打电话，然后他马上就同意缩短时间。这个事立即办妥了，但我违规带手机也被大家发现了。

爸爸：那班主任老师批评你了吗？

孩子：老师先在全班面前表扬了我，说我找到了好的解决办法，办事果断有效率。但继而又说，表扬的同时还要提出批评，因为违规带了手机。

爸爸：你们班主任老师真好！这个说法是客观公正的。

孩子：是，我也觉得我们老师特好。下次如果再有事需要带手机，我会先和班主任老师报备。

爸爸：做得对，好孩子！

孩子：但是，下次我再说啥的时候，你能不能听我说完，你再说？

爸爸：好，爸爸下次一定注意。

其实，不仅是孩子，成人也是一样，每个人都渴望被尊重，都渴望对方能认真听完自己的话，这也是人际沟通中最起码的尊重。据说，精神病诊疗室里经常挤满了需要听众的人，他们中有一些是由于交流障碍造成精神困扰，因为长期以来没有人认真听他们说话。

一位在挽回家庭关系方面非常成功的调解人说："事实上，为了使一些家庭破镜重圆，我并没有做太多的事情。我只不过给每一方都提供了一个说话的机会——此时另一方只能洗耳恭听，不得随意插话打断。时常有这样的情况：这是许多年以来，两个人彼此第一次耐心地倾听对方的话语。"

"听"如此重要，所以，一方面我们要学会耐下心来去"听"；另一方面也要通过相关方法和技巧，提高"听"的能力和"听"的质量。

二、如何提高"听"的能力

要提高"听"的能力，至少需要在以下几个方面努力。

（一）主动倾听

要提高倾听能力，就不能仅仅被动地听，而是要学会主动地去倾听，即在听的过程中，不仅要认真听，还要积极思考和及时反馈。有困惑的地方要及时主动提问，直到真正理解对方的话语。有些主动型倾听也是挖掘话语背后信息，推动会话进一步深入的重要手段。比如在《非你莫属》的一期节目中，主持人张绍刚和求职者李晓的对话就呈现出这样的效果。

一开始，主持人介绍了李晓的学历背景。

主持人：功课怎么样？

李晓：功课中等吧。

主持人：都过了？

李晓：啊对，修的课都过了。（回答时显得有些没底气，侧脸看了一下主持人，下

意识咬了一下唇角)

主持人(捕捉到对方表达时的不自在随即问):怎么那么含糊呢,这话说得。

李晓:出了点问题,有的课没修。(尴尬一笑)

主持人:啊,你看,我说藏着话呢吧,(面向大家)我问他,都过了吗?(他说)修的课都过了。像我这样在大学当老师的人对你们每一句话,你们设的陷阱,给自己弄的包袱(都清楚),什么叫没修?没选?学分没修够?

李晓:学分够了,然后有一门课是计划外的,然后突然就出现了。

……

这是一段很精彩的互动,不仅挖掘出了更进一步的信息,为后面求职者的才华展示奠定了基础,也巧妙地在互动过程中将求职者的学习生活、性格特征等方面做了充分展示,使求职者的个性得到更为丰富立体的呈现。

(二)坦荡地倾听

几乎每个人在坦荡地倾听方面都需要提升。别人不同意我们的意见,我们就本能地不愿意去听,因为对我们意见的否定就是对我们自身的否定,就是对我们尊严的挑战。我们也都不想听到有损自己形象的话,更不愿意承认一个我们讨厌的人能说出什么有价值的话。所以,我们没办法静下心来倾听对方所谓的道理或体会其话语背后的情感和情绪,只要听到不利于我们形象的话,我们就会本能地辩解。比如下面一位同学提供的她与妈妈之间的对话:

背景:2022 年 3 月 6 日早上,妈妈在家里做家务,我还没有起床。妈妈每次做家务都会脾气很大,还没起床的我刚好成为发泄对象。妈妈走进我的房间,开始故意弄出声响,还没完全睡醒的我被吵得有点起床气。

妈妈:你看看这家里,从来没一个人能替我干干活!你每次回家从来也不帮我干点活!你看人家××家里的孩子,天天在家做饭,你再看看你,床上乱七八糟,让你帮我看个孩子都那么多怨言!你爸爸也是……

我:我怎么没帮你干活了?我回来这几天,家里的碗不都是我刷的?而且我昨天上了一天课,这刚睁开眼,哪来得及呀!××家的孩子好,你要不把他家孩子领过来!妈您就让我再睡会成吗!

妈妈:好,帮我干活!给我干活!合着这家里的事情都该我干呗,你这么大了在家里干点活不应该吗！一天天的就知道睡觉！

我：哎哟，不是，唉，算了，不跟你说了！（翻身、蒙被子、继续睡）

该同学分析说，这显然是一个“沟而不通”的对话。母亲的第一句话“从来没一个人能替我干干活”看上去是在表达观察，实则是一个混杂表达，给还在睡梦中的我一个“晴天霹雳”，让我感觉母亲在无理取闹。加上自己的起床气，所以我才会说很多气话。而如果母亲能将这句话换成完整表达，我应该会更好接受一些。而我后面的辩解，其实并没有起到解决问题的作用，反而更激起了母亲的怒气和怨气。母亲需要的是安慰和夸奖，而我则火上浇油，到最后放弃沟通，直接导致了整场沟通的失败。

这位同学的上述分析都是正确的，但还遗漏了一点，就是：她之所以会说很多气话，关键在于她还没做到坦荡地倾听，听到妈妈说“你每次回家从来也不帮我干点活！你看人家××家里的孩子……你再看看你，床上乱七八糟，让你帮我看个孩子都那么多怨言”这类指责自己和有损自己形象的话语时，已经做不到心平气和地去理解和体会了。

（三）警觉地倾听

要做到警觉地倾听，特别要注意我们所听到的和见到的是否一致。如果不一致，就应该有所警觉，寻找问题的真相。比如，说话人的声调、语气、面部表情和体态动作等是否和他的说话内容相符。如果一个人跟我们说，他和他父亲感情深厚，他父亲刚刚去世。可是他说这件事的时候却表情轻松、体态悠闲，那么我们就应该警觉了，因为我们看到的和听到的信息互相矛盾。

（四）倾听时勿持成见

提高“听”的能力，除了做到上述三点之外，还要做到倾听时勿持成见。因为一旦我们对说话人持有成见，就不会认真地去听；一旦我们对所谈论的事持有成见，我们一般就不会冷静地去听。这些都会影响“听”的效果，最终影响我们的正确判断。

“倾听时不要持有成见”与“坦荡地倾听”还不同。前者是没有危及我们的观点或形象，只是我们自己不喜欢对方或认为对方不对，因而不去认真听；后者则是危及到了我们的观点或形象，才不能心平气和地去听。

勿持成见地倾听，既能表现出沟通者在人际沟通中的理性，也能反映出沟通者在人际关系上的成熟和良好的自我修养。一般来说,人们总是希望订立是非标准并做出结论。但是,当我们用结论来代替倾听时,势必会割断交流的线索,妨碍进一步的沟通。加利福尼亚大学的精神病专家巴巴拉·雪帕莉博士说过,最为重要的是,应该向你所关心的人表明,尽管你对他们的行为存有看法,但你对他们本身怀有好感。倾听,正好可以起到这样的作用。

比如,当一个孩子半夜三更才回到家,此时心急如焚的父母依然能做到认真倾听实在不容易。父母十有八九会火冒三丈地吼道:“我不想听发生了什么事!”然而,这样不仅破坏了交谈,更为严重的是挫伤了孩子的自尊心。不管怎样,我们首先要让他明白,他的做法使我们如坐针毡、担心不已,然后要允许孩子讲清事情的原委。雪帕莉博士警告说,在那些父母从不听子女解释情由的家庭里长大的孩子,要重新建立起自尊常常需要花很多年的时间。可见,勿持成见地去倾听多么重要。

第二节　学会适当袒露内心

在人际沟通中,学会恰当地袒露自我非常重要,它是人际沟通中最淳朴、最真挚、最感人的沟通技巧。

一、什么是自我袒露

自我袒露是指向他者传递自身的信息。首先,“传递”意味着必然有另一方,内省和写日记(不公开给别人)不是自我袒露。同时,“传递”还意味着包含体态语的自我袒露,如手势、身姿和动作。体态语往往能够包括大量不经意的信息。“信息”则是指所袒露的内容对另一个人来说是全新的,是过去他所不知道的。这种信息可以是我们观察到的事实,可以是我们曾经经历过或正在经历的情感,也可以是我们对自己或他人的看法,还可以是我们过去或现在的心愿和需要。

二、四个区域——乔哈里视窗

“乔哈里视窗(Johari Window)是由美国心理学家乔瑟夫·勒夫(Joseph Luft)和哈里·英格拉姆(Harry Ingram)在20世纪50年代提出的一种用来研究自己与别人相互

了解的模型,也被称为‘自我意识的发现——反馈模型’。”[①]在这个模型里共分四个区域:第一个是“公开的自我”,即公开区域(Open Area),该区域是指自己和别人都了解的信息区域、沟通双方都共知的内容,比如个人生平、主要履历、相关情况等。第二个是“盲目的自我”,即盲目区域(Blind Area),该区域是指自己不了解、别人了解的信息区域,比如自己的处事方式,自己在别人心目中的形象,自己没有意识到的习惯、口头禅和癖好等。第三个是“隐蔽的自我”,即隐藏区域(Hidden Area),该区域是指自己了解、别人不了解的信息区域,比如我们自己的内心感受、隐私、心愿、个人好恶等。第四个是“未知的自我”,即未知区域(Unknown Area),指自己和别人都不了解的全新未知区域。既然这个自我被定义为未知,我们只能假设它存在,并称它为无意识或下意识的自我。

台湾的洪兰教授在一次演讲中谈到,她在美国加州学习时,她的一个同事在自动取款机上取款时被人抢了200美元,她去报案,警察问她抢钱的人长什么样,她说当时太紧张,只看到对方的枪口,没看清人长什么模样。过了一段时间,警察局来信说最近抓到了几个劫匪,让她去指认,看是否有当时抢她钱的那个人,结果她一进去,立马认出左边第二个是抢她钱的那个人。然后洪兰解释,这说明其实当时她有看到这个人的长相,但是由于太紧张,这个信息进入了潜意识,所以当警察问她时,她说没看到劫匪的长相,但是指认的时候,这个潜意识里的信息起了作用,当即就认出了那个劫匪。从这个角度来说,“未知的自我”是存在的,当人里面的信息被自己或他人意识到时,未知就转化成已知。

三、四个区域之间的关系

这些区域的划分并非刚性的。我们在外部世界看到、听到和触摸到的一切,都被吸纳进隐蔽的自我;有些被遗忘了,它们便进入了未知的自我;有些一直影响着我们的无意识习惯,从而进入盲目的自我;有些我们铭记在心,却永远不会透露,把它永远封存在隐蔽的自我;有些我们注意到了,又告诉了他人,从而进入了公开的自我。

---

① 张亚宏.“乔哈里视窗”与图书馆员沟通能力提升策略研究[J].图书馆研究,2019,49(1):110-115.

我们一旦意识到了有关自己的某些情况,就将这些情况从盲目的自我转移到了隐蔽的自我。如果我们把它与别人分享,它就进入了公开的自我。将我们的观察、感受、想法和需求,从隐蔽的自我进入公开的自我的过程,就是“自我袒露”。如果我们善于自我袒露,我们公开的自我区域就会大于其它区域。我们公开的自我区域越大,就越有可能获得自我袒露带来的好处。

四、自我袒露的好处

自我袒露都有哪些好处呢?第一,自我袒露有利于身心健康。第二,自我袒露有利于拉近交际双方的亲密关系和升华情感。

(一)自我袒露有利于身心健康

自我袒露有利于身心健康,那是因为自我袒露可以减轻压力、疏解情绪、减少内疚、放下心理包袱,从而促进个人的身心健康。

我们发现,那些懂得倾诉的人通常不会得抑郁症,因为她们通过倾诉,也就是自我袒露,及时排解掉了内心的压力和苦闷。一个人向别人袒露和倾诉的过程,是一个情绪排解的过程;而对方的安慰和开解,则是一个疗伤的过程。正是在这样的排解和疗伤过程中,自我袒露的一方不仅有效排解了内心的压力和苦闷,还能在对方的安慰和开导中感受友谊和关心带来的温暖和幸福。

同时,自我袒露还可以减轻内疚感。内疚常常毫无道理,却总是让人痛苦不堪。一条可以减轻内疚之痛的途径就是自我袒露。自我袒露可以从两个方面来减轻内疚:一方面,我们不再需要花费精力去掩饰过失。另一方面,把一个感觉内疚的事袒露之后,我们就能更客观地看待它。而且我们也会因此而获得反馈,检验这种内疚感是否情有可原。有时候可能是我们自己的原则或要求太苛刻才使我们内疚,而事实上,事情可能并不像我们想象的那么严重。

最后,自我袒露还能让我们卸下包袱,以积极心态面对那些更重要的事情。隐藏重要的信息得花费精力。设想我们有一门课挂了科或从

公司辞了职,我们像往常一样回到家里,只字不提自己的苦恼和即将面临的困境。那么,接下来就可能发生下面的情况:我们没有注意到妈妈准备了我们钟爱的美食,没有注意到丈夫剪了新发型和给我们精心准备的礼物。事实上,我们把全部精力放在了保守秘密和当前的苦恼上,因而几乎对其他任何事情都视而不见。但是如果我们把心理负担说出来,妈妈就能理解我们为什么情绪低落、没有食欲,丈夫也能理解我们为什么没有关注到他的变化和爱意;同时我们也能得到家人的关心和建议,一起商量如何更好地解决困难、走出困境。

(二)自我袒露有利于拉近关系、升华情感

在日常沟通中,别人对我们推心置腹,我们也会对别人敞开心扉。适当的自我袒露是建立亲密关系的基础,是促进情感升华的手段。记得有一次我们几位同事一起聊天,就有人问我的一个同事:"前段时间一直没看到你,你去哪了?"那位同事淡淡地答了一句:"没啥事,前段时间做了个小手术,已经好了。"很显然,她不想和大家细说她的手术,所以大家也就没追问。聊了一会儿,其他人纷纷离开,只剩下我们俩的时候,她主动对我说自己前段时间什么地方做了什么手术,涉及身体很隐私的部位。我听到这种自我袒露,瞬间产生一种被信任、被视为好朋友的感动,也立刻觉得我们的关系更加亲密了。有位同学自述:

小热是我在初中最好的朋友,大学考到天津,2020 年 12 月 9 日来北京找我见面。虽然在这之前我和小热保持联系,但是由于空间距离较远,并且我本身性格比较内向,不太习惯向他人倾吐自己的心事,因此我感到我们没有像以前那么了解彼此了。刚好这段时间,我们都因为一些感情问题感到烦恼,我打算通过这次机会来对她袒露心中的真实感受。

在餐厅吃饭的时候,我主动跟小热表示我最近也和她一样为感情问题感到烦恼,告诉她自己虽然表面看起来什么事都不在乎,其实心里一直觉得很伤心、很纠结,甚至有时候会自我怀疑、责怪自己。小热告诉我:"我很开心你能和我讲这些心事,让我感到被你需要。我一直知道你不愿意对别人说出自己的心事,你能信任我,让我觉得特别开心。"之后,她跟我分享她最近新的感悟和想法,我们互相安慰,感受到了友谊带给彼此的温暖,心中的犹豫、怀疑、伤痛被治愈了不少。

刚开始跟她坦白内心感受的时候,我其实内心很紧张,怕气氛会太压抑影响到她

的心情。但是在向她倾诉以及听她回应的过程中,那些紧张和担心被忘却,剩下的只有我们对彼此的真诚和关心。

和小热沟通完之后,我们两个人都觉得对彼此的了解更深了,而且更愿意在以后遇到烦恼的时候和对方倾诉,距离带来的陌生感和疏远感被冲淡了许多。

自我袒露是将个人信息告诉别人。人们通常害怕自我袒露,是因为害怕遭到拒绝或者误解,但是因为害怕而拒绝自我袒露,有时反而会带来更多的误解,失去的更多。当我们恰当地自我袒露时,不仅可以让对方感受到被信任,也可以扩大双方的沟通范围、加深双方的沟通深度,让沟通给双方带来更多的安全感和温暖的情感体验。

五、自我袒露的尺度和理想境界

自我袒露有很多好处,但这并不意味着我们见谁都要去袒露自我,也不意味着内心袒露得越多就越好。把握好袒露的对象和尺度很重要。

把握好自我袒露的尺度,首先要注意沟通双方的关系,如果我们向不熟悉的人袒露得过早、过多,对方会感觉不舒服。比如,一位女老板向刚入职的男员工袒露她的婚姻不幸,男员工就感觉很不舒服和尴尬。因为以他们的熟悉程度和交际关系,老板向他袒露这些是不合适的。他不明白这位老板是什么意思,是她本人不能保守任何秘密还是在向他暗示什么。当然,如果这位男职员已经入职多年,他们是好朋友,那老板的袒露就不会引起他的不适与费解。所以,如果双方关系没有发展到那里,就不要自我袒露过多,而是等到这种关系有了发展再去袒露。

有位学生这样说:"我在交际中总是交浅言深,热切地对待每一份感情并且期待对方同样热情。如果我得不到对方同等的回应我就会沮丧、难过甚至生气。我在努力克服,但问题仍然存在,偶尔也会陷入情绪旋涡。我会把握好交友尺度,渐渐地增进关系。过分的热情会让对方感到困扰,这也并不是我交友的本意。同时我也不能完全封闭自己,付出真心并不是我的错,我会和愿意与我发展亲密关系的朋友分享我的喜怒哀乐,无论友情或是爱情都要双向的奔赴!"

自我袒露的程度还受个人的性格、袒露的对象和袒露者的心情等方面的影响。有些人性格比较内向,不愿意与他人分享自己的观点和情感,隐蔽的自我较大,公开的自我较小;有些人比较坦率和外向,他们公开的自我较大,隐蔽的自我较小。

事实上,人们能袒露多少并不是一个固定值。我们的开放程度会波动,它取决于谈话的对象和我们的心情。在与爱人、家庭成员和亲密朋友谈话时,我们会比较开放;对于普通同学和同事,我们就会有很多保留。心情很差时,不管对谁,我们什么都不想说;特别开心时,即使面对不太熟悉的对象,我们也愿意多聊一些自己的信息。还有研究认为,一个人的自我袒露,与年龄也有关系。研究结果显示,从 17 岁到 50 岁自我袒露的平均程度可能会逐步提高,但 50 岁以后会变得比较保守。

总之,适当的自我袒露,关键在于权衡利弊,知道什么时候对哪些人袒露什么和袒露多少。如果我们能够在恰当时机做出恰当的自我袒露,那么我们的沟通效果就会好得多,我们的人际关系也会变得更加和谐亲密。

六、自我袒露的实践案例

下面的沟通实践是一个非常成功的案例。在这个沟通实践中,主人公“我”通过自我袒露和其他沟通技巧实现了完美沟通①,其分析和总结也十分精准到位。一个好的沟通是沟通双方的彼此成就,主人公的“好友”也是一位沟通高手,二人的高素质对话和默契衔接,给我们呈现了这段经典案例。因为整个沟通以微信形式进行,为确保阅读流畅度和原聊天表达效果,将微信中的表情符号转写成文字放入方框内。

背景:瑶是我亲密到可以“不沟而通”的朋友,我们是相识 7 年的同学,然而上大学后因为空间距离,见面和联系都明显减少,但我们的关系并没有因此疏远。距上次联系一个多月后的 5 月 17 号这天,她突然发微信告诉我她正在做医学美容化妆品的微商,并请我帮忙转发她朋友圈中发布的她选择做微商的理由、品牌介绍、二维码等信息。

好友:薇薇![水汪汪的眼睛表情]瑶想请你帮个忙,看看我朋友圈的第一条好吗?如果可以的话,能够帮忙转发一下那三张图吗[水汪汪的眼睛表情]?文案你随便改改我的文案发就行。啊,当然更希望你加入我的贵宾客户序列!以后有什么喜欢

① 在这个案例里,不仅包含了很多沟通原理、知识和技巧,也体现出在这些原理、知识、技巧背后沟通双方的真诚、友爱和尊重等,这些背后因素对于整个沟通的成功同样发挥着重要作用。

的产品都友情价给你[爱心表情]！下面就是我的小号，你直接加就行！

[分析]她在这段文字里明确表达了两个需求，即帮忙转发和加微信小号。由于有求于我，她在沟通时进行了向内的关系协同。首先她使用了关联性话语策略。在称呼方面，她用了我的昵称，这在我们平时交流中很常见；不过值得注意的是，她在提到自己时并没有直接说“我”，而是用我对她的昵称“瑶”，一定程度上可以理解为对我们朋友关系的强调，拉近心理距离，为后面的请求做铺垫。其次，她采用了归纳式话语模式。在表达第一个需求时，她先说“想请你帮个忙”，但又不明确指出帮忙的内容，在下一句中才提出“转发”这一关键词；在表达第二个需求时，她先通过“贵宾客户”和“友情价”进行渲染铺垫，在最后提出加微信小号这一沟通目的。再次，在提出请求时，她在措辞上还体现出了尊重原则。比如“好吗”“如果可以的话”等具有询问语气的用语，表现出她虽然希望我能满足她的请求，但同时也尊重我的意见，留出了足够的选择余地，给人一种既热切又不咄咄逼人的舒适感。此外，由于微信沟通不同于面对面沟通，在文字之外，她还使用了更丰富的表情符号和感叹号，从而传递出热情、亲昵之感，既弥补了体态语缺失对表达效果的影响，又进一步拉近了距离。因此，从语言沟通的角度看，这是一个表达得恰到好处的请求。

然而我是一个谨慎的人，即使是最好的朋友要求帮忙，我也会对帮忙的内容进行深入了解和思考之后再做决定。因此在看到她的消息时，我并没有马上回复。我先按她所说去看了她朋友圈的内容，由于其中信息量不足，我又查阅了这一品牌的相关资料，但未获得能够让我信服这是一个正规品牌的证据，同时也无法证明这是个不正规的品牌，于是我陷入了难以抉择的境地，只得给出以下回复。

我：好的，我看看。

[分析]我这一回复对于她前面提到的请求并没有明确地表示同意还是拒绝，违背了量的准则。但是它遵守了质的准则，既没有违心地草率答应，也没有找借口拒绝，只是真实地表现了我对这个请求的一部分反应。

看到了我的回复后，尽管我还未进行转发，但是好友提前表示了感谢。

好友：打扰了，谢谢你！

[分析]这里由原来的一致性礼貌体系转为了尊敬礼貌体系，“打扰了”一词用得十分客气，突然间拉开了我们的距离，让我感受到她可能担心向朋友提出经济利益相关的请求会影响我们之间的友情。此外，她在我完全给出肯定回答并作出实质性行动

之前就回复了"谢谢",在言辞上夸大了我"好的,我看看"这一回复所意味着的益处,表示出她已经假定了我会帮忙转发,这让我感到若是拒绝或是不理睬的话会对她有所亏欠,实际上带给了我压力。

在她表示感谢后,我仍然没能做出决定,既没有表示同意转发,也没有明确拒绝请求,对话就停止在了这里。在对话搁置了几天后,我看到有其他人陆陆续续答应了她的请求帮忙转发,相比之下,我的毫无回应向她传递了一个拒绝的信号。之后她并没有再向我提起转发的事,而我也就一直假定她接受了我的拒绝,并凭借多年的默契理解了我的理由,于是没有再向她进一步明确表达拒绝并说出理由。

这次沟通看似告一段落,可实际上我仍然很在意自己没有给出明确答复这件事。作为多年的好友,我们非常了解彼此的性格,每当我们之间意见不合时,我们都会求同存异,尊重并理解对方的选择,因此,面对拒绝和接受拒绝,我们是比较坦然的。即便如此,在我换位思考一番后,我认为对于她这次的请求不能这样敷衍过去。对她而言,这是成年以来第一次独立的销售尝试,尽管我仍然无法认同她所代理的品牌,但这种在经济方面进行独立探索的尝试行为值得认可,并且让我感到敬佩。这一番思考之后,原本觉得可说可不说的不转发理由变成了必须要清楚传达的话。于是在6月8日这天,我向她袒露了我的真实想法。

我:瑶,关于上次的事,虽然知道你理解我,但还是想告诉你我的想法。我不排斥医美,只是因为暂时了解得不多,加上自己对于不了解的事物会比较犹豫,所以纠结半天还是没转发。不过我想让你知道的是我非常支持你做微商,开始在经济独立上努力,这是件了不起的事情。我觉得瑶是个做事认真,会对人对事付出情感的人,相信你做微商也会和做其他事一样,有独到的认识,做出自己独有的感觉。我在做生意方面没什么感觉,可能对于你做医美事业的理由并不能完全感同身受,但这不影响我支持你的决定。祝瑶生意兴隆,越做越好,如果我哪天"顿悟"了一定帮你介绍客户[笑脸表情]。

[**分析**]这段话的交际目的有两个,一是阐明未转发的理由,二是表达尊重支持,其中后者为主要目的。阐明理由时采用了归纳式话语模式,先表明"不排斥"的态度,接着自我袒露原因,最后给出"没转发"这一关键信息,从而产生委婉的表达效果,使拒绝更易于让对方接受。由于阐述不转发理由只是次要目的,主要目的是表示支持进而维护关系,因此理由中有内因而无外因,只是片面地提到了自己的因素而没有提及

品牌可信度的问题，刻意突破了量的原则以达成交际目的。我在表达尊重支持时，进行了具体、深入的赞美。首先肯定了对方在事业上进行独立探索的价值，接着夸赞了她的品质和人格魅力，使她感到即使请求被拒绝也始终是被认可的，达到协调人际关系的目的。

好友：[爱心表情]谢谢薇薇这么放在心上。很少有朋友会去仔细想这件事，也有人存在偏见。我理解的[笑脸表情]。谢谢呀！我会一直遵从内心，坚持探索的，爱你！薇薇跳舞好棒，瑶也好想学跳舞，希望以后我也能付诸实践，嘿嘿。就算高中学习很紧张，你还是一直没有放弃跳舞，在单调重复的生活里开辟出一个能让自己完全走出来的新世界真的很棒，能够去感受自我、认识自我，这样的坚持也是很了不起的呀[太阳表情]

我：谢谢[害羞表情]，欢迎约舞。

好友：哈哈哈，我到那个程度还有点久远[害羞表情]。

我：慢慢学嘛。

[分析]我的自我袒露产生了很好的沟通效果，一方面疏解了我的情绪，另一方面引发了好友的自我袒露，促使我们的友情升华。在她的回复中，不仅表达了对我行为的认可与理解，还突破了原话题范围，转而对我的优点也进行夸赞。这是刻意地突破了量的原则，从而拉近了我们的距离，并让我感受到她对我们之间关系的重视。

结果：在我们互相进行自我袒露后，原本的隔阂感荡然无存。通过这次沟通，我们得以更加了解对方，情感联系更紧密，促进了友谊的升华。

[总结]这次沟通见证了我的成长。从逃避问题到直面人际关系中的矛盾，从不愿交流到通过恰当的自我袒露去让对方了解我的想法，这是对我长期以来固有的沟通模式的一次很大的突破。沟通最终的成功也带给我运用课堂理论进行实践的一次很美好的体验，增加了我的信心，使我乐于也勇于在之后的沟通中继续将所学的沟通技巧充分地利用起来。

第三节　实践有效表达

我们在第一章中介绍了四类表达，即表达观察、表达判断、表达感受和表达需求，而“完整表达”就是包含上述四类的表达。完整表达是亲密关系得以发展的基础,如果我们在表达中遗漏了某些重要信息,就叫作“不完整表达”。不是所有的关系和情况都需要完整表达,但是遗漏或模糊了某些重要信息的不完整表达可能造成混乱或误解,从而会破坏双方关系。

如果我们的表达是混杂的,也会影响沟通,而避免“混杂表达”的秘诀就在于分开表达我们想传递的每一部分内容。此外,在沟通中人们最容易把感受以批评的方式表达出来,因为批评他人与陈述自己的感受有时很难分辨。当我们说出对他人的批评时,我们觉得那就是我们的感受。

批评是由愤怒、挫折及伤害激发出来的,受到批评的人会很清楚地感受到我们自身的一些情绪,不幸的是,他们不一定确切知道我们的感受到底是什么。更糟糕的是,人类的天性会促使他们对那些批评及归咎作出反抗以求自我防卫。所以,要想成功地表达感受,必须谨慎小心地将批评、归咎和责怪收藏起来,仅仅说出感受的部分。在现实沟通中,要想让我们的表达更加有效,除了要注意上述提到的一些方面之外,我们还需要做如下方面的准备并遵守如下准则。

一、给出信息要直接

有效表达的首要条件是“知道什么时候该说什么”,这意味着我们不要理所当然地认为别人了解我们的所思、所求。“不直截了当”常常会导致沟通效果与预期产生巨大差距。比如:一个单身母亲和她十几岁的女儿相依为命,后来母亲认识了一个男朋友。这个男朋友一来,孩子就说头疼,然后躲进自己的房间。母亲以为是孩子不好意思,时间长一点就会习惯。而实际上,孩子是不希望妈妈找男朋友。其实,这是一对特别需要沟通的母女,但是她们并不清楚这一点。她们想当然地以为对方会很了解自己的心思,而实际上人们在猜测别人心思方面并不在行。

因此,信息应当直接这一点就要求交际者抛弃任何想当然,首先假定别人在猜测心思方面并不擅长,别人对自己的内心活动一点都不了解,所以一定要向他人说出我们的真实想法。

不直接给出信息,还有可能导致彼此关系疏离。比如,一个女孩儿不敢告诉男朋友她讨厌在公开场合有太亲密的举动,所以每每遇此情况,她只会说自己身体不舒服。这样含糊甚至虚假的信息,让她男朋友以为她的不适只是暂时的,他永远也不知道女孩儿不适的真正原因。所以将来的某一天或许还会出现这样的情况，而女孩儿也不得不再找其他理由来搪塞。这样长期不直接给出信息，最终会疏离他们的关系。因为女孩儿反复找各种理由推辞，极有可能让男孩误以为女孩儿不喜欢他，才一次一次地找理由拒绝他。

很多人知道什么时候需要沟通，但是害怕自己去亲自实践。因此，他们试图去暗示或告诉第三方，希望能通过第三方把自己的意思传到对方那里。这种拐弯抹角的做法，其实有很大风险。

第一，暗示常常会被误解或忽视。比如有个女孩儿，感觉自己瘦了，希望男朋友能夸夸她，于是就说："你看看，我裤子是不是出褶了？"男朋友不明所以，看了看说："没有啊，挺好的。"女孩继续说："你再仔细看一下。"男孩又看了一下说："那就熨一下呗。"结果女孩儿很失落，感觉男朋友根本就不关心自己。

第二，通过第三方传话有可能传不到位，也有可能歪曲事实。如果通过第三方传话，把本来可以两个人交流的事情变成了三个人，就凭空增加了一个环节。而且你要把事情跟第三个人说清楚，他才能帮你传话。万一你在说的时候没有把事情原委说清，或者说清楚了，但第三人在理解上有误，再或者即使他在理解上没有问题，在转达时他也不能保证准确无误地传达到位。但凡其中的某一个环节出现偏差，传达的内容都有可能走样。此外，通过第三方传话，即使传达的内容准确无误，从接受一方来说，也没有人愿意从第三人那里聆听你的愤怒、失望，或者爱意。看下面的例子：

小明欠丽丽钱，丽丽不好意思说，就请小刚代为转达。

丽丽：小刚，能不能帮我个忙，小明上个月欠我200块一直没还，我俩关系好，一直不太好意思催，你提醒下他。

小刚：没问题！

丽丽：委婉点啊，别影响我俩友谊。

小刚（对小明）：老弟，跟你说个事，你看啊，丽丽平时对你挺好的，人家也经常帮你，有些事不好意思跟你说，我给你提个醒，你说你好意思欠着人姑娘吗？

小明(一脸迷茫,猜想小刚这话是什么意思,继而心里嘀咕):莫非是丽丽喜欢我,让小刚给带个话?

这个话传得不仅离题万里,还可能造成其他不必要的误会。所以不要逃避直接沟通,也不要徒增沟通的多余环节。在日常沟通中,信息要确保直接、准确地传达给对方。当然,在表达方式上可以斟酌,以求最得体、对方最容易接受的方式来进行表达。

表达信息时不直接,在很多时候不仅达不到预期沟通目的,还会把自己逼到死角、难以抽身。比如,你不想答应某人做事,但你没有就这个事进行否定,而是推说"今天没时间。"那么,对方可能会说:"没事,明天也行,这事就拜托你了。"你接下来就不好收场了。再如,你想拒绝对方要转让给你的一件物品,你不直接说明你不想买,而是推说:"我钱不够。"那么对方就可能会说:"没事,东西你先拿走,等钱够了再给我。"人家都已经这么大度了,你还怎么好意思拒绝呢,所以你就没有退路了。

这些不直接的拒绝或通过谎言表达的推辞,一旦对方提出了解决方案,你就把自己逼到死角,这样的拒绝也自然无法成立。所以,表达要直接,如果你不想答应某事就直接说:"特别抱歉,这件事我真做不了。"如果你不想要这件转让的物品,就直接说:"对不起啊,你再看看能不能转让给别人,我现在真的不需要它。"这种比较直接的拒绝,才能打消对方的进一步努力。

二、沟通要及时

人际交往中如果我们感到痛苦或气愤,或需要对方改变什么,延误沟通会恶化我们的关系。我们的愤怒可能会郁积在心里,被抑制的需求会变成我们心里长久的隐痛。我们没有及时表达的情绪会在日后以微妙的或暗中较劲儿的方式表现出来。比如下面的情景:

我发现,最近我的一位非常重要的朋友越来越不愿回复我的信息,即使回复了态度也非常冷漠。我百思不得其解,这一天终于忍不住去问我那位朋友到底为什么。

我:你最近怎么了?为什么总是不回我信息啊?回了信息态度也很差。(我抛弃了自己任何的想当然、胡思乱想,采取与她直接沟通的方式,但表达方式有点问题,把自己感受以抱怨和指责的方式表达了出来。)

朋友:没什么。(她在回避沟通,延误交际。)

我:你这样我很伤心,你能告诉我,我做错什么了吗?(我这一次把感受和需求都很好地表达出来了。)

朋友:就是你超级喜欢发句号,而且发很长一大段,我知道你可能并没有什么恶意,就是习惯,但给我的感觉就是你并不想理我。(说出了心里话,自我袒露。)

我:那你怎么不告诉我呢?(我觉得很冤枉,我并没有不想理她,也没有意识到自己的习惯会给她带来困扰。)

朋友:我觉得没必要,就忍着。但你每次发东西就会发句号,知道你没啥别的意思,但就是很气愤,所以跟你说话态度越来越差。(没有及时沟通,负面感受恶化了彼此关系。)

我:那我以后不发句号了,你也别生气了好不好?以后有什么事你就直接告诉我,别憋在心里,否则你我都会感觉很莫名其妙。

朋友回了我一个亲亲的表情。(我提供了切实可行的解决方案,我们的误会也得到了化解。)

有时候,没表达出来的感情像一个胀满气的气球,稍稍一刺就会爆炸,倾泻出长期积累的愤怒和不快。这样大发脾气会使我们与家人和朋友的关系疏离。及时沟通至少有两个优点:(1)分享彼此的观察和想法,可以解除误解。(2)及时了解彼此的感受和需求,可以及早做出改变。再如下面一个朋友的经历:

疫情期间在家太无聊,我就来陪上班的男朋友。他平时去学校上班,我帮忙在家做饭、打扫卫生。这天中午,我匆忙做好了饭等他回来,快12点时他突然发微信说不回来吃了,我没怎么在意。晚上我同样做好了饭,结果他又临时说不回来吃了,我也没有什么不高兴。晚上快9点时我在他学校门口等他,并发微信说我等他一起回家。

等到了快10点时,他发消息说让我下楼给他开门,我很诧异,说:“我不是告诉你我在学校门口等你下班回家吗?你怎么没叫我就自己回去了?”他说他以为我在家等他。回去路上想到他白天两次临时说不回来吃饭,白让我着急忙慌给他做饭,我心里很不舒服。回到家,他什么也没解释,就自己洗脸刷牙玩手机。我虽然不开心,但也没说出来,只是沉默,我觉得他应该能察觉到我的情绪不对,并说几句好话哄哄我。(我没有及时表达自己的内心感受,想当然地认为男友应该了解我的想法和情绪。)

没想到,他玩一会儿手机后就自己睡去了。(他缺乏观察力,没有察觉出我的异常和情绪低落。)我带着一肚子怨气躺在了床上。但翻来覆去睡不着,然后我带着枕头去客厅睡在瑜伽垫上。没想到在即将入睡时,我的平板电脑不知道怎么回事突然亮屏了，大晚上的我有点害怕，不敢睡了，就开着灯，坐在沙发上。想到白天男友的所作所为，我又生气又伤心。蹑手蹑脚打开他的房门，好家伙，他开着空调睡得正香。我气得不行，连夜把行李、洗漱用品都收拾得干干净净，打算第二天回家去，然后回房间睡觉了。（本来第一个晚上是非常好的沟通时机，既能及时化解矛盾，又能有效避免失眠、气恼等有害身体健康的行为。）

第二天中午一起吃饭时他问我："你洗漱台上的洗面奶、化妆品怎么都不见了，你都装起来了吗？你今天怎么话这么少？"

我面无表情地说："我下午就回家去，一天天太无聊了。"（我表达信息不直接，本意是我生气了，不想和他再待在一起了。）

他有点惊讶："怎么了，是我哪里做得不好让你生气了吗？你说出来我改。"（他才注意到我的异常，并试图找出原因。）

我根本不想跟他多说，就搪塞说："我很久没回家了，回去住一段时间。"（我拒绝和他沟通）

他问我："那你什么时候再来找我呢？"

我语气很冷："不来了，行李搬来搬去麻烦，我回家等开学就去学校了。"

他好像意识到了什么，放下碗说："你要是想回家看看，我周末开车陪你回去，然后我们吃了晚饭再回来；如果你是因为生我的气要回去，你一定要说出来，我马上改正。"

沉默了一会儿，我说："昨天晚上我很生气，白天的时候我饭都做好了，你临时一句话就不回来吃了。晚上我站着等你半个多小时，你竟然自己先回家了。回到家也只顾着自己玩手机，完全不管我。我觉得这样很没意思，是不是在一起待久了你就不在乎我了？眼里就没有我了？那我还在这儿受什么气，我回家不用做饭、不用拖地、不用洗衣服不好吗？"

他连忙走到我这边说："没有，我没有不在乎你，中午不能回家吃饭是因为学生打架了，一直忙着处理；晚上自己回家没叫你，到家只顾自己玩手机是我不对，我以后会改。你不要回去，就在这挺好的，你还有什么不满意的都说出来，不要憋着自己难受。"（他及时找出了问题所在，并马上道歉，与我注重情感细节耿耿于怀形成对比，体现了男女沟通思维的差异——女生更注重情感细节，男生更注重事实细节。）

吃晚饭的时候他给我买了很多甜品，还给我充值了蛋糕店的会员卡，然后我就不生气了。

总结：我觉得我遇到的是当今社会的人际交往中普遍存在的问题，即忽略了沟通的重要作用、沟通不及时。由于从小接受的教育就是“让”，所以我很少会直接通过沟通表达自己的真实想法，负面情绪都是自己藏在心里。这样不仅会危害自己的身心健康，还会让别人觉得自己是一个没有什么原则底线的人，干事唯唯诺诺，而真正存在问题的那个人却往往意识不到自己的错误。我们如果有不满意的地方，不要总是觉得不好意思说出口，伤口盖着都容易发炎，更别说一个情感丰富的人。如果我们长期不能正确地与他人沟通，心里的郁闷就会累积，危害身心健康。学会及时正确地表达不满，既能让自己心情愉快，也能让问题得到及时解决。

三、信息要清楚

信息要清楚，是指在“信息直接”基础上，表达的内容细化而明确。在表达内容的时候，要清楚区分我们是在表达判断、情感、需要还是观察。要想信息清楚，我们至少要做到如下几点。

（一）需要陈述时不要带着情绪提问

带有情绪的提问，在人际沟通中最容易造成混杂信息。面对带有情绪的提问，对方只感觉你在抱怨或不满，却不知道你真正想要的是什么。比如，丈夫问妻子：“你为什么非得回学校去呢？家里一大堆事情等着你做呢。”实际上丈夫想要表达的是：“你别去学校了，和我留在家里吧。我怕你回到学校，我看见你的时间就少了，我会感到寂寞的。”用前一种方式表达出来，就是抱怨；而用后一种方式表达出来，就是浓浓的情话。

（二）表达感受和需求要清楚

之所以再一次强调“感受和需求要清楚”，是因为在表达感受和需求方面，多数人的心里都是抗拒的，他们要么觉得没用，要么觉得不好意思。而事实上，清楚而充分地表达你的感受和需求真的很重要。很多人希望通过暗示的方式来表达情感和需求，这看起来好像比把它直接清楚地说出来更安全，但实际效果很多时候都不是很好。

“需要陈述时不要带着情绪提问”和“表达感受和需求要清楚”这两点相辅相成。如果我们带着情绪提问，就把感受和需求隐藏在了提问里，这种提问给人的感觉是阴阳怪气或含有不满；而当我们清楚地表达感受和需求时，就可以很好地回避带有情绪的提问，转换成正常陈述。下面是一位女同学的陈述，反映出了很多家庭的常见情景：

起因：妈妈在客厅玩手机，我在看电视，刚好到了吃晚饭的时间，于是我准备和妈妈商量晚上吃什么。

经过：

我：“妈，都五点多了，你今天是打算减肥吗?”（我本意只想调侃一下我妈为什么还不做饭，但很明显这个阴阳怪气的提问不但没起到预期效果，反倒成为激发矛盾的起因。）

我妈白了我一眼：“唉！你怎么还不开学？你再不开学我都快疯了！”（我妈的面部表情和语气流露出的都是不满，并没有对我的疑问做出回答，说明她当时也没有领会到我提问的真正目的。）

我一听这话开始不耐烦，还觉得很委屈，心想：我不开学影响到你什么了？我只是问你什么时候吃饭而已……但我说出来的话却是：“就是啊！我做梦都想开学，天天在家跟你待在一起我才要疯了呢！”（此话一出，把双方误会和矛盾激化，我的本意是回击她的上一句话，并没有刻意针对她的意思，只是一种习惯性反应。没想到我妈把重点放在了“你”字上，觉得我是在针对她。这句话说得很不应该，将矛盾升级为争吵。）

我妈立即翻脸，开始对我大声呵斥：“行啊，我是你仇人吗！你就那么讨厌我？那你干脆别回来、别看见我更好！”（出于对我妈的了解，听到这句话我立刻意识到她曲解了我的意思，她觉得我在针对她、敌视她，这种事经常发生，此时我开始想改变态度，努力解释我并不是这个意思。但她这句话也对我的心情产生了很大影响。）

我开始严肃起来，尽量镇定并缓慢地解释：“我没说我讨厌你，我就是没想通我在家待着影响你啥了，你巴不得我开学，就算我在家待的时间太长了，你也不至于这样没事找事吧？我开始就是想问问你吃什么，然后你就开始骂我，我又不是你的情绪垃圾桶。”（我这时自认为是在解释，但实际上我还是在带着情绪反问和辩解，这让我自以为的解释变成了抱怨和指责。果然,我妈抓住了这个“没事找事”的指责。)

我妈这次站了起来,拿走她的杯子和其他物品往卧室边走边说:“我‘没事找事’?行,就是我‘没事找事’,我以后回家就闭嘴,我一句话也不说。”然后她就进了房间再也不跟我沟通。(整个事件以冷战结束,她通过不说话来表达对我的反感和愤怒,这种冷战局面最不好应对,因为距离变远让进一步沟通的可能性大大下降。)

我也回到自己房间,越想越觉得莫名其妙,明明自己没做错什么事,两个人怎么就又吵起来了。我跟我妈经常这样一言不合就吵起来,这次又是这样。我俩各自回屋谁也不理谁,一直到了晚上九点左右。

我:“妈,你想吃什么东西吗?我要叫个外卖,我有点饿了。”(我最先低了头,语气很诚恳温柔,试图让我妈消气,拉近距离,开始进一步有效沟通。)

我妈:“不吃,你自己吃吧。”(语气比较冷漠,说明还在生气,但她回答了我,表示她愿意跟我进一步沟通,在我服软后顺着台阶下来了。这个时候就可以努力哄她并道歉。)

我:“但是我一个人可能吃不完一大份,我叫少了人家也不给配送,你就来尝尝呗,这是刚开的一家炸鸡店。”(我并没有刻意去道歉,而是用食物引发更多的沟通,我觉得说完这些她已经不怎么生气了。)

我妈没有说话,表面上不耐烦地从屋里出来,但她的神态和故作不愿意的表情已经被我看穿。(此时并没有沟通,但从神态上我清楚地知道她已经不生气了且情绪稳定,于是我顺势继续服软道歉。)

我:“我是怕饿着你嘛!生气容易变老,又饿又生气更容易变老。”(我开始献殷勤、撒娇。)

我妈:“我不被你气死都谢天谢地了,还变老呢!”说完白了我一眼。(她的语气已经完全和蔼下来,带着笑意的抱怨表明她已经原谅我了,说明我这次的主动沟通是成功的。)

结果:20分钟后外卖送到了,我们两个一起吃了炸鸡,然后恢复了和睦。

总结:我跟我妈在相处中常出现因沟通不当导致的问题,其实我俩的矛盾和冲突本可以通过有效沟通来避免。生活中,我们经常会话赶话、硬碰硬,甚至故意说一些互相伤害的话,最后导致彼此伤心。如果我们能正视自己在沟通中的问题,采用正确有效的表达方式,那些伤害就可以避免,让家真正成为温暖港湾。

（三）一次只关注一个问题

信息不清楚还有一个原因，就是一个问题还没说清、没说透，就转移到了另一个问题上。当多个问题交织在一起时，结果导致一个问题都说不清楚。而"一次只关注一个问题"，就是指当你在对女儿说不该那么早就交男朋友时，不能中途又去抱怨她的英语成绩不好；不要在指出丈夫应该干家务时，又中途指责他没有上进心。

一次只关注一个问题，要求说话人盯住眼前的话题，直到双方对于这个问题彻底讨论完毕之后，再去提另外一个问题。然而在现实生活中，很多人的沟通都很难做到这一点，经常是一个问题没说完就跑到另一个问题上，最终导致什么问题都没说清楚，沟通结果变得一团糟。比如：

2020年4月的某一天，由于疫情我始终没返校，我和妈妈之间积累了一些矛盾。

我：妈，喝奶茶吗？我凑不够起送费。

妈妈：你怎么又喝奶茶！总是喝奶茶对身体不好，还容易长胖。（我问妈妈是否喝奶茶，她关注的重点却是我为什么又喝奶茶。一个"又"字，说明她对我喝奶茶之事早已不满，今日一触即发，这也导致答非所问，引起冲突。）

我：我哪有总是喝奶茶？我就是随口一问，你不喝算了。（打算扭头回屋）

妈妈：成天就抱着个手机，要不就是抱着电脑，窝在你那个屋里头，不好好吃饭也不下楼活动活动。（再次跑到其他问题上，而且一下子提出好几个问题。）

我：我那不是要上课嘛，又不是天天玩，再说了，我每天晚上都锻炼半个小时你怎么不说啊！（进屋关上了房门）

过了一段时间……

妈妈：晚上想喝海鲜粥还是瘦肉粥？（我妈意识到我的情绪变化，也理解我回屋是想冷静一下，过了一会儿到房间里问我想吃什么，用这种方式和我拉近距离、缓和关系。）

我：海鲜粥吧，好久没喝了。（我也顺着台阶下）

妈妈：好。

吃饭时……

（我发现妈妈并没有熬海鲜粥）

我：妈，如果你已经决定了的话，干嘛还要问我呢？你好几次都是问完我又不按我说的做，好几次了！刚才那事儿也是，明明我就是想问问你喝不喝奶茶，你就又数落我半天。

妈妈：我不是说数落你半天，只是觉得你不应该经常喝奶茶，而且想让你多下楼活动，也是对身体好，而且没熬海鲜粥是因为刚才做饭的时候瘦肉切多了就正好放到粥里了。今天就先这样，下次不会了，好好吃饭吧。(妈妈意识到我长期积累的情绪爆发了，她没有用很激烈的语气跟我争吵，而是很温和地用"归纳式话语模式"说出了原因，从中可以感受到她也是为了我好，但没有直接用家长常用的教训口吻，这让我很受用。)

结果：妈妈明白了我不满的原因，我也理解了妈妈的好意，矛盾得以解决。

在日常沟通中，我们要尽量清楚地表达出自己的所思、所感和所见、所需，不要含糊其词，也不要回避或延误沟通。认识到及时表达的重要性的同时，还要注意一次只关注一个问题，直至将此问题沟通清楚再进入下一个问题，否则就会陷入混乱的表达之中，导致沟通误解或冲突。

相关资源与习题自测

◆ 课程资源

视频：实践有效表达(二维码)

更多与本章内容相关的课程资源(含文字内容、案例小视频、主客观试题、问题讨论等)，详见：刘艳春，中国大学慕课《语言交际概论》第8单元、第9单元，网址 https://www.icourse163.org/course/CUC-1454885178。

◆ 习题自测

本来我们家的关系还算和睦，因为我和我姐经常不在家，只有假期可以回家，毕竟距离产生美呀！妈妈平常会在电话里关心这、关心那。但是回家待久了，妈妈就越来越忍不了我们的所作所为，而我们也会对妈妈的指责很不耐烦。于是家庭关系就逐渐紧张起来！再加上我爸啥也不管，我姐脾气火爆，让本来就紧张的家庭关系更加危险。

每一个家庭里的饭桌都是一个特别的存在，因为不管是家里发生的事，还是家外边发生的事,都会被拿来在饭桌上谈论。当一家人其乐融融时,饭桌就是快乐幸福的源泉;当家里关系紧张时,饭桌就像刑场。

我们家前半年的饭桌就像刑场,在饭桌上最多被讨论的就是疫情问题。在我国疫情缓和之后,家里有过如下对话。

我妈:现在国内疫情慢慢缓和了,但又有那么多境外输入病例……

我姐打断且很大声:那还能不让他们回国吗！如果你在国外你不想回来吗!

我爸:……

我妈:他们回来不就会感染一些人吗?……

我姐又打断:人家回国是要先经过隔离的你懂吗!

我爸:……

然后就是我妈与我姐的一番争吵。

我:嗯嗯,对。(并不发表意见)

后来我妈与我姐的关系恶化得十分严重,我妈说话她都不搭理。于是饭桌上就只有我妈说话,然后我"嗯嗯,对"的声音。后来我妈也索性不跟我姐说话,成天板着脸,时不时对着我姐的房间指指点点,说我姐态度恶劣。坏心情使她对我也很不满,经常看我不顺眼,对我进行指责。于是我开始改变交谈策略。比如现在我妈又对北京的疫情十分关心。

我妈:听说现在北京的疫情又开始了。

我:是,最近本土新增了6个人,全是北京的病例。

我妈:因为北京经常有境外输入的吧,就会引起新一轮的感染。

我:不是这样的,境外归国人员是一定要隔离的。这次是因为北京农产品市场的问题,听说是进口的海鲜带有病毒。

我妈:那为什么要进口外国的东西呢?

我:因为这是国家的一种经济贸易策略啊。每个国家都会这样做的。

我妈:那都已经这个时候了,进口的东西都会有危险的!

我:进口食物入关时都会抽样检查的……

……

我从只说"嗯嗯,对",转变成解释一大堆理由,虽然说很多次我都忍着怒火,但是这样一来我妈心情好了很多,家庭氛围得到了改善。大家都知道"妈妈不高兴,全家也别想高兴”这个道理。想要缓和家庭关系,就要从根本出发,先让妈妈开心。

对上述人物对话进行深入细致分析,指出其中涉及的沟通问题和沟通知识。

◆ 学习资源

1. 有效的沟通是指“能在大多数情况下维持和增进关系,并借此实现自己的目标”,既要求有效性(effective),又要求适当性(appropriate)。为了使沟通顺畅,实现沟通目标,需要沟通者具备同理心等重要的社会情感能力。具有同理心的人在沟通过程中能够感知他人的心理和情感状态等,从而能够对他人的感受进行评估,能够有目的地帮助他人处理紧张情绪、意识到他们的问题和目标等;同时又能根据沟通情境调整自己的情绪、情感和行为,以使沟通同时符合沟通对象的利益和诉求,而所有这些都直接有助于沟通目标的实现。可见,同理心对于促进良好的人际关系的建立是必不可少的,是改善人际沟通的核心,因为它有助于培养人们之间的信任,促进更友好、更开放的关系的建立。

想了解更多具体内容,详见:康翠萍等. 沟通素养:21 世纪核心素养 5C 模型之四[J]. 华东师范大学学报(教育科学版),2020(2):71-82.

2. 有效倾听是高效沟通的基础元素,有效倾听能帮助我们更加接近当事人的感觉与经验,从而降低误解的产生;帮助当事人发现自己真正的感觉是什么,帮助我们察觉当事人在沟通中此时此刻真正需要的是什么。只有做到有效倾听,才能保证沟通的顺利进行。一般来讲,人的倾听有五个层次:一是忽视(Ignoring),根本没有听;二是假装听(Pretend Listening),其实是一边听,一边想其他的事情,如晚上吃什么呢;三是选择性倾听(Selective Listening),报喜不报忧,报忧不报喜;四是留意的听(Attentive Listening),比较注意;五是同理心倾听(Empathic Listening),这是最高层次。倾听的目的是要知道对方讲话的动机是什么、他说了什么、他用什么方式说、他有什么感受。倾听要做到耐心、虚心、会心。同理心倾听是有效倾听的最高表现形式。只有做到有效倾听,才能真正了解、设身处地站在当事人的角度看问题,沟通起来才能减少障碍或无障碍。

想了解更多具体内容,详见:刘景军,王永明. 和谐视域下的理想人格[M]. 长春:吉林大学出版社,2009:204.

第十一章　提高沟通能力：实践篇（二）

第一节　劝说的艺术

凡是上升到“艺术”阶段的表达，就进入了高阶表达阶段。高阶表达不再像初阶表达那样条分缕析，而是实现了四类表达的再度融合。劝说是人与人之间施加影响的一种沟通方式，它通过运用一些可以自由取舍的论据来影响对方的认识、态度、信仰、价值观或行为方式。劝说以劝者的心理攻势和言语表达为开端，以引起被劝者相应的心理变化或行为反应为目的。

扭转一个人的认识、决定或行为不是容易的事，因此要想实现成功劝说难度很大，它属于人际沟通中的高阶表达。除了劝者自身的权威效应和影响力之外，还需要对劝说对象有深入了解、对劝说问题有精准把握、对被劝者心理变化和谈话节奏有恰当调控，以及能够对表达知识、表达技巧灵活运用等。

一、劝者条件与实现共情

劝说这项沟通任务，不是谁都能胜任。实施劝说的人，首先不能是被劝者讨厌的人或被劝者看不起的人。如果实施劝说的人是被劝者讨厌的人，会导致被劝者在情感上不接受；如果实施劝说的人是被劝者看不起的人，会导致被劝者在能力上不接受。如果在情感上不接受，就不可能去耐心地倾听对方的话语；如果在能力上不接受，就不可能认为对方说出的话是对的。不管是二者中的哪一种情况，都会导致劝说失败。

权威性,是劝说能够成功的重要条件之一。美国心理学家凯尔曼(H. C. Kelman)等人的实验结果证明,被劝说者一般都倾向于相信在某个领域中的专家的意见,这是一种“权威效应”。权威效应不仅体现在劝说者的职业、地位、年龄等方面,更体现在劝说者所流露出来的本身修养、学识、才能,以及对劝说信息的理解程度上。被劝者只有在心理上承认对方在这方面的认识水平或判断能力高于自己,才会觉得对方的意见或建议值得参考。

就像一个需要数学辅导的初中生,当他得知这位辅导教师当年是一顶一的数学高手,就会觉得他的方法和建议值得借鉴;相反,一个数学不太好的人,即使提供的是同样的解题方法,被劝者也不见得就认为这是个好方法,甚至还会怀疑他说得不对。因此,对于劝者而言,具有权威性是被劝者能接受其劝说内容的一个重要因素。

实现共情,是劝说能够成功的另一个重要条件。让被劝者充分感受到劝说者能理解他的处境和心情,在情感上或利益上是和他站在同一阵营的人。只有被劝者觉得对方是“自己人”,才更容易信任他的分析、听进去他的话语,因此在劝说前充分实现与被劝者的共情非常重要。

二、劝说因素的综合把握与灵活运用

得到了被劝者在能力和情感方面的认可,只是具备了劝说成功的基础。最终的劝说是否成功,还在于劝者在劝说过程中对各种因素的综合把握,比如语言的艺术、心理的把控、各种表达策略或技巧的运用等。

下面以电视剧《人世间》中的一段对话为例,看看金主任是如何在女婿周秉义工作受挫、心生退意的情况下实现成功劝说的。①

背景:这是周秉义走上领导岗位以来遇到的首次重挫,领导不信任、群众不支持,这让已经担任哈阳市市长的周秉义萌生退意,甚至想主动调到高校去工作。女婿如此,金主任看着心疼,更重要的是金主任必须想办法让周秉义坚持下去。

劝说过程:

金$_1$:怎么,情绪不高?

周$_1$:妈,我想要求调高校工作。

① 宋春丽一出场,你就知道,中文又需要翻译了[EB/OL].(2022-06-20)[2022-08-20]. https://www.ixigua.com/7111299456989037086? logTag=4f31b87f9d18870b7597.

金$_2$：为什么呀？

周$_2$：可能我不适合做官吧？做学问还有点资本。

金$_3$：坐下，坐下（示意周秉义坐下，将茶杯放在茶几上），去省里开什么会啊？

周$_3$：上半年工作总结，下半年工作安排。前一段时间啊，哈阳的工人到北京上访，市里没拦住，书记很恼火，在会上点名批评了我。

金$_4$：他批评你什么了？没有阻止工人上访？他怎么不做自我检讨啊！那工人为什么不上省委去上访，上北京去上访啊？那是因为对他们不信任！上边批他，他批下边，这样的领导我也能干。

周$_4$：（露出笑意）妈，你这有点护犊子了吧？

金$_5$：我就是护犊子了（听到金主任这样说，周秉义倍感欣慰，低头笑了）。

周$_5$：谢谢妈能这么开导我。可工人上访，归根到底还是对政府的工作不满意。

金$_6$：你才上任几个月呀，就怪你？积重难返！改革几年就能完成了？就因为这个就不想干了？

周$_6$：第一次当正市长，我真的很想干好。但是想干好不一定就能干好，尤其当你还是顶着骂名去的时候。下面都传开了，说我是批条子的官倒，砸掉工人饭碗的大工贼。群众不信任你，你说话就没人听，工作就很难开展。在机关里呢，威信不高，人们表面上一口一个市长叫着，其实心里都跟明镜似的，你要是干得好，组织器重你，能平调？我第一次真正体会到了什么叫举步维艰。今天去我弟饭庄，突然挺羡慕秉昆的。

金$_7$：你们哥俩，各有各的难处，不一样。那，需要我帮你？

周$_7$：什么？

金$_8$：调高校。

周$_8$：我自己跟组织谈。

金$_9$：听我一句劝，免谈。你这个事，只要不想走后门，正门行不通。你才去了几个月啊就想走？这仗还没打起来呢先认输了。这样的干部，谁愿意用啊？组织上几次安排你去做理论研究工作，是你自己想要干实事，现在实事给你了。

周$_9$：在军工厂，在吉春当副市长，我干得都不错。

金$_{10}$：不是不错，是非常好！那这回怎么了？这坎儿过不去啦？当时军工厂，面对导火索，那个勇气！要我看哪，你不是能力问题，是思想问题。什么背着骂名，没法儿干工作，一口一个市长叫着但心里不服，你说你背着这么沉重的包袱，你怎么开展工作啊。要我说，谁当面骂你，你就给他怼回去；谁要背地里骂你，心里骂你，让他骂去吧。哈阳市的具体情况我不太了解，但是有一个原则，要放下包袱，正面强攻！当年我跟老郝在战场上没有后路了，怎么办呢？杀出一条血路！（起身）我去看看晚饭。（走出两步转身给出一句）只要你不想走后门，你没有别的路可走。

$周_{10}$：妈，需要我帮忙吗？

$金_{11}$：我想到了一个人。

$周_{11}$：什么？

$金_{12}$：能帮你调到高校去，如果你愿意的话。

$周_{12}$：不用了。

$金_{13}$：确定？

$周_{13}$：（坚定地点头）。

$金_{14}$：（笑了）。

这是一个经典的成功劝说案例。在这个案例中，以金主任对女婿的一句关心“怎么，情绪不高？”开始，因为情绪不高，女婿周秉义也不绕弯子，直接说出了自己的想法“想要求调高校工作”。正常情况下，谁听到这样的消息都会有点震惊，可金主任却一脸平静，只平静地问了一句“为什么啊？”“$周_2$：可能我不适合做官吧？做学问还有点资本。”周秉义的回答显然有点言不由衷。

我们来看金主任接下来的举动，“$金_3$：坐下，坐下，去省里开什么会啊？”沉住气，永远都是成大事的要诀。有事坐下说，“坐下”不仅仅是个动作，更是缓冲情绪、端正态度的理性举措。坐下以后，直奔主题也并非最佳选择，因为周秉义情绪不高，必须先有一个切入点，然后再慢慢引到正题上。周秉义这次回家，就是前往省里开会，顺便回家看看，那么“去省里开什么会”就是一个最好的切入点，更是谈论周秉义工作问题的绝佳铺垫。

“$周_3$：上半年……书记很恼火，在会上点名批评了我。”原因说明了，书记公开点名批评市长，周秉义受了委屈。注意，但凡遇到这种事情，劝说的人别上来就讲大道理，更别轻易劝别人“心胸要宽广，要理解对方，要顾全大局”之类的话，未经他人苦、莫劝他人善，正确的做法应该像金主任这样：

“$金_4$：他批评你什么了？没有阻止工人上访？他怎么不做自我检讨啊！……上边批他，他批下边，这样的领导我也能干。”这样的表态，让周秉义感到温暖，来自家人的理解、关心和支持,对处于人生低谷的人来说最为珍贵,于是他“露出笑意”,并说出“妈,你这有点护犊子了吧?”金主任更进一步:“我就是护犊子了。”在情感上更加坚定了对周秉义的支持。人的本能都是一样,你认同我,向着我说话,我就开心;你向着别人说话,我就不高兴。金主任这样说,为了让周秉义感受到家人的支持和关心,进而让周秉义彻底打开心扉,道出真正想要逃离官场的原因(共情实现了,才好真正了解原因,并进行实质性劝说)。

“周$_5$:谢谢妈能这么开导我……”“金$_6$:你才上任几个月呀,就怪你?……就因为这个就不想干了?”金主任始终都不相信周秉义会因为一次点名批评就放弃现在的事业,不管是“开导”还是“护犊子”,都只是为了让周秉义说出自己的心里话。话不说透,就无从下手劝说,只有掌握了对方的真实想法,劝者才能“对症下药”,然后周秉义开始道出自己想放弃官场的真正原因:

“周$_6$:第一次当正市长,我真的很想干好。但是……我第一次真正体会到了什么叫举步维艰。今天去我弟饭庄,突然挺羡慕秉昆的。”原因说明白了,周秉义想干好,却因为种种原因而干不好,甚至陷入了举步维艰的境地。他开始觉得难,甚至开始羡慕弟弟周秉昆忙忙碌碌却简简单单、身处社会底层但最起码有个方向和希望。在这种情况下,我们看金主任是怎么劝的:

“金$_7$:你们哥俩,各有各的难处,不一样。”注意,周秉义工作上的难,金主任连提都没提,只是泛泛强调了周秉义和周秉昆“各有各的难”。在劝说时特别重要的是,切记不要重复别人的痛苦,这是往人家伤口上撒盐,你只需要表达自己“感同身受”的态度,然后站在对方立场上给出合理建议或者实质性帮助。就这件事,金主任可以感同身受;同时,她不希望周秉义放弃官场,她知道周秉义内心深处并不想放弃,只是眼前的路有点难走,故而有点消极。为了把周秉义拉回来,更为了不让周秉义事后追悔,金主任开始了劝说的“激将”模式:

于是她继续说“那,需要我帮你?”周秉义的一句“什么?”,证明他不太确定金主任说的“帮”是指帮什么,于是“金$_8$:调高校”,“周$_8$:我自己跟组织谈”。于是金主任说:“听我一句劝,免谈……是你自己想要干实事,现在实事给你了。”

既然是“激”,最直接的方式就是往对方的软肋上戳,金主任主动提出要帮周秉义调高校就是故意激将,就是为了逼着周秉义给出“自己跟组织谈”的回答。可周秉义自己能解决吗?金主任给出了回答“免谈”,没人会点临阵退缩的将。将周秉义的退路全部堵死之后,金主任给出了“终极激将”:不是自己要求干点实事吗?就这个态度?就这点志气?话都说到这份上,周秉义还能说什么?只会强调自己过往的付出和成绩,用以反驳金主任的刺激:

“周$_9$:在军工厂,在吉春当副市长,我干得都不错。”金主任的目的,就是为了激起周秉义这股不服输的劲儿,就是为了唤醒周秉义曾经的自信心。为什么?因为周秉义不缺能力,只是少了不服输的倔劲儿和信心。现在周秉义想起了自己曾经的成绩,金主任就能趁热打铁,再一次告诉周秉义走出困境、迎来新生的办法:

“金$_{10}$:不是不错,是非常好!……没有后路了,怎么办呢?杀出一条血路!”放下包袱,正面强攻,杀出一条血路。放下包袱才能轻装上阵;正面强攻,才能诸路通顺;官场就是战场,人生就是战场。别总想着还有后路可以退,要时刻提醒自己,再往后退就是退无可退,困境又如何,破釜沉舟便是。一番鼓励和建议之后,金主任没有逼着周秉义改变自己的决定,而是站起身给出了这样一句:“我去看看晚饭”,潜台词很明显,我离开一会儿,你好好考虑考虑,然后金主任又转身扔给周秉义一句:“只要你不想走后门,你没有别的路可走。”啥意思?要么低头认输,要么勇往直前。经过这样一番春风化雨般的“教育”,周秉义彻底醒悟,他很快来到厨房:

“周$_{10}$:妈,需要我帮忙吗?”金主任当然清楚周秉义的意思,可她想听到周秉义更为明确的答案,所以金主任还有最后一“激”:

“金$_{11}$:我想到了一个人。”“周$_{11}$:什么?”“金$_{12}$:能帮你调到高校去,如果你愿意的话。”“周$_{12}$:不用了。”“金$_{13}$:确定?”“周$_{13}$:(坚定地点头)”“金$_{14}$:(笑了)”,至此,一个堪称完美的劝说完成。

劝人有道,激励亦有道。金主任运用自己的权威效应(丰富的人生阅历、对官场的了如指掌、对战场的亲身经验、对问题的深刻剖析),在实现共情之后,一步一步对周秉义进行开导和指点,其谈话节奏的把握、心理战术的运用、语言技巧的恰到好处,把劝说艺术运用到了堪称完美的地步。

同时,金主任身上散发的正能量也值得我们学习:眼前无路,那就开山辟路;身处困境,那就破釜沉舟!遇到困难不要逃避,放下包袱、正面强攻!她告诉我们:“你什么都不缺,只是少点勇气。”提醒自己要有绝不认输的勇气,这是每个处在困境中的人都需要的。

第二节　有效的赞美

美国心理学家詹姆斯曾说过,人性中最深切的禀质乃是被人赏识的渴望[①];美国著名作家马克·吐温说,一句赞美的话能当我十天的口粮;美国前总统林肯也说过,人人都需要赞美,你我都不例外。[②] 是的,每个人都渴望被赞美,赞美之于人心,如阳光之于万物。

一、心理学实验

有位心理学家曾做过这样一个实验:他养了两只小狗,一只叫小黑,一只叫小花。为了调教它们不随地大小便,他在卫生间内专门为小黑和小花布置了一个“方便池”,但调教的方法不一样。小黑一旦在地毯上大小便,就揪住它,把它的鼻子按在地毯上,用报纸抽打它的屁股,然后从厨房的窗口把它扔进后院里严惩它;小花犯了同样的错误后,则把它引到“方便池”,强化它这方面的意识。小花偶尔做对了,就马上给它最爱吃的牛肉作为奖励。

一段时间之后,小花就养成了良好的习惯。小黑也有变化,一旦在地毯上大小便,趁主人还没反应过来,它就自己用鼻子在地毯上蹭三下,接着就从厨房的窗口跳出去了。于是心理学家得出这样一个结论:在驯兽方面,一只一有良好行为就得到奖励的动物,要比一只一有不良行为就受到严惩的动物被驯化得快,而且更容易记住它所学的东西。

这位心理学家的进一步研究证明,人类也有着同样的情形。在人际关系处理上,我们用批评、指责的方式并不能使他人产生根本的改变,还会引起对方的逆反心理。但如果采用鼓励和赞美的方式,对方则更容易成长或转变成为你所期待的样子。比如一位同学描述:

寒假某一天,妈妈把菜端上来,叫我们吃饭,我在玩手机没有立刻回应她,爸爸在对着电脑工作,也没有及时回应。(失败的沟通)

---

① 刘永辉.课堂问题行为与管理研究[J].当代教育科学,2012(22):43-46.

② 刘艳春.语言交际概论[M].北京:北京大学出版社,2007:209.

坐下后,刚吃第一口,爸爸就说:“这个不好,不要这样煮……”(男性惯用的命令式话语模式)

妈妈的脸一下阴沉了(面部表情显现出她的不悦),没说话。爸爸还在继续进行评价。(爸爸没有观察到妈妈的情绪变化,自顾自地讲而没有得到对方的认同,也是失败的沟通。)

半晌,妈妈说:“以后你们想吃什么自己弄,好吧?”(妈妈开始表达她的不满)

爸爸咧着嘴,朝我使了个眼色。(利用眼神和面部表情进行沟通)

我对他皱了皱眉。(我想通过表情跟他传递“不要再说了”的信息)

妈妈又补了一句:“自己弄自己的份儿,多好啊。”(显然,前面一句话已经不足以表达她的情绪。)

等妈妈去厨房的时候,爸爸小声对我说:“确实不太好吃啊,你妈妈就是听不进去意见。”我想对他说:“爸你也看一下气氛啊。”(但我没有说,我回避了沟通。)

最后,那顿午餐在尴尬和沉默中度过,谁心里都不太舒服。

[**总结**]矛盾并不总能一下子解决,而这种程度不一的持久矛盾正是人际关系中“冷战”的缘由。都说人是需要被赞美的,而我也相信他者的意见和建议能促使一个人进步。如果在想要表达的意见前面先加上一点对别人努力的肯定或其他方面的赞美,应该会让人更容易接受后面的意见吧。也就是常说的“先说优点再说缺点”或类似的“三明治”表达法。于是我有了以下“实验”:

假设:

在对妈妈厨艺发表意见之前,先加上对她的肯定,会使她更加容易听取我们的意见和建议。

过程:

妈妈做好饭后一喊我们,我就到饭桌前坐好了。(立即回应,达成有效的沟通。)

看到色泽鲜艳的菜,我说:“哇!今天的菜好好看啊!”(进行具体的赞美)

哥哥尝了尝菜,瞟了我一眼,叫我试一下。(他没说出自己的想法,但他应该觉得不是很好吃。)

我:“嗯,这个肉挺入味儿的,但我觉得可以不用炒那么久,你觉得呢,哥?”(进行对妈妈烹饪的深入赞美,再拉第三方来佐证,在这种情况下,只要不偏离实际,第三方都会配合的。)

哥哥:“是啊,我还是比较喜欢吃嫩一点的。”

妈妈:“是嘛,我也觉得炒久了,但我怕它不容易熟。”妈妈的神情表现得有点活跃。(面部表情和语音语调显示了她接受意见的态度)“那我下次知道怎么煮了,可以把……”

结果:妈妈吸取了我们的意见和建议,一餐饭下来大家都很愉悦。

[**总结**]前后两次的沟通结果,显示了假设中的沟通技巧的可行性。很多时候我们会费尽心思运用沟通技巧与外人打交道,但却很少会把这些技巧运用于亲密关系的维护上。实际上,亲密关系更值得我们用心地去沟通和维系。

马斯洛在“需要层次论”中,把人的需要分为,生理需要、安全需要、归属与爱的需要、尊重需要和自我实现的需要。其中尊重需要,是希望得到别人的尊重和认可。每个人都希望自己能得到其他人的认可和赞赏,但现实生活中,绝大多数人却不懂得认可和赞赏他人。尤其是一个家庭中的父母,他们对子女的期望越高,往往就越挑剔,眼里看到的都是孩子的不足,对其优点却常常视而不见。正如一个孩子说过,放学后打游戏机,马上会听到妈妈的指责;第二天放学后就做作业,却听不到妈妈的半句夸奖。

每个人都有自尊,而且都相当在意和尽力维护自己的尊严。如果对方并非有意做错某事或者没有完成某项任务,你要想让他向好的方面发展,尽量不要对他进行挑剔和指责。因为一来他并非想使事情办砸了,二来事情已经发生了,批评于事无补。此时换一个角度或换一种方式,可能会变得柳暗花明。不妨在对方身上找到哪怕是一点点闪光的地方进行赞美,在卸掉对方心中负担的同时让他感到“他在用心良苦地安慰我”,在这种理解和感激当中,一个有良知的人,将会为弥补过失而加倍努力。世界著名企业家洛克菲勒曾经说,这就是他的成功秘诀。洛克菲勒之所以能把许多有才能的人团结在自己的周围,成为公司的“顶梁柱”,他靠的是自己的“磁力”领导作风。

有一次,公司职员艾德华·贝佛在南美做错一宗买卖,使公司损失一百万美元,洛克菲勒就找些他仍可以被称赞的事鼓励他,让贝佛不要气馁。他肯定贝佛幸而保全了他所投资金额的百分之六十,“棒极了!”洛克菲勒说,“我仍希望每次都这么幸运。”贝佛听了以后,非常感动,也非常惭愧,为了将功补过,他在以后的工作中更加卖力。

从这件事情中可以看出,洛克菲勒明白怎样才能让自己的语言行为和沟通目的达到完美一致。

二、赞美的作用

一个家庭,如果父母能经常夸奖孩子,这个家庭就会更加和谐快乐;一个单位,如果领导能经常夸奖下属,员工就更能发挥积极性、创造性,贡献出更大的价值。这些都是赞美的力量。在人际交往中,赞美起到非常重要的作用。

(一)赞美能够让人奋进,走向成功

美国著名诗人惠特曼举世闻名,他的成功就与别人的赞美有直接关系。前期的惠特曼奔波多年,希望有人对自己的诗歌感兴趣,但却毫无结果,他因此郁郁寡欢。他的诗集《草叶集》出版后,一个月内,书店只卖出两三本,当他把凝聚自己心血的书送给母亲时,母亲毫不客气地把它扔到纸篓里。惠特曼十分伤心。这时,爱默生给他寄来了一封信。信中写道:"亲爱的先生,对于《草叶集》这份美好礼物的价值,我无法做到视而不见。我觉得,这是美国有史以来最不同凡响的作品,它充满了机智与智慧。我祝贺你开始一项伟大的事业。"①爱默生还在报纸上写文章推崇《草叶集》,不久《草叶集》受到普遍重视,被认为开美国一代诗风。爱默生的信,真诚地肯定了《草叶集》对美国诗坛的贡献。这种肯定对于惠特曼犹如雪中送炭,使他在茫茫无望中,增强了自信、看到了希望,并推动他走向成功。

20世纪最有影响力的人物之一卡耐基的成功,则与继母的肯定和赞美有直接关系。

卡耐基小时候非常淘气,是大家公认的坏男孩。9岁时,他的父亲迎娶了他的继母。第一次见面,他的父亲这样向继母介绍他:"亲爱的,希望你注意这个全郡最坏的男孩,他可让我头疼死了,说不定会在明天早晨以前就拿石头扔向你,或者做出别的什么坏事,总之让你防不胜防。"出乎卡耐基意料的是,继母微笑着走到他面前,托起他的头看着他,接着又看着丈夫说:"你错了,他不是全郡最坏的男孩,而是最聪明的,只是他还没有找到抒发热忱的地方。"继母说得卡耐基心里热乎乎的,眼泪几乎滚落下来。就是凭着她这一句话,他和继母建立了良好的关系;也就是这一句话,激励了卡耐基,使他日后提出了成功的28项黄金法则,帮助千千万万的普通人走上成功和致富的光明大道。

---

① 对信件原文有删减。

听惯了父亲和邻居的责难、批评,卡耐基也自然认为自己是名副其实的“坏孩子”,但初次见面的继母只用了一句赞美的话,就影响了卡耐基的人生观,鼓舞了他的斗志,激发了他的想象力,为他日后成为20世纪最有影响力的人物之一提供了帮助。

(二)赞美可以化解矛盾,建立与对方的友好关系

据说,某地有一家历史悠久的药店,店主巴洛具有丰富的经营经验,正当他的事业蒸蒸日上时,离他不远的地方又开了一家小店。巴洛十分不满这位新来的对手,到处向人宣传小店卖假药,毫无配方经验。小店主听了很生气,准备到法院去起诉。后来,一位律师劝他不妨试试用友好方式化解矛盾。第二次,顾客们又向小店主述说巴洛的毁谤时,小店主说:“一定是误会了,巴洛开的是本地最好的药店,他在任何时候都乐意给急诊病人配药。他这种对病人的关心,给我们树立了榜样。我是以巴洛为榜样的。我们这个地方正处在发展中,有足够的余地可以供我们做生意。”当巴洛听到这些话后,迫不及待地找到小店主,还向他介绍自己的经验。就这样,对立解除,矛盾也化为乌有了。因此,赞美不仅可以给人力量、催人奋进、帮助成功,还能化解矛盾、协调人际关系。

三、赞美的方法

既然赞美如此重要,那么如何去有效地赞美别人呢?因为如果赞美不当,不但达不到想要的效果,有时还会适得其反。

赞美,最重要的是让被赞美的人觉得他真正被认可,他的某些方面确实值得赞赏和鼓励,而不是说话人为了讨好他而在假意奉承。一旦对方认为你的赞美别有目的,那么不但起不到赞美的作用,还会引起对方的警惕和反感。所以,赞美要真诚,才能起到赞美的作用。

问题是,有时候你觉得你的赞美是真诚的,但是对方不一定觉得真诚,那么如何让对方觉得你的赞美是真诚的就非常重要。我们介绍以下四个技巧:

(一)赞美要贴合实际

赞美最忌讳不符合实际。赞美时也应该尽量避免华丽的辞藻,否则会让人觉得你是在虚假地恭维。柯南·道尔几乎不给别人签名留念,但是有一次,他收到一封从巴

西寄来的信,信中说:“我很渴望能有一张附有您亲笔签名的照片,然后我将它放在我的房间里。这样的话,我不仅天天可以看见您,而且我坚信若有贼进来,一看到您的照片,一定会被吓跑。”收到信的当天,柯南·道尔就很爽快地给对方寄去了一张亲笔签名的照片。我们认为,这位崇拜者之所以能成功地求得偶像的照片和亲笔签名,与他朴实而别具一格的赞美是分不开的。

(二)赞美要具体

比如你夸同事说:“你真是个好人!”,就不如说:“你真好,对谁都那么热心肠儿!”后者就比前者具体了很多。再如,你的同事剪了个新发型,与其泛泛地说:“你的发型不错。”就不如说:“你这个新发型真好,让你年轻了10多岁。”如果再用一个问题衔接下去,效果就会更好。比如,“你是在哪家做的?”或“你怎么想到选择这种发型的?”这样的赞美,既具体又实在,对方自然会认为是真诚的。

(三)赞美要深入

要使自己的赞美更为深入,就要注意平时留心观察被赞美者。一般人的优点,按影响来说可以分为三类。一是人所共知,有口皆碑的优点。二是不太明显的优点。三是萌芽状态的优点。对于第一类优点,我们不妨同声一赞,否则对方可能会认为你不同意这种公众的评价,但这种赞美最好有一些比较新鲜的意见。如果想要和对方建立起更深一点的关系,就要挖掘得更深入一些。也就是说,如果能准确地说出他的第二类甚至第三类优点,那是最好的。比如,我有一个师姐,大家都赞美她爱人长得帅,他确实非常帅,从小到大这方面的夸奖一直没有间断过,所以听到这些赞美他似乎已经麻木了。但是有一天一个师妹说,姐夫不仅人长得帅,更关键的是心地善良,对谁都那么热心。这就让被赞美的人更开心了。

(四)拉第三者佐证

有时赞美的话只由自己说出来好像没有真凭实据,说不定还会被认为有恭维、奉承之嫌。所以,如果赞美别人说:“你看起来还那么年轻。”就不如说:“你真显年轻,难怪我同事×××说你是‘冻龄女神’。”这样就为自己的赞美找到了佐证,对方更确信这是真诚的。因为,在一般人的观念里总认为“第三者”所说的话是客观公正的。因此,拉出第三者佐证来赞美对方是非常好的赞美方式。

最后要注意的是,赞美是一件好事,在人际沟通中学会赞美能让你的沟通更顺畅,人际关系也更和谐。但是,赞美一定要注意实事求是,不可以言不由衷或张冠李戴。比如,有一天一个同事走过来,热情地向我打招呼:“哎呀,你真厉害,恭喜你啊!”我问:“恭喜什么?”她说:“你不是进了创新团队了吗?”“哦,谢谢。”我礼貌地回答。其实我进的是“培养工程”,不是“创新团队”。基于对她的了解我知道她的祝贺是真心的,但是这种张冠李戴的赞美和祝贺,给人整体的感觉还是不舒服的。出于礼貌,我没有纠正她,如果当面纠正了,那尴尬的人就是她了。为了避免对方尴尬,类似这种打招呼或闲聊就可以“难得糊涂”,不必认真指出,搞得大家都不舒服,这也是合作的一种表现。

第三节　高难度沟通

生活中常有一些沟通让人左右为难。不沟通,当前利益受损或障碍难以跨越;沟通,又怕导致更糟糕的结果。这就是所谓的高难度沟通。高难度沟通,又被称为进退两难的沟通。

一、三类案例

高难度沟通,可以分为不同类型,我们主要介绍以下三种类型。

(一)案例1:邻居家的狗叫

第一种类型,我们将其命名为“案例1:邻居家的狗叫”,这一类沟通事件,对于一部分沟通者而言,可能不属于高难度沟通;而对于另一部分沟通者而言,就属于高难度沟通。

邻居家的狗吵得你睡不着觉,你要不要第二天去和邻居说这件事情,要不要提出抗议?对于一些人来说,这没什么难的,既然别人家的狗在夜里叫,影响我休息,那我就可以理直气壮地提出抗议,让他想办法不让狗在夜里发出叫声。

可是对于另一些人来说,就不那么简单。他可能会想:“我应该找邻居提出抗议吗？”一开始他想：“还是算了，也许过一会儿狗就不叫了，或许狗叫得时间长了，我会习惯它的叫声。”但是没多久，狗又开始狂叫不止，搅得他不得安宁，于是他觉得，第二天还得去和邻居说这件事。可是，一旦想到说这个事有可能引起争执，就又令他烦躁不安。他自认为是个宽容友善的好邻居，如果仅仅因为狗的事和邻居闹得关系僵化，别人会怎么看他？会不会觉得他太娇气或者太苛刻？一旦考虑到将要发生的抗议对他的形象可能会产生的影响，他就又犹豫这个抗议是不是必须要做。甚至怀疑自己，是不是对狗叫的事情反应得有些过度。于是他决定还是别说了，忍忍也就过去了，可偏偏在这个时候，那狗又狂吠起来。于是他又开始心烦意乱，考虑要不要去和邻居谈这个事。

所以，同一件事，有些人什么后果都没想，随着自己的本能就去做了，他没觉得有什么两难，因此不算是高难度沟通；而有些人，思虑较多，在反复权衡中陷入了两难境地，就成了高难度沟通。

（二）案例 2：王华与乔治

第二种类型的高难度沟通，与第一种类型不同，我们将其命名为“案例 2：王华与乔治”。王华带领十几位工程师在巴西进行顾问工作。她是团队里唯一的一个女性，而且比其他人年轻十几岁。一开始，成员中有位叫乔治的外国工程师对她的领导方式很有意见。于是王华就特意安排乔治和她一起进行了几个小策划，希望借此获得乔治的认可。他们一起完成了几个任务之后，彼此越来越能认同对方的工作方式和能力。同时，乔治也怀疑王华对他产生了好感。

一天晚上，他们在宾馆餐厅边吃饭边谈公事，乔治开始试图拉近他们的关系。他对王华说：“你真漂亮。”又说：“我们都离家好远啊！”边说边凑近王华，还拨了拨她的头发。王华感到很尴尬，马上说：“我们现在来讨论这些资料吧！”之后，她一直逃避乔治的目光，并很快结束工作。

乔治的挑逗行为持续了好几天，他故意站得离王华很近，不断注视她，一有机会就找她。他虽然从未要求身体上的接触，但王华仍怀疑这是他的意图。王华认为乔治的行为极为不当，并觉得自己是受害者。但她心中又有几分犹豫。当她想告诉乔治他的行为不妥时，她又担心自己是不是反应过度或是有所误解，也许，这只是文化上的差异而已。王华也担心，如果以此来指责乔治，事情会闹大。她认为这种情况虽然令人不舒服,但还控制得了,假如告诉乔治他的行为不当,他或许会大发雷霆、干扰团队运作,或者做出危害整个团队工作的行为。王华不断地以责怪和忍耐来对待这件事情,心情越来越糟糕。

(三)案例3:小霍的婚姻

第三种类型的高难度沟通又不同于前两者,我们将其命名为"案例3:小霍的婚姻"。案例中的男主人公小霍,家庭背景好、人长得帅,是个远近闻名的好医生,典型的高富帅。他交过很多学历高、家庭背景好、相貌出众的女朋友,后来因为不同原因都分手了。他母亲希望他能找个门当户对的人结成伴侣,但后来小霍偏偏要和同单位的一个小护士——小美结婚。小美学历不高、长相一般,家庭背景也不好。如果小霍直接告诉母亲他要和小美结婚的事,母亲势必会反对。小霍面临的沟通困境是:一方面,自己的婚姻大事必须征得母亲的同意;另一方面,如果告诉母亲自己要和小美结婚,母亲肯定不同意。

有人把这种困境称为"手榴弹困境"。如果不沟通,就像是抱着一颗已经拔掉拉环的手榴弹;如果去沟通,就像是扔出去的手榴弹,即使裹上糖衣,也会发出强大威力,让你无法预料最终的结果。但无论如何,不沟通不能解决问题,逃避不是办法,重要的是怎么去沟通。

二、问题解析与解决办法

"案例1"和"案例2"的性质不一样,在"案例1:邻居家的狗叫"里,一方没有任何过错,完全是受害者。而当事人之所以认为这是一个两难的沟通,是因为他的感情细腻、特别在意别人的看法和公众的评价,既害怕伤害到别人,又害怕有损自己的形象。一般的事,他会以隐忍的方式来求得大家的和平共处。所以,即使是其他人认为完全可以理直气壮地与对方理论的事情,他也会有所犹豫、再三权衡。

但我们深知,选择逃避沟通不是解决问题的办法。既然觉得是在忍,那么就说明当事人已经认为自己的权益受损,此时就不再是坦然接受现实的状态。而这个没有发泄的情绪,日后一定会以其他方式表现出来。比如,再见到这个邻居的话就不会像之前那般热情,即使接受邻居的帮助也不会像以前那样心存感激,因为他会觉得邻居欠他的。所以,以隐忍的方式逃避沟通,表面上维持了和谐,实际上心里存下了芥蒂,为双方关系埋下了隐患。

所以还是要积极去沟通。那么怎么沟通才能避免争执，收到好的效果呢？前面讲到的“四类表达”在这里就发挥作用了。我们讲到“不要把感受以指责的方式表达出来，否则引来的只能是对方的辩解”。所以我们要收起指责，只谈这件事给我们带来的感受以及我们的需求。没有人因为自己家的狗打扰了别人休息还理直气壮，也没有人面对别人受伤的感受而无动于衷。所以，抓住这个原则，和对方一起商量对策，就可以避免争执，使问题得到圆满解决。

对于“案例2：王华与乔治”，王华不是单纯的受害者，她也存在某些过失。所以，要想走出这个困境，首先要找出矛盾原因，也就是双方的过失。在这件事中，乔治的过失非常明显，他热情浪漫，却没有清楚地表达他的意图。他靠近王华，暗示对她的兴趣，并有意无意地忽视王华的拒绝信息。乔治可能已经察觉到王华的尴尬，也可能没有察觉到。

王华也不是一点过失都没有。最初，她特别在意乔治的意见，并故意安排乔治与自己一起工作，使乔治误认为王华在表达对他的好感。后来，乔治不断产生越界举动，但王华始终没有直接告诉乔治他的行为令自己很不舒服。王华或许有一些理由所以不去直说，但由于她没有做出明确的言辞上的拒绝，才使得乔治持续他的行为。

找出“归因系统”之后，应说出自己的感受，承认自己的过失，并清楚表达自己的立场和需求。比如案例2中，王华可以告诉乔治他的举动让她很困扰，她对于没能及早把这件事说清楚表示抱歉。并告诉乔治，自己安排与他单独工作只是想加强工作关系，没有别的意思。自己的婚姻很美满，也不想在婚姻之外发展出其他感情。如果王华说出这样一番话，但凡一个思考力正常的人，都会知道对方是什么意思。王华不指责对方的行为，只强调自己的感受和立场，也不会招致乔治多大的反感或过激行为。

而对于“案例3：小霍的婚姻”，利用“拆屋效应”解决问题则是一个不错的选择。“拆屋效应”即鲁迅曾谈到的“如果有人提议，在房子顶上开个天窗，势必会遭到众人反对，天窗肯定开不成。但如果继续提议，把房顶扒掉，众人则会相应退让，同意在房顶上开个天窗。在小霍的婚姻问题上，他正是通过这样的拆屋效应达到了理想的沟通效果。我们来看他的处理方式：

当小霍母亲说，王院长家的千金从国外留学回来，要介绍给他认识时，小霍故作神秘而又为难地告诉母亲:“我有朋友了,他不是女人,是男人。”并解释:“我之所以之前交那么多女朋友,都是为了做样子,否则医院里的人会风言风语。”而且故作真诚地说自己也很痛苦,还说知道母亲这个年纪,绝对不会接受。母亲从最初的不信,到慢慢相信。受到极大打击的母亲,经过一番心理斗争,最终还是表示能够接受,因为爱儿子,所以会接受他的所有选择。此时,小霍觉得时机已到,便话锋一转告诉母亲自己不喜欢男人,母亲喜出望外。小霍马上告诉母亲,他恋爱了,他要结婚,女方长相一般、家庭背景不好,是个护士。经过了前面的沉重打击,母亲觉得只要不是男的就行,什么样的女人她都可以接受,所以马上同意了他的婚姻。小霍正是利用“拆屋效应”,轻松地征得了母亲的同意。

三、其他类似案例与解决办法

现实生活中,类似于上述的高难度沟通案例有许多,只要我们掌握好相关的沟通的原则和方法就能达到理想的沟通效果。下面是一位同学在生活中的两次亲身实践,属于两类不同的高难度沟通,运用上述谈到的方法和技巧,最终都使问题得到解决。

实践1:

6月12日,周五早上,我不是被要上课的闹铃叫起来的,而是被不到7点楼上邻居装修的声音吵醒的。这一吵就是从早上7点到晚上10点一整天,我本来在假期养成了睡午觉和早睡的习惯,却因为装修声而无法入眠,我很想去找他们家进行沟通,但在反复斟酌后选择了忍耐。(这是一个“手榴弹困境”,其实在这个事件中我没有任何过错,我之所以认为这是一个两难的沟通,是因为我的感情细腻,我看他们家这么加班加点地装修,认为应该很快就能结束,不想让对方有不必要的困扰,很在意对方的感受和评价,我不想因为这次事件给邻里关系造成隔阂,让别人认为我是一个斤斤计较的人。)

第二天是难得的周末,可邻居家依旧早上不到7点就开始装修,吵得人无法休息,我终于忍无可忍去找到了他们家(这说明不沟通不能解决问题,选择逃避不是解决问题的办法)。我很直白地跟他们说:“我是您家楼下的邻居,现在是周末,这个点开始装修太早了吧,我们没法休息了,您能不能稍微晚点儿再开始装修?”(我对邻居家已产生不满,虽准确地表达了需求但仍是一次不恰当的表达,因为受情绪影响我把感受以抱怨和指责的方式表达了出来。)

邻居也没有好气儿地回答:“你们家当初装修的时候还吵到我们休息了呢,我们也没去找你们说!”(对方以辩解的形式进行了回应,同时这是一次不及时的表达,邻居并没有在当初受到影响时就把这个感受说出来,而延误了交际,导致邻里间关系的疏离。)

我无语地冷笑了一下。(我家上次装修是我父母结婚的时候,那时候还没有我,我觉得对方跟我说这个很没有必要。这里我的表达有问题,我没有用语言回应,但我用肢体语言进行了沟通,传递了“我在听”的信息并表达了我的感受。)

邻居把门关上了。(邻居拒绝继续沟通,我沟通失败。)

这一天装修甚至持续到了晚上 11 点。(邻居虽然不愿进行沟通,但却通过延长装修时间表达他们的不满,同时我也意识到了自己的表达方式应该有所改变。)

于是我又去楼上敲开了邻居的门:“非常抱歉这么晚打扰您,也对之前因我家装修而给您带来的不便向您道歉,希望得到您的谅解。同时,也希望您能够体谅一下我父母平时上班、我要上课,只有周末能多休息一会儿,您家开始装修的时间实在是有些早,让我们有些困扰(感受),能不能请您明天稍微晚一点儿开始装修呢?(需求)”(这一次我没有把感受以抱怨和指责的方式表达,而是有礼貌地、准确地将自己的感受和需求表达出来与对方进行沟通。为了不给对方听觉上带来误导,我把“但是”换成了“同时”,使对方听起来更舒服。)

对方也客气了很多:“好吧,实在不好意思了,那我们明天跟工人们说一说吧,赶紧回去休息吧!”(对方也意识到自己错了,向我道了歉,沟通成功。)

[**总结**]我因为性格原因,在遇到类似这样一方有错,而另一方完全是受害者的“手榴弹困境”时,通常会选择隐忍,逃避沟通,以为时间久了就过去了,而往往情绪会在自己心里积压,最终以其他方式爆发出来。由此可见,不沟通是无法解决问题的,要积极地进行沟通,同时要选择恰当的表达方式进行沟通,这样问题才能更好地得以解决。

实践 2:

6 月 16 日晚上,我的手机用了两年半了,整体的反应速度、储存空间都不能满足我的需求了,又恰巧赶上 5G 套餐升级,我就想跟妈妈提出换手机。事件发生在家里。

妈妈下班回家,我主动给她倒水,问她:“您今天上班累不累呀?”并帮她做家务。(关系协同,虽然我和妈妈的关系本来就很亲密,但为了达到让她为我买手机的目的,我使用了关联性话语策略,比平常更加热情,以达到向内协同。)

妈妈笑了笑。(向内协同成功)

我开始小心翼翼地说:“今天中国联通给我打电话,说要给我升级5G套餐,加20元(表达观察),算下来比直接办理5G套餐划算很多(表达判断),我就办了。但是我的手机是4G的,没法用5G网络,我有些心疼每月白白浪费的话费(表达感受),所以我想换个5G手机(表达需求)。”(这是一个完整的表达,清楚地包括了四类表达。)

妈妈笑了笑,回答道:“你有看好的手机吗?”(表达了“她在听”的信息,也说明她明白了我今天为什么如此热情。)

我拿出手机给妈妈看了好多种当下最流行又有些昂贵的机型。(这是我使用的“拆屋效应”,我其实有喜欢的选定的机型,价格中等偏上,但单看它也不是很便宜,感觉我妈妈也不会一口答应,我便故意选了很多昂贵的机型给她看。)

她一边看一边微微蹙眉,说:“你喜欢这些?”(这里妈妈的表达有问题,她并没有进行有效沟通,没有把自己的感受和需求清楚表达出来,但我从她的表情中看出了她的犹豫。)

我对她说:“我觉得这些都不错,但有点儿贵,我看这个便宜点儿的就行!”(我进行“让步”,以达到妈妈的心理预期。)

妈妈如释重负地笑了,说:“那就它吧!”(沟通成功)

[**总结**]“拆屋效应”是通过改变对方的心理预期来达到沟通目的。这在我们的生活中是一种非常有效的解决问题的方法。

心理学能够解释“拆屋效应”这种现象:在面临不希望发生的事时,通常有两种心理机制启动,一是设法采取一些措施避免事情的发生,二是开始调整内在的心理矛盾,准备接纳要发生的事实。如果在调整进入平衡状态时,出现一个新的选择与内心平衡状态相近,这种选择就很容易被内心接纳,而且人们不大愿意同时拒绝一个人两次。这就是“拆屋效应”的成功之处:先提出一个很不容易接受的做法,再提出一个稍不易接受的做法,而第二次的提议很容易会被满足。上面的沟通之所以能够成功,就是因为第一次的提议对于妈妈来说很难接受,而当这位学生说完这件事的5分钟内,在妈妈已经做好一定的心理调适的基础上,学生再提出一个不那么难以接受的要求,妈妈就欣然同意了。

相关资源与习题自测

◆ 课程资源

视频:有效的赞美(二维码)

更多与本章内容相关的课程资源(含文字内容、案例小视频、主客观试题、问题讨论等),详见:刘艳春,中国大学慕课《语言交际概论》第9单元,网址 https://www.icourse163.org/course/CUC-1454885178。

◆ 习题自测

用相关的沟通知识分析评价下面这段对话。

我与A都到了大学,学习了"语言沟通与表达"课程之后,我对于语言交流有了更深刻的理解。于是我在微信上与A聊了起来。

我:最近怎么样? 还好吗?

A:嗯嗯,哈哈,我们学校学习不紧张的,不像你们重点大学呀。

我:嗨,哪有啊! 我最近也被考试和论文搞得一团糟。上了大学我觉得好像比以前更需要全面发展了,但我高中太注重学习,其他方面什么都没发展。

A:我们也快考试了呢,感觉自己对这个专业不感兴趣,想要转到美术专业去,但是又怕自己不行……

我:别担心! 知道自己喜欢什么就好! 从小你就会画画,我记得中学时你还拿过市里的奖呢! 那时候老师同学们都夸你,我可羡慕你了! 可惜我就没有这样的才艺。所以呀,要自信,只要是喜欢的,勇敢去做吧,我相信你肯定可以的!

A:呜呜呜呜太感动啦! 谢谢你! 我决定去试试了! 你也要加油!

◆学习资源

1. 面对别人的赞美,人们通常都是如何回应的呢? 唐倩从社会语言学的角度,采用问卷加访谈的方式对当代中国的年轻人进行调查,探讨性别和赞美内容对汉语中赞美语的回应策略产生的影响。结论是:总的说来,年轻人在面对他人对自己的外貌仪表和与自己相关的人、事、物进行赞美时，更多的人愿意或者喜欢采用接受策略；当别人对自己的能力、成就进行赞美时，人们更倾向于使用不接受策略或修正策略。面对他人对外貌仪表、能力与成就以及部分与自己相关的人、事、物的赞美时，女性比男性更多地采用接受策略；而面对他人对自己另一半的赞美时，男性比女性更喜欢使用接受策略。

想了解更多具体内容，详见：唐倩. 汉语中赞美语的回应策略研究[J]. 语文学刊(外语教育教学)，2016，537(10)：17-19+40.

2. 当沟通再次陷入僵局，除了对抗、逃避和妥协，我们还有哪些选择？麻省理工学院高人气教授贾森·杰伊联手拜伦教育基金创办者加布里埃尔·格兰特，经过15年潜心研究，为你带来《高难度沟通》手册。

想了解更多具体内容，详见：贾森·杰伊，加布里埃尔·格兰特. 高难度沟通[M]. 美同，译. 北京：中国友谊出版公司，2017.

第十二章　提高沟通能力：实践篇（三）

第一节　沟通禁忌一

提高沟通能力，除了要了解和掌握沟通原则、知识和技巧之外，还要了解一些沟通禁忌，前者能让我们的沟通更好，后者能让我们的沟通不犯错误。本节列举的几条沟通禁忌，只要遵守就不会酿成沟通中的大错误；但如果经常违背，久而久之，他人就不愿意与我们沟通了。

一、避免不礼貌的"打断"

打断，是指在别人说话时插嘴，不让对方把话说完。匡小荣把打断方式分为四种：（1）请求式，向当前的说话者提出请求，如"我可以打断一下吗？"；（2）直言式，用"等等""慢点"之类的话语打断对方，用于未听清或未理解前面话语时；（3）道歉式，先道歉、后打断，打断别人说话被认为是不礼貌行为，所以在打断前先向对方道歉，常用"对不起，我打断一下"；（4）压倒式，与前三种方式不同，这种打断方式没有单独的打断信号，打断者用超过对方音量的话语来覆盖对方的话语，从语音上压倒对方，以此阻止对方把话说完。①

利奇的礼貌原则贯穿着一个中心内容，即尽量使他人得益同时尽量使自己吃亏。

① 匡小荣．口语交谈中的话语打断现象[J]．修辞学习，2005(4)：74-78.

如果按照这个标准来衡量，不能说上述所有打断都是不礼貌的，这要看打断对谁有益。如果打断对自己有益，就是不礼貌的；如果打断对对方有益，就不算不礼貌。在沟通中，有些人急于表达自己观点，不愿意倾听别人的陈述，争话抢话、经常插话，这就是不礼貌的，会让人讨厌，我们要避免这种不礼貌的打断。

曾有一位著名节目主持人说，一个人用 1 年多的时间学会说话，却用一辈子的时间学会闭嘴。该闭嘴的时候闭嘴，是人际沟通中特别需要注意的。如果一个人不知道倾听的重要性，在别人正说话的时候经常打断别人，久而久之会成为一个不受欢迎的沟通对象。从打断的方式来看，请求式、道歉式的打断，不礼貌的程度轻微些，直言式、压倒式的打断，不礼貌的程度更重，所以如果实在需要打断，也尽量采用前两种打断方式，以减轻不礼貌的程度。

二、少说或不说"但是"

从前有个同事，大家都管他叫"老但"，因为在"老但"的话里，总是有"但是"。最后大家总结：听"老但"说话，别听前半截，只听后半截就行了。而且和"老但"聊天，你总会觉得他对这个不满，对那个也不满。久而久之，很少有人愿意和他聊天。

一位心理学家说，在人际交流中尽量少说"但是"，习惯用"但是"的地方，改用"同时"，会让对方的感受更好些。比如：

甲：这女生身段不错，但是皮肤黑了些。

乙：这女生身段不错，同时皮肤白一些就更好了。

乍看这两种表达方式好像没有太大区别，可是如果多读几遍，整个感觉就不一样了。"这女生身段不错，但是皮肤黑了些。"说话人并不一定是想表达这女生的长相不好，但这样的表达，让人听起来就是对女生的长相不欣赏。而把"但是"换成"同时"，这句话就变成"这女生身段不错，同时皮肤白一些就更好了。"整体给人的感觉是对女生的肯定,而肤色只是一点微小的瑕疵而已。

使用"但是"表达,会把人的注意力引导和凝固到不利因素上,以至于把本来好的一面也遮盖了。而换成"同时"就好很多。"同时"就像是一面大镜子,把事情的两个方面都客观地反映出来,它不像"但是"那样,给人听觉上带来误导。现实生活中,很多人习惯使用"但是"。表达的却往往不是"但是"后面的那个意思。如果你也是这样,那么请记住:不要说"但是",想用"但是"的时候,请改用"同时",效果会更好。

三、日常聊天不争辩

心理学家罗宾森教授曾提到:"我"这个简单的词,是人际关系中最重要的核心问题,领悟这个词是解决所有人际纠纷的关键点。为什么这样说呢?因为我们自己做错了事,会责怪自己;如果他人说我们错了,我们却本能地迁怒对方,甚至固执己见。别人越不同意我们的想法,我们越是要维护我们的想法,倒不是这些想法有多么正确,我们看重的是自己的自尊心。我们可以自己说自己的表不准,但不愿意听到别人也这么说,更讨厌别人纠正我们的错误,谁如果对我们的言行表示怀疑,我们常会找尽借口为自己辩护。①

我们既然不愿意接受别人的质疑和否定,那么,将心比心,也尽量不要去质疑和否定别人。碰到不同意见,不要很轻易地就说对方错了;如果对方真的不对,我们有足够理由并且有足够的必要来指出时再去说,否则平常的一些小事,即使对方真的错了也没有太大必要去理论和争辩。生活中的大多数交谈不是一定要分出个是非所以,因此遇到不同意见,只要不是原则问题,尽量不去争辩,此时"难得糊涂"是最好的选择。

四、别把"说话直"当优点

很多人在要说伤人的话之前或者在已经说了让对方难堪的话之后,常会加一句"我这人说话直"或"我这人说话直,你别在意"。此话一出,在伤人的基础上又增添了几分气人。你一句"说话直"就可以把对人的言语伤害抹平了吗?况且"说话直"从来都不是什么优点,你凭什么还要求对方"别在意"?

"说话直"中的"直",指的是直接或直白,常指"不该直接表达时使用了直接表

---

① 黄大钊.处己处人处世:沟通决定成败[M].北京:中国书籍出版社,2005:171-172.

达”的情况，比如指出别人的不足，批评别人的缺点或对别人的观点不太认同等语境中。例如，如果对方错了，说话直的人可能就直接说“你错了，不应该那么做的”，这样的话语尽管说出了事实，但是对方可能会感觉没面子和尴尬，对你就会产生反感而疏离。会说话的人则会顾及对方的感受和面子，换一种说法。比如“我和你的做法不太一样，看看是不是这样？”当然，具体说法可以不同，基本原则是把直接对对方的否定性评价，转换成一种描述性或征求性表达，这样就不会伤及他人。具体转换的方法很多，其实说话人往往都知道怎么样说话会伤人，怎么样表达会顾及对方的面子和感受，只不过很多时候是没有意识到这种转换的重要性。

我们强调不要“说话直”，目的是不伤害人，充分尊重他人、维护他人尊严，不是教我们虚假表达。比如在一场交流中，一个人表达完了观点，你不同意她的观点，或者你觉得她的观点不对，你不用为了迎合而虚假地表示同意或者言不由衷地说对方说得有道理。此时，你可以说“你的观点对我很有启发”或者说“你的观点很有启发性”，这样的表达，从整体上肯定了对方发言的价值，从具体含义上又没有说同意对方的观点，因为“启发”可以是多面的。可以是“听到了你的发言，觉得这个分析角度非常好，过去我没从这个角度分析过，这启发我以后可以从这个角度去思考”，这是启发；也可以是“听到了你的发言，我发现了很多错误和漏洞，让我认识到自己决不能犯同样的错误和漏洞”，这也是启发。当然，绝大多数情况下，如果对方的发言很好，你很认同，你还是直接表达自己的认同和赞赏更好，因为这样更明确。如果你不同意对方的观点，则可以采用上述的“很有启发”之类的表达，因为这样的表达既委婉，又弹性；既维护了对方的面子，也没有违背自己内心的真实想法。

五、别把粗俗当幽默

这是沟通品位问题。在交谈中时不时幽默一下，不仅能活跃气氛，也能提升个人魅力。幽默是一种达观的生活态度，幽默的人充满着童心和爱心，以愉悦的方式表达真诚和大方。幽默需要敏锐的洞察力和极强的分析能力。幽默与讽刺不同，它不是恶意的嘲笑，而是在微笑中对可笑的行为进行批评、劝阻，充满着关怀、情感和温暖。幽默与低俗笑话也不同,它不低俗,而是透露着智慧和机敏,在笑中给人以思考。幽默是善意的,不夹杂半点恶意。相反,幽默是对恶意的一种消解和抹平。

在追求幽默的同时,要把它和粗俗区分开,不要错把粗俗当幽默。比如,有个男青年,性格活泼、做事认真,可是在单位却并不讨人喜欢。同事们很怕跟他在一起,尤其是女同事,对他更是敬而远之。原因是他只要和人聚在一起,就不分场合地讲黄色段子,让在场的女同事十分尴尬。后来只要他一开口,大家都默默走开。他还抱怨周围人不懂幽默,事实上是他错解了幽默。幽默不是低俗笑话,不是赚取廉价笑声的噱头,而是机智、修养和智慧的体现。

六、别把无知当天真

多年前的电视剧《还珠格格》中的小燕子,来自民间,没有受过什么教育,对很多事情都一知半解,又喜欢自作聪明,所以总是闹出很多笑话。但由于她为人乖巧、开朗可爱,给沉闷的皇宫带来一股清新的乡野之风,所以人们都觉得她天真可爱。那是特定社会和历史环境所造就的对某个人的特定看法。

换作现在,一个成年人对很多事情一知半解还故作聪明,装天真,别人不会认为是可爱,只能认为是可笑。所以在与人交往时,别把无知当天真,否则那只能是你个人心中的一厢情愿,在别人那里你已经沦为被嘲笑的对象了。

七、别一个问题没说清又去说另一个问题

很多人在沟通中常犯的一个错就是,总是能从眼前问题看到背后某个更深的问题,然后便迫不及待想去解决或探讨那个背后更深的问题,而把眼前问题搁置一边。这样“由一个问题慌忙跳到另一个问题”的谈话方式,往往导致眼前的问题没说透,背后的问题也没讨论明白,最后导致沟通不欢而散。比如下面的例子:

背景:我报名的一个活动并未入选,因此心情低落,想和妈妈聊聊天得到一些安慰。

我:××××我又落选了,虽然知道是自己能力不足,还是有点伤心。(我认识到了自己的不足,表达了自己的判断与感受,希望得到妈妈的安慰和鼓励。)

妈:哦?是什么活动啊?(此时妈妈的关注点在于活动,忽略了我内心的感受。)

我:就是学校的一个活动,挺重要的,对以后我想做的工作也有帮助……[心里感

到非常遗憾,不太愿意把自己的伤心事再拿出来说一遍。但我还是把事情的前因后果重新描述了一遍,明确了这件事情对我的重要性。(在“劝说的艺术”一节里,我们讲过:劝人的时候,切记“不要重复别人的痛苦”,这是往人家伤口上撒盐,你只需要表达自己“感同身受”的态度,然后站在对方立场给出理性建议或者实质帮助。这位妈妈在这一点上犯了忌,需要改进。)]

妈:那你的确是失去了一个机会啊。我不是常跟你说要多看书多看新闻吗,这样不就能增加知识储备了吗?(妈妈应该感受到了我的失落,但是关注点落在如何解决问题上。并且,在没有事实依据的基础上就直接做出了我没有多看书多看新闻的判断,我感到生气和委屈。)

我:我每天都在看啊!知识积累哪有那么快能见成效呢?你不能因为没有见成效就否定我的努力啊!(我非常委屈,自己每天中午都使用手机看公众号上的新闻,但此刻我并没有说明这一点,因为我认为母亲应该看得到自己的努力。)

妈:你总是这样说,我看你根本就不关注学习!你每天中午都目不转睛地玩手机!(话题由面试,到看书,再扩大到学习,这种“一棍子打死”的说法让我十分委屈。)

我:我每天中午是在看新闻!

妈:你对什么事情都这么能找借口。等你拿出成果再说吧,现在说再多也没有用。(由于前面没有交代清楚,此时我的话被妈妈误解为找借口。)

话题再次扩大,双方都在气头上,马上就要开始新一轮的翻旧账。我失去了辩驳的欲望,结束了这段对话。结果双方都非常生气,母亲认为我不理解她的苦心,我认为母亲看不到我的付出。

在亲密关系中,很多人对于彼此的关心往往都是通过责备的语气说出来的。这样既达不到目的,又伤感情,更有害自己的身心健康。同时,在日常生活中,我们时常会忽略细节,只看到自己想看到的部分。我们应该把谈话的内容只集中在一个话题上,一次解决一个问题。在这次失败的沟通中,母亲将话题从一次“面试”转移到“看书看新闻”,再扩大到“不关注学习”,最后甚至谈到了生活中的“任何事情”,这样的对话会逐渐失去其目的,演变成“无厘头”的翻旧账的战争。因此,我们要时刻明确自己此次沟通的目的所在,紧紧围绕中心展开。

第二节　沟通禁忌二

下面的禁忌可以上升为程度更深的沟通禁忌,违反了这些禁忌不仅会导致对方不愿意与你交流,也会直接破坏你在对方心中的印象,影响你与对方的关系,严重的还会危及你的生活、工作和前途。

一、别把感受和需求伪装成问题

很多人都有类似的经验,当我们小的时候,坐在汽车后座,可能总是问一些奇怪的问题,比如:“我们到了吗?”我们明明知道还没到,我们的父母也明白我们的意思,可是他们还是按部就班地回答我们。

实际上,我们真正的意思是“我累了,怎么走个没完没了”“我希望我们已经到了”或者是“这趟旅程太长了”。如果我们那样说的话,父母会正正经经地给我们一个另外的答案。这提示了我们一个提问题的守则,那就是:如果没有疑问,就尽量别问问题,别把我们的所思、所感隐藏在问题里。因为这样有时会引来疑惑甚至反感。比如:

妈妈:你就这样让冰箱门开着吗?(实际想说的是“快把冰箱门关上”)

女朋友:你连关心我一次都办不到吗?(实际想说的是“我觉得被忽视了”或者“我希望你多关心我一点”)

爸爸:你一定要把车开得那么快吗?(实际想说的是“你开快车我很紧张,你放慢点吧”)

这些伪装的问题与真的问题没有多少关系,而是在折射我们的感受。大部分人都觉得与他人分享感受是比较困难的事,所以常常把说的话表现成一种讽刺性的问题,似乎这样就会安全得多,还可以顺便发泄一下情绪。但这种安全感只是一种假象,情绪没有得到真正疏解,相反,我们往往会因此而失去更多。实际上,说“我希望你多关心我一点”要比说“你连关心我一次都办不到吗?”要好得多。因为前者表达的是我们的需求,对方也会感受到我们的感受和这种需求,而后者表现出的是我们的抱怨和指责,他们听不出我们很孤独,只听到我们的攻击,只听到我们说他不关心人,这极其容易引起对方的对抗性情绪和防御性反应,因此后续的对话也会变得十分艰难。

再看下面的例子，前后两次不同方式的对话，效果也完全不同：

事件背景：

10 月末的一个周末下午，同学约我外出打篮球，当时天气已经转凉，我穿着很单薄的球衣就要出门，当时我即将迟到，着急出门，但妈妈却一直阻拦，非让我穿着厚衣服去打球。

事件过程：

下午三点半的篮球比赛，我穿好了球衣准备出发，一看手机发现已经三点二十五了，这时传来我妈的喊声："去穿个外套和长裤，不行披一件长棉袄也行，哪有穿成这样出去的？"

"哎呀你懂什么，打篮球就是要穿球服，哪有穿那么厚的，土不土？"我边穿球鞋边不耐烦地说道。"外面那么冷，哪有穿这么少的？而且就你一个人穿这么少走在大街上，别人看你都觉得你不正常，赶紧把衣服给我穿好。"我妈态度仍然很强硬，一定要让我穿上衣服。"谁穿个长裤打篮球啊？我来不及了，之后再穿吧。"我语气特别不好，说罢就要甩门出去。这时我妈一把拽住我，拿着衣服硬要我穿上："穿上件衣服有什么大不了的？能耽误多长时间？"（注意：上面的沟通都是在用反问进行，沟通演变成辩驳和争吵。）"我不穿，我已经晚了，再耽误一会比赛就结束了！"我特别着急，想赶紧出去。"行，那你要是硬要出去，你就别回来了！"说完把衣服扔在鞋架上，生气地回到屋子里去了。我一瞬间就冷静下来了，确实是自己脾气太倔，妈妈也是为我好，而且多穿一套衣服也并不会花费多长时间。我便乖乖穿上衣服："妈，我刚才不应该跟您顶撞，外面天气冷，您是担心我着凉才让我多穿。我刚才太着急了，比赛马上就要开始了，我已经穿好鞋准备出门，再多穿一套衣服又要折腾一阵子，我怕耽误比赛，而且穿这么多去打篮球真的显得特别业余，妈，对不起哈，我这就穿好衣服！"（我认识到了自己的不对，运用归纳式话语模式，说明了自己的想法和感受。）妈妈显然也没有那么生气了："你看，刚才让你穿上衣服，你听话穿上早就出门了，何必又等到现在。你好好跟我说话不就好啦，下次再这样我就真不让你出去了！行吧，快去吧。"（妈妈也通过正常的方式表达了自己的想法和感受，沟通变得顺畅和谐。）

我们应该认识到好好沟通的重要性，很多时候出现争吵并不是产生了很大的问题，而是沟通方式出了问题，避免反问、好好沟通，在一定程度上可以避免很多不必要的争吵。

二、别把核心问题变成次要议题

这个沟通禁忌和前面谈到的“表达要直接”是一个问题的两面。“表达要直接”告诉我们应该怎么做；“别把核心问题变成次要议题”则是通过几个例证告诫我们不可以这样表达。

如果有些事不敞开说可能导致误解，那就应该敞开说，别让对方瞎猜。很多人在做与不做之间不能明确做出选择时，很多人会选择第三种方法，就是用迂回的方式、笑话、问题、随意的评论或肢体语言来“稍稍透露一些”信息，介于不做和做之间，这种做法的效果通常都很差。

假如你和男友通常在周末会睡个懒觉，在屋内闲晃，或做一些杂事。最近，他开始迷上踢足球，每个周末早上都要出去踢很长时间。尽管你的周末如何过并不是特别重要，但你很怀念过去共度周末的时光。一般说来，除了周末的时间外，你俩没有太多时间相处，所以你很厌烦他的新嗜好。

你可以不说一句话以避免冲突，可是这样一来你的不快还是闷在心里，迟早会发泄出来。你也可能用不那么直接的方式，比如第一种说法：“亲爱的，这个周末家里要做的事情很多。”或者第二种说法：“你一定要在周末早上就出去踢足球吗？它有那么重要吗？”或者第三种说法：“你足球踢得太多了吧？”但是，这些说法没有一个能说出你真正的想法，你没说出：“我想跟你有更多的时间待在一起。”

第一种说法是扯上了一个离核心议题——多些共处的时间很远的次要议题。

第二种说法是一个典型的将感受和需求伪装成问题的对话，以次要议题传递评论，但你想传递的核心议题意思表露却不明显。你的句式和语调显示你的愤怒和不满，但令你生气的原因以及你希望男朋友如何去做，却没能清楚地表达出来。你是在生气男友宁可从事一项你认为无意义的运动却不肯承担家务呢？还是在生气他不带你一起玩一个你们能共同参与的运动呢？你实际上是在为他没有花更多的时间和你在一起而生气，但是你不说明白，他怎么会一下子就知道你的用意和心思呢？

第三种说法是将评论伪装成事实的对话方式。你的男友可能会想：我踢得多吗？踢多少叫太多？踢多少才叫合适？即使我踢得多了点，又怎样？即使他知道这所有的答案，他还是不知道你真正的意图。“你足球踢得太多了吧？”与“我想跟你有更多的时间待在一起”，两种说法的意思实在是相差太远了。

最好的做法就是弄清楚你自己真正的想法和感觉，然后直接说出来。有时你希望自己不用说任何话，别人就知道你们之间存在的问题，并会设法去解决。这种幻想很常见，也可以理解，我们总是希望我们的理想伴侣或朋友能看出我们的心事，满足我们的需求，但实际上这样的理想伴侣和朋友几乎不存在。与他人相处一段时间，我们会渐渐了解彼此的想法或感受，但我们极少有人能达到不沟而通的境界，要想避免因对方无法看穿我们的心思而伤心失望，还不如干脆说出自己的真实感受和需求。

三、猜测年龄远离“上限”

生活中的尴尬有时就发生在一瞬间，问题在于触及到了不该触及的“上限”。有一个奶奶带孙女出去晒太阳，看到另一个年纪看上去很大的女性也带着孩子晒太阳，于是她上去搭话：“你是奶奶呀？还是姥姥呀？”对方尴尬地回答：“我是妈妈。”此时的双方，如果用表情包来形容，定然是“满脸黑线”。

有些人愿意让别人说自己年轻，聊天的时候讨论起年龄会故意卖关子，对方问：“你今年多大年纪？”她反问：“你看我像多大？”这个时候，回答要远离你心中答案的上限，比如说，你觉得她看上去差不多40岁，那你最好要往小了说，可以说：“30？”这样的说法比较安全。如果你直接说：“40左右？”万一她真的40岁左右，听到你的话，她一定是失落的，又或者她不到40岁，这时她心里的不悦就会更严重。

通常的聊天，不涉及原则问题，不存在绝对的是非对错，大家图的是和谐开心，所以要让对方开心，这也算是“善意的恭维”了。沟通中也讲究真、善、美，当三者发生冲突时，要根据沟通内容的性质和沟通的目的进行不同选择，对于原则性问题“求真”更重要，对于非原则性问题“向善”更重要。

远离“上限”还有一个原因，是因为你不知道对方的心理期待是什么，你可能觉得，我说她40岁，已经往年轻上说了，但是对方的心理期待可能是35岁，那你实际上越过了她心中渴望听到年龄的上限，这也是我们建议猜测对方年龄时远离上限，甚至可以稍夸张地“往小了说”的原因。

四、恭维寿命避开“上限”

曾经有一个经典案例：

在一次宴会上，胡适遇到了比他大十多岁的齐如山先生，寒暄时，他见齐先生身体不错,为了让他高兴,就恭维了一句:“齐先生,我看你活到九十岁绝对没有问题。”齐先生愣了一下说:“有一位矍铄老叟,人家恭维他可以活到一百岁,他却愈然作色曰:‘我又不吃你的饭,你为什么限制我的寿数?’”胡适一听急忙道歉说:“对不起,齐先生,我说错话了。”

胡适错在哪里了呢?他犯了两个错误,第一,他给出了寿命的上限。第二,他低估了对方的心理期待。在人的寿命上,切忌给出上限;如果一定要给出上限的话,则要远远高出现实状态的“平均线”,或者目前人类很难达到的一个超高上限。假设当今时代人们的寿命平均线是85岁,那么你恭维对方,绝对不能低于这个平均线,也不能在这个平均线上只高出一点,而是要远高出这个平均线。因为任何一个当事人都希望自己能活得更长久,即使是不切实际的人间妄想,很多人也愿意这样畅想。所以,如果你看他很健康,为了让他高兴,就不要恭维他能活90岁(这尽管高出平均线,但是给出了上限,万一对方想超过90岁呢),要恭维他能超过100岁(这里只给出一个下限,上限是开放的,就会好很多),或能活120岁(一个极少能实现的超高上限)。我的公公就是一个例子,尽管老人家身体不是很健康,但是自己的期待是要活到120岁,如果别人恭维他能活90多岁,说话人已经觉得往多了说了,但听话人还不见得满意呢。这也恰恰是前文例子中齐如山老先生生气的原因,尽管他最终并没有活到90岁。

齐如山(1875—1962)戏曲理论家(左)
胡适(1891—1962)思想家、文学家、哲学家(右)

五、背后不语人是非

“背后不语人是非”这是一句古训,也是我们应该谨记的准则,不在背后说别人的坏话或不好的事情。在交谈中,还有一句俗语叫“当亲不言友”。意思是说,在你的亲戚面前,不要说你朋友的坏话;在你朋友面前,也不要说你的亲戚不好。因为当你在亲戚面前说朋友坏话时,亲戚不免会想,你在朋友面前是不是也会说的坏话?反之亦然。如此一来,大家都会对你有所戒备,渐行渐远。

六、不要成为“耳语”的散播者

一方面不语人是非；另一方面，也不要成为是非的传播者。在现实生活中，只要有人的地方，总会有闲言碎语。有的时候我们可能不小心成为了“耳语”的传播者；有的时候我们也可能成为别人“攻击”的对象。生活中总是有那么一些人，他们对别人的私人情况有着浓厚的兴趣。只要有空他们就不闲着，到处打听小道消息，然后到处发布。他知道在什么地方、什么人的嘴里可以获得所需要的信息，特别是自己感兴趣的消息。其实他们不清楚这些消息是否真实，也不想去证实，他们只是喜欢这些消息引起的轰动效应。尽管这样可能会伤害别人，可是他们却乐此不疲。

这种人会毁坏自己的名誉，失去良好的人际关系。别人一旦知道了事情的真相，会来讨个说法，他们就把自己弄得非常被动和尴尬，同时也永远失去了别人的信任，以后要得到别人的真心话就比较难了。我们要避开这些传播流言蜚语的场所和传播流言蜚语的人。这些传过许多遍的话已经离事实很远，它能蒙蔽一些人，并导致别人做出错误的判断。我们要学会分辨听来的话语。不要做传播流言的人，因为流言给别人带来的是痛苦，给自己带来的是麻烦。在这方面闭紧自己的嘴，我们会赢得周围人对我们的尊重和欣赏。要懂得，该说的就勇敢地去说，不该说的就绝对不要乱说。

七、别为了寻求一时快感付出沉重的代价

在沟通中另一个常见的错误是为了心理上一时的痛快而做出一些不理智的行为，日后却要为这样的行为付出长远而惨痛的代价。一个女职员在一个公司工作了20多年，她从没想到自己会因为一名新来的董事会成员质疑她的工作能力而苦恼。这位董事会成员每次对她的工作都十分挑剔。因此这名职员决定挺身对抗，她说：

会上我陈述了一些正确的事,也承认了自己应该承担的责任。但我真正想做的其实是向他挑战,我要让他知道他自己跟我一样渺小,而且我要让他知道他不应该这样对我。我痛骂了他一顿,当我走出会议室时,我感到爽呆了。但快感只维持了15分钟,接着我就后悔说了一些不该说的话,让彼此的敌意加深,反而使事情更加不可收拾了。

如果我们的目的是要改变他人的行事作风,谩骂对方反倒会产生更多相反的结果,这些伤人的话只能危害彼此的关系。这位职员一时出了气,事后却十分担心和懊悔,因为一时的快感引发的后果贻害无穷,甚至可能害得自己丢了工作。

不能说这个职员没有其他办法来解决她的困境。她完全可以与这位董事进行一场建设性的对话,但是,她必须首先修正一下自己的目的,比如可以把这次对话看成一个契机,借对话了解这位董事行为背后的动机,让这位董事知道她的想法,从而发现问题所在。比如通过对话,去了解这位董事是否意识到他的行为给下属带来了负面影响、这位董事过去是如何处理事情的。带着这些沟通目的,这位职员便可以进行一次正常沟通,也不会危害到彼此的关系。因此遇到此类自己不能理解并认为受到委屈的事情时,不要冲动,先冷静下来并说服自己,更改沟通目的,这样沟通的结果就能少一些冒险的成分,多一些令人满意的结果。

相关资源与习题自测

◆ 课程资源

视频:沟通禁忌(二维码)

◆ 习题自测

分析下面的对话:

结课考试与论文截止期限将近,明天英语口语考试,正好今天下午公休,我打算好好准备。我正在为口语稿背不下来烦躁时,妈妈突然端着水果推门而入。

我:我不是说了明天考试,我要背书,别来打扰我吗?

妈:我不是看你太累给你送水果吗!

我：(提高音量)思路都被你打断了，怎么我说的话你从来不放在心上！

妈：那我不是为你好啊？不然谁管你！

我：别总以为我好的名义绑架我！

妈：行行行，你学吧！(甩门出去)

我本以为指责与抱怨会让我心里舒服一点，可是并没有，反而让我陷入了深深的自责，也没什么心思背稿子了。

◆ **学习资源**

1. 在上下级沟通中，任静波认为，词不达意、溜须拍马和语言浮夸是下级上行沟通应当注意的禁忌。个体素养、思想包袱、沟通方式和目标错位等是导致下级上行沟通低效的主要因素。下级提升上行沟通的效率可从以尊重为出发点、以服从为基本点、以学识为突破口、以方法为调试剂等方面予以改善。

想了解更多具体内容，详见：任静波. 下级上行沟通的禁忌、低效致因与质效提升策略[J]. 领导科学，2021，788(3)：116-118.

2. 作为销售人员，你知道与客户沟通时需要记住哪几种禁忌吗？首先是忌据理力争，有些销售人员以自己是专家、技术能手自居，认为自己的见解或做法比客户高明而喜欢和客户辩论或“据理力争”，这是有害无利的。因为我们需要明白，我们是去解决问题、去把项目做好，而不是去和客户比能力、比见识……

想了解更多具体内容，详见：郑直. 客户沟通禁忌[J]. 企业文化，2010，190(7)：78.

参考文献

邓天玉. 口语表达中的灵感思维与直觉思维[J]. 语文教学与研究,2006(20).

豆豆. 遥远的救世主[M]. 北京:作家出版社,2005.

方钧. 孪生子真有“心灵感应”吗[J]. 民防苑,2006(4).

冯学锋. 言语策略[M]. 北京:社会科学文献出版社,1996.

宫瑞莹,王倩倩. 羞怯理论研究综述[J]. 辽宁教育行政学院学报,2008(5).

顾曰国. 礼貌、语用与文化[J]. 外语教学与研究,1992(4).

黄大钊. 处己处人处世——沟通决定成败[M]. 北京:中国书籍出版社,2006.

黄德源. 直觉思维与创新[J]. 探索与争鸣,2008(4).

康翠萍,徐冠兴,魏锐,等. 沟通素养:21 世纪核心素养 5C 模型之四[J]. 华东师范大学学报(教育科学版),2020(2).

康家珑. 语言的艺术[M]. 北京:海潮出版社,2003.

匡小荣. 口语交谈中的话语打断现象[J]. 修辞学习,2005(4).

李传庚. 直觉思维训练:语文教学的新追求[J]. 语文建设,2013(27).

李玉玲. 怎样提高与人交流和沟通的能力[J]. 求实,2013(S2).

李晓华. 普通话口语教程[M]. 开封:河南大学出版社,1996.

廖声武. 主持人心理素质培养中的思维训练[J]. 中国广播电视学刊,2005(4).

刘艳春. 语言交际[M]. 北京:中国经济出版社,2005.

刘艳春. 语言交际概论[M]. 北京:北京大学出版社,2007.

刘永辉. 课堂问题行为与管理研究[J]. 当代教育科学,2012(22).

马志强. 谈谈影响口语交际的心理因素[J]. 语言文字应用,2005(S1).

贾森·杰伊,加布里埃尔·格兰特. 高难度沟通[M]. 美同,译. 北京:中国友谊出版公司,2017.

樊建华. 跨文化时空观念认同的对比分析[J]. 社会科学战线,2004(4).

彭贵川.论人际沟通中的隐性冲突与控制[J].西南民族大学学报(人文社科版),2003(11).
钱学森.关于思维科学[M].上海:上海人民出版社,1986.
秦海阳,廖东升.心灵感应之脑电波解析与启迪[J].国防科技,2013(2).
任静波.下级上行沟通的禁忌、低效致因与质效提升策略[J].领导科学,2021,788(3).
商务印书馆辞书研究中心修订.古代汉语词典(第2版)[M].北京:商务印书馆,2014.
沈蔚.心灵的隔膜与跨文化沟通的无奈——影片《通天塔》主题透视[J].电影评介,2007,340(23).
施春宏.语言事实和语言学事实[J].汉语学报,2010(4).
孙有中.外语教育与跨文化能力培养[J].中国外语,2016,13(3).
唐倩.汉语中赞美语的回应策略研究[J].语文学刊(外语教育教学),2016,537(10).
王甫勤.大学生寝室人际关系影响因素的实证研究[J].大学教育科学,2008,107(1).
许慎.说文解字[M].长沙:岳麓书社,2006.
严文华.跨文化沟通心理学[M].上海:上海社会科学院出版社,2008.
杨凤娟.论礼仪、沟通、情商与成功[J].山西财经大学学报,2012,34(S1).
杨天亮,辛斐,雷旭.人类大脑结构和功能的性别差异:来自脑成像研究的证据[J].心理科学进展,2015,23(4).
应浩江,俞珺洺.人类大脑分男女吗?[J].知识就是力量,2021(8).
于林龙.超越合作原则的交往理性——哈贝马斯语言哲学意义理论的范式转换之思[J].吉林大学社会科学学报,2011,51(4).
曾建生.触龙挽狂澜 攻心巧垂范——《触龙说赵太后》劝说艺术摭谈[J].名作欣赏,2014,481(29).
曾仕强,刘君政.人际关系与沟通[M].北京:清华大学出版社,2004.
翟学伟.中国人际关系的特质——本土的概念及其模式[J].社会学研究,1993(4).
张广宁.合资企业跨文化沟通思考[J].理论界,2010(5).
张国民,武英耀,赵付明.应重视大学生语言表达能力的培养[J].山西农业大学学报(社会科学版),2003(3).
张敬婕.跨文化沟通的认知差异与领导力提升[J].领导科学,2019(12).
张亚宏."乔哈里视窗"与图书馆员沟通能力提升策略研究[J].图书馆研究,2019,49(1).
张弋洋.读心术:我知道你在想什么[M].成都:成都地图出版社,2019.
赵俐等.语言以人为本——第三轮语言哲学对话[M].北京:中国经济出版社,2003.
赵寅.审时度势 因势利导——在交际语言中如何把握时机与时境[J].金筑大学学报(综合版),1998(4).
郑直.客户沟通禁忌[J].企业文化,2010,190(7).
中国社会科学院文献情报中心,重庆出版社.社会科学新辞典[M].重庆:重庆出版社,1988.

中国社会科学院语言研究所词典编辑室.现代汉语词典(第7版)[M].北京:商务印书馆,2016.

TANNEN D. You just don't understand[M]. New York:William Morrow Paperbacks, 2007.

TANNEN D. That's not what I meant! [M]. New York:Harper Perennial, 2013.

GOFFMAN E. The presentation of self in everyday life[M]. NewYork: Doubleday, 1959.

GRICE H P. Logic and conversation[M]//EZCURDIA M, STAINTON R J. The semantics-pragmatics boundary in philosophy. New York:Broad View Press, 1975.

GRAY J. Men are from Mars women are from Venus[M]. New York:Harper Collins Publishers, 2009.

后 记

时间一晃已经过去了20年。2002年，我刚到中国传媒大学（当时还叫北京广播学院）读博士，入学不久，播音主持艺术学院李晓华院长问我是否可以给本科生开几门课，其中一门就是“语言交际”。我之前没有太关注和研究过这方面内容，心里没底，就去问导师于根元先生。先生建议我，先把任务接下来，然后马上去学，可以一边学一边教。

当时几乎翻遍了所有可以找到的有关交际的著作，苦于寻不到合适的书做教材，就开始自编讲义。2005年为了教学，我出版了《语言交际》（中国经济出版社）一书作为教材。又过了两年，在北京大学出版社出版了《语言交际概论》（2007），在上一本书的基础上，完善了内容体系、增强了理论性。

与此同时，我毕业后留在播音主持艺术学院任教，后因学校专业调整被划拨到应用语言学研究所，再到文学院。“语言交际”课程也几经变动，由专业必修课到专业选修课，又到跨专业选修课、通识核心课、通识基础课等，选择和学习该课程的学生越来越多，课程名也分成“语言交际概论”“语言沟通与表达”“语言沟通”等。

在年复一年的教学过程中，我也随着学生一同学习，过去的一些认识逐渐有了更新，对有些现象也有了新的认识。学生们每年的实验报告和案例分享也为课程注入了大量鲜活案例，为相关理论提供了重要的实证或证伪材料。有些案例和实验被援引在本书中，这些案例和实验并非个案，而是具有很强的代表性和普遍性，类似的相关事例反复发生在不同家庭、不同个体身上，在说明相关沟通原理的同时，也极大地引起了人们的共鸣。在此要特别感谢每年撰写实验和分享案例的同学们，下面列举部分同学的名字：陈国妗、杜宇、冯丽、高睿婧、付子睿、郭昱麟、李冬慧、李怡辉、李卓远、廖宝青、凌慧仪、刘洁敏、陆琛、骆思语、鞠新宇、帕提买、秦嘉荫、孙铭悦、王灵凤、王孟江、王源徽、王闰、王晓怡、徐昭、叶润芝、袁佳柯、张满玉、赵芷馨、钟瀚林、周婕恺、周瑾纯、朱惠瑄，等等。再次向提到名字和没提到名字的同学们表示感谢！同时也特别感谢中国传媒大学播音主持艺术学院的赵俐教授为本书提出的宝贵意见和建议！

伴随课程的不断改革，教材也在日新月异地发展，本书除了文字内容外，配合了相关图片和简笔画，课后提供了相关的课程视频资源、习题自测和拓展的学习资源，希望通过相关资源的配合，更好地满足教师教学和学生学习的需要。

刘艳春

2023 年 2 月 28 日